Genevieve Davis Ginsburg Trauer, Schuld und Zorn

Genevieve Davis Ginsburg, M.S.

Trauer, Schuld und Zorn

Ein Selbsthilfebuch für Witwen

OESCH VERLAG

Die Originalausgabe erschien 1987 unter dem Titel
To Live Again
Rebuilding Your Life After You've Become a Widow
bei Jeremy P. Tarcher, Inc. Los Angeles

Ins Deutsche übertragen von *Erna Tom*

CIP-Titelaufnahme der Deutschen Bibliothek

Ginsburg, Genevieve Davis:

Trauer, Schuld und Zorn : ein Selbsthilfebuch für Witwen / Genevieve Davis Ginsburg. [Ins Dt. übertr. von Erna Tom]. – Zürich : Oesch, 1990

Einheitssacht.: To live again <dt.>
ISBN 3-85833-396-4

Schutzumschlag: Heinz von Arx, Zürich,
unter Verwendung einer Photographie von Gunar Binde
Satz: Typobauer Filmsatz GmbH, Ostfildern
Druck und Bindung: Franz Spiegel Buch GmbH, Ulm
Printed in Germany

ISBN 3-85833-396-4

1 3 5 6 4 2

Inhalt

Vorwort

Vor ungefähr zehn Jahren starb mein Mann während eines Tennisspiels. Eine klassische Situation, die ich, als die klassische Witwe, nach dem Vorbild von Jackie Kennedy zu meistern suchte, indem ich mich bemühte, mir vor anderen möglichst nichts anmerken zu lassen, und mir den Anschein gab, als hätte ich mein Leben im Griff. Ich war von Beruf Ehetherapeutin und kannte all die Probleme und ihre Lösungen und genoß, da ich in einer Praxisgemeinschaft arbeitete, zudem den professionellen und persönlichen Rat meiner Kollegen. Ich hatte einen Beruf, eine Ausbildung, wirtschaftliche Sicherheit und gute Freunde. Alle waren der Meinung, ich könne mich glücklich schätzen. Jeder wollte mich glauben machen, ich sei noch jung (Mitte fünfzig), attraktiv und würde wunderbar »damit« umgehen. Alle glaubten, ich würde es schaffen.

Mein schreckliches Geheimnis war, daß ich total schwindelte. Sobald ich nach der Arbeit die Praxis verließ und mich ans Steuer meines Wagens setzte, brach ich in Tränen der Wut und des zurückgehaltenen Schmerzes aus. Ich fuhr beim Supermarkt vorbei, um Lebensmittel einzukaufen, die ich nicht brauchte und auch nicht essen würde, nur um das Nachhausekommen hinauszuzögern, das mir das Nichtvorhandensein der Worte und der Liebe, die jahrelang fester Bestandteil meines Lebens gewesen waren, geradezu ins Gesicht schrie. Ich hatte das Gefühl, zu keiner Entscheidung fähig zu sein, um dann aus lauter Verzweiflung eine mäßige Entscheidung zu treffen. Ich fühlte einen unwiderstehlichen Drang, eine Fachfrau in Finanz-, Installations-, Elektrizitätsdingen zu werden und ohne Hemmungen alleine zum Essen auszugehen. Ich konnte nicht lesen, konnte nichts von dem behalten, was ich hörte, in der Öffentlichkeit nicht lächeln. Ich hatte Angst, ich könnte an Grippe erkranken und ohne selbstgemachte Hühnerbrühe sterben. Ich dachte an den Jungen, der in der ersten Klasse neben mir in der Bank saß, an den Jungen, mit dem ich im Gymnasium ging, und noch an ein halbes Dutzend andere, deren Nachnamen mir entfallen waren. Der Samstagabend war schlimmer als alle anderen Abende der Woche. Es war ein scheinbar nie enden wollender Kampf, nach außen hin einen beherrschten Eindruck zu vermitteln, obwohl es in meinem Inneren brodelte und ich mich unsicher und unzulänglich fühlte. Keiner wußte etwas davon. Niemand außer, wie ich feststellen sollte, eine andere Witwe.

Vor einer anderen Witwe brauchte ich meine Tränen nicht zu verstecken, und mit ihr konnte ich über meine täglichen Mißgeschicke lachen; wir konnten uns unsere Verrücktheit eingestehen und uns gegenseitig Mut zusprechen. Sie erzählte mir nicht, wie beispielsweise meine verheirateten Freunde und Kollegen, wie gut ich aussähe und wie gut ich die Situation im Griff hatte. Beide Kommentare empfand ich als gleichermaßen tödlich: Ich war nicht so, wie sie mich einschätzten, und wenn ich es doch war, war es nicht recht.

Natürlich wurde ich auch damit fertig. Die Tränen versiegten, die Verrücktheit ließ nach, und allmählich schaffte ich es, damit zu leben. Nun kannte ich einige der Probleme aus eigener Erfahrung und erkannte, daß ich doch nicht alle Lösungen parat hatte. Obwohl ich nach außen hin immer noch die Rolle der beherrschten Witwe spielte und mich innerlich völlig aufgelöst fühlte, hatte ich den Wunsch, meine persönliche Erfahrung mit anderen zu teilen und deshalb eine Selbsthilfegruppe für Witwen zu gründen.

Ich stellte mir eine typische Gruppe mit acht oder zehn Mitgliedern vor und annoncierte in verschiedenen Zeitungen ein Treffen für Witwen, die daran interessiert waren, eine Selbsthilfegruppe zu gründen. Obwohl es an diesem Abend heftig regnete, erschienen 83 Frauen: Frauen aus allen Schichten und mit verschiedenen Erfahrungen, die sich jedoch in ihrem gemeinsamen Bedürfnis einig waren, einander zu geben und voneinander zu nehmen. Das, was sich aus diesem ersten Treffen entwickelte, war keine sich selbst tragende Gruppe, in der sich alte Gruppenmitglieder neuer Gruppen annahmen und ich mein geregeltes Privat- und Berufsleben weiterführte, sondern eine weitverzweigte und arbeitsaufwendige Organisation für verwitwete Menschen jeden Alters und beider Geschlechter.

Ich verbrachte deshalb immer weniger Zeit in meiner Praxis. Die Probleme verheirateter Paare schienen mir, verglichen mit denen der verwitweten Menschen, unbedeutend und unwesentlich. Wenn diese Paare von der »Langeweile« und »Selbstverwirklichung« sprachen, hätte ich ihnen am liebsten vorgeschlagen, sie sollten aufhören, sich wie unmündige Kinder zu benehmen, und statt dessen arbeiten, ausharren und kämpfen; ich hätte ihnen am liebsten gesagt, daß das Beste noch kommen würde und daß eine gute Ehe zu 90% aus Langeweile und zu 91% aus dem Füreinanderdasein besteht. Tausende von Witwen, die nun wehmütig auf die Langeweile zurückschauten, hätten sich meiner Meinung angeschlossen, doch solche Worte waren natürlich für meine zahlenden Patienten weder angemessen noch hilfreich.

Meine Kollegen und Freunde schüttelten ungläubig die

Köpfe und waren vor allem verblüfft darüber, daß ich eine solch große Ansammlung von Witwen nicht nur nicht deprimierend, sondern sogar stimulierend finden konnte und aus einer unentgeltlichen Tätigkeit mehr Befriedigung zog als aus meiner Arbeit, die mit 50 Dollar die Stunde honoriert wurde.

Nach einem langen Urlaub, von dem ich nicht mehr in die Praxis zurückgekehrt bin, habe ich mir ein Schild »Witwen-für-Witwen-Gruppe« zugelegt und leite seit dieser Zeit als ganztägig und ehrenamtlich tätiges Mitglied und ganztägige Schülerin die Selbsthilfeorganisation. Keine andere Arbeit hat mir jemals so viel Spaß gemacht, mir mehr über Mut beigebracht, mir soviel Weisheit gezeigt oder mich mit soviel menschlicher Wärme bereichert. Ich bin seit 1977 dabei, und ich kenne immer noch nicht alle Probleme und Lösungen, die ich als Ehetherapeutin geglaubt habe zu kennen.

Ich hatte nie vor, einen Ratgeber zu schreiben. Mein Enthusiasmus galt den Selbsthilfegruppen, und dorthin lenkte ich auch meine ganze Energie, bis mir eines Tages bewußt wurde, daß neue Mitglieder überraschend oft die gleichen rhetorischen Fragen stellten, wie beispielsweise: »Warum hat mir denn keiner gesagt, daß es so werden würde?« Obwohl die Antwort oft nur aus »Ich weiß, ich weiß« bestand, war das bereits wunderbar beruhigend.

Auf diese Weise kam dieses Buch zustande; es soll, entlang den vielen »Ich weiß«, ein Eindruck davon vermittelt werden, was Witwenschaft bedeutet – und gleichzeitig sollen das Gefühl der Isolation, das jede Witwe anfänglich verspürt, gemildert und die einengenden Mythen und erdrückenden Regeln des Witwendaseins entkräftet werden. Weil nur ein kleiner Prozentsatz von Witwen und noch weniger Witwen jemals einer Selbsthilfegruppe beitreten – weil sie entweder falsche Vorstellungen hegen, der Meinung sind, starke Menschen ließen sich nicht gehen, sich ausgestoßen fühlen oder aus Furcht vor dem Image einer Witwe oder eines Witwers –, wollte ich die Essenz der Selbsthilfe für alle verwitweten Menschen in wenigen Worten aufschreiben. Dieses Buch ist deshalb vielleicht so etwas wie eine Selbsthilfegruppe zwischen Buchdeckeln.

Die folgenden Seiten enthalten meine Gedanken und meine Erfahrungen so wie die Hunderter anderer Witwen – und Witwer –, die im Laufe der Jahre zur Witwen-für-Witwen-Organisation in Tucson gekommen sind. Sie berichten von unserem Bemühen, aus einem halben Ehepaar einen ganzen Menschen zu machen. Das Ziel heißt Ganzheit.

Keine(r) ist allein

Jedes Jahr erhöht sich die Zahl der über fünf Millionen Witwen und Witwer in der Bundesrepublik Deutschland um weitere 50000. Und trotzdem ist der Schmerz jedesmal einzigartig; so als hätte sich ähnliches nie vorher ereignet.

In diesem Buch wird Witwenschaft als weiterer Zyklus im Leben des Menschen behandelt. Als wir ins Pubertäts- und später ins Erwachsenenalter hineintraten, dann Eltern wurden und andere entscheidende Phasen durchmachten, haben wir diese Erfahrungen jeder auf seine Art erlebt und erfahren, daß vieles durch die Gegenwart anderer leichter zu bewältigen ist. Für mich wurde das Pubertätsalter erst dann erträglich, als ich von Juliet und anderen leidenden Heldinnen las; und das Mutterdasein erschien mir leichter zu ertragen, nachdem ich mit anderen Müttern auf dem Spielplatz gesprochen hatte, während wir gleichzeitig unsere Kinder schaukelten. In der gleichen Art ist Witwenschaft eine natürliche Fortsetzung des Lebens geworden – und auch diese Phase ist mit Hilfe anderer leichter zu bewältigen. Es ist schon oft passiert.

Wir sind alle anders, aber trotzdem begegnen wir uns, berühren, fühlen und bedürfen wir auf so viele ähnliche Arten, daß wir dadurch verbunden sind. Diese Verbindungen sind Thema dieses Buches. Darauf folgt das, worüber Witwen miteinander reden, oder, um in den Worten meiner Großmutter zu sprechen, was ihre Herzen bewegt. Sein altes Tweedjackett ist kein geeignetes Thema für ein Gespräch mit einem Bankangestellten, einem Steuerberater oder auch mit den eigenen Kindern, aber gerade es ist, obwohl es für manche unglaublich klingen mag, möglicherweise an einem ganz bestimmten Tag von wichtiger und entscheidender Bedeutung für eine Witwe, denn das ist der Stoff, aus dem der Schmerz gemacht ist.

Ebenso, wie sich Menschen in ihrem früheren Verhalten unterschieden, unterscheiden sie sich auch darin, wie sie mit ihrem Witwendasein umgehen; auch jetzt ist nichts vorhersehbar; der erfolgreiche Umgang mit sich wandelnden Situationen in der Vergangenheit bereitet sie nicht notwendigerweise auf diese Änderung vor. Wenn Sie die folgenden Seiten lesen, werden Sie feststellen, daß Witwenschaft im schlimmsten und im besten Falle anfänglich immer mit dem Zustand tiefster Trauer verbunden ist und sich dann bemerkenswerterweise in einen Zustand der Selbstverwirklichung verwandeln kann – niemals jedoch geschieht dies auf direktem und geradlinigem Wege, niemals wird es vollkommen und ganz sicherlich nie einfach sein. Keiner kann die Vergangenheit vergessen oder »darüber hinwegkommen«. Warum sollte man auch? Das würde bedeuten, die Zeiten der Liebe und des Lachens zugunsten einer schmerzfreien Gegenwart aufzugeben; dieser Handel lohnt sich nicht. Es wäre gleichbedeutend, wie wenn man anfangen wollte, ein Haus vom Dach an abwärts zu bauen, ohne solides Fundament.

In den vergangenen Jahren haben sich Sozialwissenschaftler intensiv mit dem menschlichen Trauerverhalten beschäftigt und dabei festgestellt, daß sich die meisten von uns in ihrer Trauer ähnlich verhalten; unter dem Einfluß von Elisabeth Kübler-Ross' Arbeiten über Sterben und Tod haben sie etwas,

was wir gemeinhin als die Phasen der Trauer bezeichnen, festgelegt. Vielen von uns wurde von einem Priester, einem Angestellten des Begräbnisinstituts oder, wie in meinem Falle, dem Bankangestellten ein Buch oder eine Broschüre in die Hand gedrückt, die diese Phasen der Trauer wiedergaben und uns auf das Kommende vorbereiten sollten. Die verschiedenen Phasen werden, mit geringen Abweichungen, wie folgt beschrieben:

Schock und Verleugnung. Die Phase, wenn der Tod wahrgenommen, aber noch nicht voll in die eigene Wirklichkeit integriert wird. Der Mensch erscheint nach außen ruhig, verständig und gefühlsmäßig beherrscht, wird jedoch ganz automatisch von innen gelenkt.

Verwirrung. Der Verstand ist mit Gedanken, Wünschen, Entscheidungen und der immer deutlicher werdenden Realität belastet. Diese Phase zeichnet sich aus durch Vergeßlichkeit, irrationale Gedanken und Verhaltensweisen sowie Unentschlossenheit.

Die Phase der *aufbrechenden Emotionen* wird begleitet von Tränen und plötzlichen Ausbrüchen. Der betreffende Mensch macht sich Sorgen um diese Gefühlsausbrüche, da er vorher die Dinge scheinbar unter Kontrolle hatte und diese Gefühlsausbrüche von der Umwelt möglicherweise als übertrieben empfunden werden.

Wut. Ein Merkmal der Witwenschaft; die »unfaire« Zeit, in der ungerechtfertigte Schuldzuweisungen – nach innen und nach außen – ausgesprochen oder aber gänzlich unterdrückt werden und durch andere Gefühle, die für den betreffenden Menschen annehmbarer sind, zum Ausdruck kommen.

Schuldgefühle. Selbstanklagen und Selbstbeschuldigungen bezüglich vergangener Ereignisse und unerledigter Angelegenheiten; Gedanken wie »wenn ich bloß« und »hätte ich nur« herrschen vor.

Depression und Isolation. Eine Phase der überwältigenden Traurigkeit, des Selbstmitleids und des mangelnden Interesses an der Welt und den Menschen. Die Depression ist oftmals der Auslöser für die Veränderung des Lebensstils.

Genesung. Die letzte Phase. Die Realität wird akzeptiert, und der verwitwete Mensch fängt an, selbständig zu handeln und ein neues Leben aufzubauen.

Zudem lesen wir, daß Menschen in der Regel innerhalb eines Jahres »heilen« und daß schließlich, obwohl Wiederverheiratung ein mögliches Heilmittel ist, die Genesung auch für diejenigen möglich ist, die sich selbst beschäftigen und sich eine positive Einstellung bewahren. Mit dieser Information wird das Trauerpaket verschnürt, versiegelt und abgegeben, und die Trauernde muß sehen, wie sie alleine damit zurechtkommt.

Die Schwierigkeit liegt jedoch darin, daß dadurch viele Witwen glauben, sie seien nicht normal, oder aber sich selbst zu beweisen versuchen, daß sie trotz allem genauso sind wie alle anderen. Die Vorstellung vom Heilen, von der Normalität und Genesung kommt unserem Bedürfnis nach einem wirksamen und allgemeingültigen Heilmittel, aber keineswegs dem Bedürfnis nach Wahrheit nach; es gibt kein Heilmittel für den Tod und keine Genesung, die uns wieder so werden ließe wie zuvor, und keinen richtigen Weg für das Überstehen des Todes des geliebten Mannes oder der Frau. Wenn auch Sie so fühlen, können Sie versichert sein, daß Sie normal sind.

Da kein Mensch ein neues Leben ganz alleine aufbauen kann, enthalten die folgenden Kapitel ebenfalls Anregungen und Antworten für Freunde, Verwandte und Kinder, die zwar helfen wollen, aber allzu oft zögern, weil sie nicht wissen, wie. Ich hoffe ganz besonders, daß die Kinder, die selbst einen Elternteil verloren haben und sich über ihre zukünftige Rolle und Verantwortung im unklaren befinden, durch diese Seiten ihren Weg finden. Ärzte aller Richtungen, die sich in zunehmendem Maße mit den Resultaten aus zerbrochenen Familien beschäftigen müssen und in der Folge davon auch immer mehr Witwen und Witwer beraten, werden einen Nutzen daraus ziehen können, wenn sie die Stimmen von verwitweten Personen hören anstatt die der Heilungs- und Genesungstheoretiker.

Das Buch ist in vier Teile gegliedert; dies geschah nicht deshalb, weil Wissenschaft notwendigerweise diesem Muster folgt, sondern weil es schön wäre, wenn es so wäre. Es gibt keine Schablone, in die wir alle passen würden; es ist hier von Durchschnittswerten die Rede. »Eine zentnerschwere Last« befaßt sich mit dem Verlustschmerz, dem sich anschließenden Gefühlsausbruch sowie den praktischen Überlegungen, von denen viele Witwen in den ersten Monaten nach dem Tode des Partners sprechen. »Der neue Anfang« behandelt die alltäglichen Erfahrungen und Probleme, denen sich Witwen gegenübersehen, wenn sie versuchen, ihr Leben in die Hand zu nehmen, sobald die Familie und die Freunde sich langsam zurückziehen. »Aus dem Witwensein in das erfüllte Menschsein« richtet sich an Witwen, ungeachtet der Tatsache, wie lange der Tod des Partners zurückliegt, und liefert Ermutigung und Rat für das, was wir als veränderliche Annehmlichkeit der Witwenschaft und als unbeständige Übergangsphase ins Alleinsein kennen. Der vierte Teil, »Nebenbei bemerkt«, richtet sich in der Hauptsache an junge Witwen, Witwer und

Kinder von Verwitweten. Dieser Teil enthält außerdem eine Liste der bereits zur Verfügung stehenden Hilfen für Witwen und Ratschläge dafür, wie Sie eine Selbsthilfegruppe gründen können.

Die verschiedenen Teile müssen nicht strikt nacheinander gelesen werden. Sie können anhand des Inhaltsverzeichnisses oder des Registers sich bestimmte Themen heraussuchen. Jeder Tag ist neu und anders. Jeder Leser liest mit anderen Augen und anderer Erfahrung, und wie Sie wissen, ist nur der Experte, der das, wovon die Rede ist, mindestens einmal durchlebt hat. Noch niemand hat erfahren, was es heißt, eine Witwe oder ein Witwer zu sein, ohne Experte zu werden. Und diejenigen, die es erfuhren, berichten in diesem Buch davon, was es heißt, verwitwet zu sein.

Teil 1

Eine zentnerschwere Last

Die Bewußtwerdung des schmerzlichen Verlustes, die irgendwann nach dem Tod eines geliebten Menschen eintritt, ist die erschütterndste aller emotionalen Erfahrungen. Und weil in einer engen Beziehung die Grenzen zwischen den einzelnen Individuen verwischt und die Personen miteinander verschmolzen sind, wird der Tod eines Ehepartners unweigerlich zur leidvollen Trennung. Wir trauern um den Verlust unserer selbst. Und gleichermaßen gilt, daß der andere Mensch in uns weiterlebt. Der Vollzug dieser Trennung – die schwerste Aufgabe, die wir bewältigen können – ist das, was wir Trauern nennen. Obwohl dieser Umstand immer wieder mit Worten beschrieben worden ist und Worte helfen sollen, die Hinterbliebenen zu trösten, muß doch jeder von uns es selbst leben und mit seiner eigenen Trennung fertig werden.

Auf den Seiten dieses Kapitels finden Sie möglicherweise Ihre Erfahrungen beschrieben, die Sie in den Tagen zwischen Unglauben und Akzeptieren der Trennung als endgültig und unwiderruflich erlebt haben. Meiner Meinung nach ist Trauern ein Vorgang, mit dem ein Mensch nur zu leben in der Lage ist, wenn er sich mit ihm anfreundet. Diejenigen, die daran zu zerbrechen scheinen, erwarten entweder zu viel von sich selbst oder haben nicht genügend Vertrauen in sich selbst.

Gehen Sie behutsam mit sich selbst um, und versuchen Sie Ihre Zukunft nicht zu unterschätzen. Vielleicht empfinden Sie es als tröstlich zu wissen, daß diese Phase der Trauer – wenn die Betäubung langsam nachläßt und Sie sich zum ersten Mal der Leere in Ihrem Leben voll bewußt werden – die vergänglichste Zeit der Witwenschaft ist und daß die damit verbundene Niedergeschlagenheit und Trostlosigkeit von fast allen Menschen empfunden wird, die etwas verloren haben, das ihnen sehr teuer war.

Witwe

Witwe! Das Wort selbst klingt so entsetzlich, daß es kein Synonym dafür gibt, sondern nur eine Definition. Es hat eine Farbe: Schwarz; und es erzeugt bei jedem unverzüglich die gleichen Assoziationen: *Trauer, Tränen, Einsamkeit, Armut, Panik, Schuld und Wut.* Experten zum Thema Witwenschaft gibt es im Überfluß; jeder ist bemüht, Ratschläge zu erteilen, Gefühle zu definieren, die Phasen der Trauer wie einen Rosenkranz herunterzubeten und zu versprechen, daß die Zeit alle Wunden heilt.

Nur die Witwe selbst ist unwissend. Sie fühlt sich plötzlich verwirrt und unfähig – wie ein totaler Anfänger. Ihr Ratschlag und die Klischees, die sie anderen früher angeboten hat, stehen nun im Widerspruch zu ihrer eigenen Überzeugung. Die Tiefe der Gefühle, die Irrationalität ihres Verhaltens und ihre vollkommene Untröstlichkeit hat sie in keiner Weise vorausgesehen oder verstanden.

So beschreiben es Witwen, und nur eine andere Witwe weiß, was es heißt, Witwe zu werden und zu sein. Ihre eigene Trauer scheint schmerzlicher. Ihre eigene Ehe mit ihren stummen Worten und Blicken und geheimen Zeichen war sicherlich etwas ganz Besonderes. Jetzt steht sie da mit einer Anzahl beerdigter Schätze, die in ihrem eigenen Grab eingeschlossen sind. Ohne den Menschen, der weiß, wer sie war und wer sie ist, fühlt sie sich wie ein Nichts, eine Null.

Als ich zum ersten Mal hörte, wie eine andere Witwe diese Gefühle aussprach, war ich schockiert. Ich fragte mich, wie eine andere Frau, die sich in jeder Hinsicht – soziales Milieu, Beruf, Lebensstil – von mir unterschied, meine Gedanken und Gefühle aussprechen konnte. Hieß das, daß auch ihr Mann sie für anbetungswürdig und begehrenswert gehalten hatte und stolz war auf das, was sie erreicht hatte? Die Antwort lautet ja und nein. Meine Beziehung mit meinem Mann war einzigartig. Und auch ihre Beziehung mit ihrem Mann war einzigartig. Was uns wie Schwestern verband, waren unser Verlust, unsere Trauer und unsere Verzweiflung, die aber nicht nur uns beide, sondern alle Witwen miteinander verbinden. Sogar meine Überraschung darüber, daß eine andere Witwe in meinen Worten sprach, ist nichts Ungewöhnliches. Es gibt schlechthin elf Millionen Witwen in den Vereinigten Staaten und viereinhalb Millionen in Deutschland. Wir alle teilen ungefähr ein halbes Dutzend menschliche Grundgefühle und reagieren deshalb in unserem Schmerz – unserem sehr persönlichen Schmerz – auf ganz bestimmte Art und Weise. Wut, Neid, Habgier, Liebe, Haß und Angst – jedes Gefühl, jedes unergründliche Problem, jeder geheime Gedanke – wurden bereits von einer anderen Witwe gelebt, gedacht und überlebt.

Den meisten Witwen ist es Trost und Ermutigung, wenn sie ihr menschliches Streben und ihren Kampf mit anderen teilen können, aber es gibt auch andere, die es vorziehen, alleine zu bleiben. Es sind die Frauen, die davon überzeugt sind, mit der Situation alleine fertig werden zu müssen, oder glauben, ihre Persönlichkeit würde darunter leiden, wenn sie sich mit anderen Witwen identifizieren. Ihnen ist möglicherweise das Wort *Witwe* verhaßt, und das mit dem Wort heraufbeschworene Bild erscheint demütigend. Ich erinnere mich an einen klaren und unvergeßlichen Gedanken, als mir der Arzt eröffnete, mein Mann sei tot; ich dachte: »O mein Gott, ich bin Witwe.« Damit war alles gesagt.

Witwenschaft ist ein Club, dem wenige freiwillig beitreten würden, und der erste Stolperstein für die Witwe ist die Tatsache, daß sie mit dem neuen, unwillkommenen Status, Titel und freudlosen Bild Frieden schließen muß. Als ob es nicht schon schlimm genug wäre, fast täglich mit Schreiben und Formularen konfrontiert zu werden, auf denen »verstorben« hinter dem Namen ihres Mannes steht, muß sie jetzt auf allen offiziellen Schreiben »Witwe« als ihren Familienstand ankreuzen. Früher hat sie dieser Spalte nie besonders viel Aufmerksamkeit geschenkt.

Solange es uns nicht selbst widerfährt, ist die typische Witwe ein von uns verschiedenes, unbekanntes Wesen. Die meisten neigen dazu, Witwen mit den Älteren gleichzusetzen, weil ja viele der älteren Frauen tatsächlich verwitwet sind. Laut Statistik bestehen in den USA ¾ der Bevölkerung über 70 Jahren aus Frauen; in der Bundesrepublik Deutschland machen sie gute ⅔ der Bevölkerung aus. Die grausame Wahrheit ist, daß die meisten Frauen ihre Männer überleben, und die traurige Wahrheit ist, daß dies in allen Altersgruppen passiert. Viele von uns wären überrascht, wenn sie erfahren würden, daß das Durchschnittsalter einer Witwe bei Anfang Fünfzig liegt und sie im Durchschnitt »Jedermanns« Frau ist, d. h. mit einem durchschnittlichen Einkommen, einer durchschnittlichen Ausbildung, Einstellung und religiösen Überzeugung; in ihrem Lebenslauf wird »Hausfrau« als letzter Beruf genannt. Sie ist »Jedefrau«.

Obwohl junge Witwen, ebenso wie ältere Witwen, mit einigen ganz spezifischen Problemen konfrontiert werden – wie Sie später nachlesen können –, empfinden sie anfänglich den gleichen Schmerz und die gleiche Trauer. Eine achtzigjährige Frau, deren Mann im Schlaf gestorben ist, und eine junge Frau, deren Mann durch einen Verkehrsunfall ums Leben kam, sind erstaunt darüber, daß sie das gleiche oder zumindest Ähnliches durchleben. »Aber Sie haben so viele Jahre zusammen gehabt«, hört die eine; »Sie können noch einmal von vorne anfangen«, hört die andere. Trotzdem sind beide gleichermaßen verletzt, zornig und verwirrt. Es wäre nachlässig, an dieser Stelle nicht zu erwähnen, daß Männer sich in dieser Beziehung in nichts von Frauen unterscheiden und ihr Schmerz ebenso tief ist.

Während einer internationalen Konferenz der Organisationen für Witwen und Witwer habe ich in verschiedenen Sprachen immer wieder gehört: »Ich habe mir nie vorstellen können, wie es sein würde.« Eine Frau aus Dublin sagte: »Ich vergess' es immer wieder, und das ist das Schlimmste überhaupt. Ich glaube manchmal noch immer, daß er sich im Badezimmer rasiert oder daß er zu einer bestimmten Zeit nach Hause kommt. Ich weiß, daß er tot ist, und ich habe gelernt, es zu akzeptieren. Aber manchmal vergess' ich es ganz einfach.« Eine Frau aus Frankreich und eine andere aus Portugal fühlten sich angesprochen, denn sie nickten zustimmend. Eine junge Frau aus Kamerun, die einer ganz anderen Kultur entstammte, in der Frauen beispielsweise keine Besitzrechte haben, antwortete auf die Frage, worin ihre dringlichsten Probleme bestünden, ganz spontan und ohne zu überlegen: »In meinen angeheirateten Verwandten.« Jeder im Raum lächelte verstehend.

Der Schritt in die Witwenschaft ist in jeder Kultur ein äußerst schwieriger. Vieles scheint voll von Unbekanntem. Sie brauchen jede Hilfe, die Sie von Freunden und Familienmitgliedern erhalten können, aber in dieser besonderen Zeit scheinen die Worte oft im Hals steckenzubleiben. »Alle sind der Meinung, ich würde wunderbar damit fertig werden«, erklären Witwen. Sie wollen niemanden enttäuschen.

Es hat noch nie eine Witwe gegeben, die nur freundliche Gedanken gehegt hätte, ohne Groll oder Schuldzuweisung, und die davon überzeugt gewesen wäre, ein faires Los zu tragen. Doch wenn sie ihre Gedanken vor anderen ausspricht, wird ganz sicher einer darunter sein, der ihr rät, »ärztliche Hilfe in Anspruch zu nehmen«. Der Zuhörer gibt damit allerdings nur zu verstehen, daß ihn die hervorbrechenden Gefühle bestürzen und er die Verantwortung gerne einem anderen übertragen möchte. Halten Sie solch einen Vorschlag deshalb nicht für den Rat, einen Psychiater aufzusuchen. In den meisten Fällen ist der Verlust und die damit verbundene Trauer ein normaler Prozeß, der weder medizinische noch psychologische Behandlung erfordert. Ihre Art, mit dem Tod Ihres Ehegatten umzugehen, hängt nicht nur von Ihrem eigenen Verhalten in Krisensituationen ab, sondern ebenso von Ihrer Persönlichkeitsstruktur und der Bemessung Ihrer Bedürfnisse. Eine chronisch depressive Frau wird sich schwerlich in eine lustige Witwe verwandeln, wenn nicht ihr Problem eher in ehelichen Schwierigkeiten als in körperlicher Veranlagung begründet war, und eine körperlich instabile Witwe wird kaum zu einem Ausbund an Gesundheit werden. Trotzdem gelingt es den meisten von uns – oftmals zu ihrem eigenen Erstaunen –, innere Kräfte zu mobilisieren und letztendlich zu wachsen. Wenn Sie allerdings aufgrund von vergangenen Erfahrungen professionelle Hilfe für nützlich halten, sollten Sie auf jeden Fall einen Therapeuten aufsuchen; wichtig ist nur, daß Sie dies nicht zum Anlaß nehmen, sich selbst für »verrückt« zu erklären. Lynn Caine schreibt in ihrem Buch *»Widow«*: »Kaum eine meiner Handlungen war realitätsbezogen. Sie schienen wunderlich und ohne Bezug. Verrückt. Genau das war es. Verrücktheit.« Verrücktheit ist der normale Zustand während der Witwenschaft.

Die Suche eines bedürftigen Menschen in dieser Zeit nach

anderen Hilfen gleicht einem echten Balanceakt. Man muß seinen Kummer teilen, ohne sein Privates auszubreiten; man muß nehmen, ohne daß man geben will; und man will, will, will das, was man nicht hat – man will das Wort *Witwe* vergessen.

Die bestmögliche Hilfe können Freunde, Familienangehörige und andere Witwen leisten. Witwen können ganz besonders hilfreich sein, weil sie Freundschaften mit anderen alleinstehenden Menschen als Rettungsanker empfinden. Selbsthilfegruppen, die von Betroffenen geleitet werden, haben einen entscheidenden Vorteil gegenüber denen, die von Fachleuten betreut werden, denn sie vermitteln nicht das Gefühl des »Sie brauchen Hilfe«. Selbsthilfegruppen können den Verlustschmerz verkürzen und mildern.

Irgendwann in der Zukunft werden Sie Ihr Leben neu gestalten, aber für den Anfang sollten Sie Ihren Kummer ohne Scheu mit den Menschen teilen, die Ihnen am besten helfen können. Und seien Sie versichert, daß auch Sie stark sind und ungeahnte Kräfte und Wandlungsfähigkeit besitzen; sie werden überleben.

Vom Schmerz betäubt

Die meisten Witwen sind sich darin einig, daß sie in den ersten Tagen oder Wochen danach wie unter Schock stehen. Sie verhalten sich wie Roboter, oftmals fähig und tüchtig, und sehen ihr automatisches Handeln ganz objektiv, so als wären sie zwei verschiedene Personen; sie können sich hinterher nur schwach an die Ereignisse dieser frühen Zeit erinnern. Diese Phasen der Betäubung und des Schocks sind so normal, daß sie schon vorhersehbar sind. Vielleicht ist es, wie manche meinen, der Schutzmantel der Natur oder der Umstand, daß jede Witwe das von der Gesellschaft akzeptierte Verhalten imitiert. Für mich und viele andere diente Jackie Kennedy in ihrem stoischen, selbstbeherrschten Verhalten als Vorbild; Männer halten seit jeher ihre Tränen zurück, da die meisten Menschen unangenehm berührt sind, wenn ein Mann weint, weil es ihnen unnatürlich scheint. Diejenigen von uns, die den Tod eines Ehepartners miterlebt haben, wissen, aus welchem Grund sie so sind: Sie sind betäubt und stehen unter Schock.

»Ich war geradezu unmenschlich tapfer: Ich stand an der Kirchentür und dankte allen für ihr Kommen, als ob es sich um einen Empfang gehandelt hätte. Ich wollte, daß jeder sich wohl fühlte, und keiner sollte mich bedauern«, erzählte eine Witwe, als sie beschrieb, wie sie Freunde und Gemeindemitglieder, die ihrem Mann, dem Arzt der Gemeinde, die letzte Ehre erwiesen, begrüßte.

»Ich konnte während der Beerdigung nur daran denken, wie sehr er sich gefreut hätte, so viele Menschen an seinem Grab zu sehen, und wie stolz er auf mich gewesen wäre, daß ich mich um alles gekümmert und die richtigen Entscheidungen getroffen hatte.« »Es hat Wochen gedauert, bis ich begriff, daß die Vorstellung zu Ende und er tot war«, sagte eine andere traurig. Erst drei Monate vorher war ihr Mann, ein scheinbar robuster und gesunder Polizeibeamter, während seiner morgendlichen Rasur einem Herzinfarkt erlegen.

»Viele Menschen haben mit mir gesprochen, aber ich habe keine Ahnung, wer es war oder was sie gesagt haben. Nachbarn haben mich mit Essen versorgt; meine Tiefkühltruhe war bis zum Rand gefüllt, und auch heute noch kann ich Ihnen nicht sagen, wer die ganzen Sachen dort hineingetan hat oder wer sie aufgegessen hat«, erinnerte sich wiederum eine andere Witwe – eine Mathematiklehrerin, die immer sehr stolz auf ihr logisches Denkvermögen und ihr Gedächtnis gewesen war.

Eine ehemalige englische Kriegsbraut, die sich selbst für »total abhängig« hielt, war noch lange Zeit danach unfähig, ihre Gedanken zu ordnen: »Eine Woche nach dem Begräbnis meines Mannes kaufte ich Ahornmöbel für drei Zimmer. Ich kann mich überhaupt nicht mehr erinnern, was ich mir damals dabei gedacht habe. Ich kann mich nicht einmal mehr daran erinnern, wie der Verkäufer aussah. Es ist alles wie weggewischt.«

Es scheint wie Ironie, daß diejenigen, die zu niedergeschlagen waren oder zu benommen von den vielen Schlaftabletten, um zu funktionieren, sich an noch weniger erinnern und sich aus diesem Grunde eher betrogen als verschont vorkommen. Eine Frau, deren vier Töchter sich um alle Bestattungsangelegenheiten kümmerten und während der folgenden vier Wochen abwechselnd bei ihr wohnten, bedauerte nachträglich diese Isolierung. »Ich glaube, daß ich, wenn die Mädchen sich nicht so rührend um mich gekümmert hätten und ich mich selbst hätte kümmern müssen, viel schneller aus der Betäubung aufgewacht wäre.« Die meisten sind der Meinung, daß die Unterstützung und Hilfe der Familie und der Freunde für die Witwe ein Segen ist, daß sie aber gleichzeitig selbst aktiv mitwirken und beim Begräbnis nicht nur als Zuschauerin dabeisein sollte. Nicht nur Familienangehörige, sondern auch Ärzte wollen die Trauernde mit Beruhigungs- und Schlaftabletten von den Details und den Formalitäten des Todes fernhalten.

Witwen, die sich selbst um die Bestattung und die Kondolenzbesucher gekümmert haben, sind im nachhinein dankbar und stolz darauf, obwohl ihre Kraft überraschend schnell verflog. Überraschend deshalb, weil die schützende Benommenheit, die sie davor bewahrte, mehr an sich heranzulassen, als sie verkraften konnten, zu jener Zeit täuschend echt war. »Ich kann beim besten Willen nicht mehr sagen, wie ich das alles geschafft habe«, sagen zahllose Witwen.

Tritt der Tod plötzlich ein, empfinden Witwen ihr Verhalten als etwas Gesteuertes; sie agieren weiterhin als Ehefrau. Die Witwe ist immer noch die Frau, die sich nach den Wünschen ihres Mannes richtet und die Bestattung entsprechend vorbereitet, so wie er es gewollt hätte. Tritt der Tod nach langer Krankheit ein, ist der Schock nicht ganz so überwältigend. In vielen Fällen sind die letzten Vorkehrungen bereits getroffen; trotzdem zeigen diese Witwen ähnliche Reaktionen. »Ich hatte es so viele Male im Geiste durchgespielt«, erinnert sich eine Witwe, »daß ich mir, als es soweit war, wie ein Roboter ohne jedes Gefühl vorkam. Jeder war der Meinung, ich würde mich großartig benehmen.« Eine andere berichtete davon, wie sie überängstlich darauf bedacht war, dem Wunsch ihres Mannes zu entsprechen, keine kirchliche Beerdigung oder einen Gedenkgottesdienst zu veranlassen. »Es wäre mir nie in den Sinn gekommen, seinen Wunsch zu ignorieren. Ich habe als eigenständig denkender Mensch so gut wie nicht existiert. Es vergingen Monate, bevor ich erkannte, daß ich mir selbst am meisten damit schadete. Schließlich haben unsere Kinder und ich für seine Freunde und Musikerkollegen einen Gedenkgottesdienst abhalten lassen und waren dadurch in der Lage, ihn in Frieden ruhen zu lassen.«

Die meisten Menschen gehen davon aus, daß mit dem Begräbnis und der kurzen Trauerzeit das Schlimmste überstanden ist und sie sich, weil sich die Witwe so tapfer gehalten hat, mit beruhigtem Gewissen wieder ihrem Leben zuwenden können. Aber sobald sich Freunde und Familienangehörige zurückgezogen haben, wird ihr die Wirklichkeit um so schmerzlicher bewußt, weil sich nun der Verstand mit dem Körper kurzschließt. Gefühle dringen jetzt stürmisch an die Oberfläche; Emotionen und Verhalten, die oftmals ebenso schwer zu verkraften sind wie der Verlust – ganz besonders von denen, die bis dahin eine bewunderungswürdige Fassade aufrechterhalten haben –, ergießen sich jetzt nach außen.

Keine Witwe ist auf den Ansturm der Gefühle vorbereitet. »Völlig daneben«, »vollkommen verrückt«, »besessen von seiner Abwesenheit« und »erfüllt mit Zorn«, so beschreiben Witwen ihren inneren Aufruhr in dieser Zeit. Wie sollten sie auch wissen, daß ihre Sorgen, ihre Panikgefühle, ihre Furcht und ihr Zorn als »abscheuliche Gedanken« und »seltsame Ideen« zutage treten? In den Phasen der Trauer ist von aufbrechenden Emotionen die Rede, aber das, was ich durchmache, ist ganz sicher nicht normal, denkt manche Witwe. Und so zieht sie sich mit ihrem »bösen Selbst« an einen geheimen Ort zurück wie ein Kind, das zum ersten Mal gelogen hat.

Können Sie, die Witwe, tatsächlich glauben, daß Sie die Tatsache, daß Ihr Mann tot ist, begreifen und verstehen? ... und wie sich Ihr Leben verändert? Glauben Sie, daß Ihre Gefühle nichts weiter sind als die normale Reaktion auf die Realität, daß die Benommenheit nachläßt und die Betäubungsmittel aufhören zu wirken? Glauben Sie es. Sprechen Sie mit einer anderen Witwe. Sie trauern. Es ist jetzt an der Zeit, sich mit den tiefen Gefühlen und den wahnsinnigen Gedanken zu beschäftigen und nicht später. Wenn eine Witwe ihre Ängste und Sorgen mit einer anderen Witwe bespricht, wird sie auf alle Fälle feststellen, daß sie nicht alleine ist.

In dieser Zeit braucht die Witwe Hilfe am dringendsten, aber zu allem Unglück kann sie gerade jetzt ihre eigenen Kräfte am wenigsten mobilisieren. Dies ist die schlimmste Trauer, und obwohl jeder von uns sie persönlich erfahren muß, brauchen Sie in dieser kritischen Phase Ermutigung und eine allgegenwärtige Schulter, an die sie sich anlehnen können. In dieser Zeit sollten Sie sich Ihrer Familie und Freunden offenbaren, die sich Ihre abscheulichen Gedanken nicht vorstellen können und sich monatelang Ihre »Ich weiß nicht ...«, »Hätte ich nur ...«, »Wäre nur ...« und »Ich erinnere mich an ...« ohne ein Zeichen von Langeweile anhören.

Meiden Sie alle Menschen, die Ihnen gut zureden, sich zu beschäftigen und nicht »daran zu denken«, die das Thema wechseln, wenn Ihnen eine Träne die Wange hinabrollt, die Ihnen nicht in die Augen sehen können und ganz besonders die, die Sie scheinbar herzlich mit einem »Sie sehen wunderbar aus« begrüßen, um dann über Politik zu schwafeln. Was Sie brauchen, sind andere Menschen, die Ihren Verlust anerkennen, die mit Ihnen um Ihren Mann trauern und Sie in Ihrem Schmerz verstehen. Nur so können Ihnen andere und Sie sich selbst helfen.

Die dummen Sprüche der Leute

Was Freunde, Verwandte und alle, die Ihnen nahestehen, wissen sollten

Mein Enkel begrüßte mich am Tag des plötzlichen Todes seines Großvaters mit den Worten: »Sind hier schon alle tot?« Während der nächsten Wochen erkannte ich, daß dieser Dreijährige der einzige war, der das Wort *tot* ohne Scheu aussprechen konnte. Wenn irgendeiner meiner vielen Besucher nach den üblichen Kondolenzbezeugungen und langen Blicken in meiner Gegenwart zufällig dieses Wort aussprach, folgte ganz schnell *tödliche* Stille. Redewendungen wie »vor Lachen fast gestorben«, »ich gäbe mein Leben dafür, wenn ...«, »todmüde«, »sich zu Tode ärgern« und »zu Tode betrübt« trugen jedesmal dazu bei, daß alle Menschen im Raum wie versteinert dasaßen. Ich erkannte ebenfalls, daß die anderen, wenn ich den Namen meines Mannes aussprach, zwar nickten und ungläubig und mitfühlend ihre Köpfe schüttelten, aber nicht weiter darauf eingingen. Mein Enkel war mir in dieser Hinsicht viel lieber. Mit ihm konnte ich wenigstens über Großvater reden.

Bei dem Gedanken an den Tod fühlen sich die Menschen unwohl: der Tod wurde in Krankenhäuser verlegt und von

Fachleuten in die Hand genommen, damit uns Unannehmlichkeiten erspart bleiben. Selbst für die Aufbahrungshalle werden die Toten oft noch geschminkt, um den Lebenden den Anblick erträglicher zu machen.

Es hat schon immer Menschen gegeben, die alles, was mit Tod und Trauer zusammenhängt, am liebsten unter den Teppich kehren würden, aber die meisten Witwen wünschen sich, daß ihr Verlust anerkannt und nicht verschwiegen wird und daß der Name ihres verstorbenen Mannes ausgesprochen und nicht gemieden wird. Sie würden Anrufern am liebsten sagen, sie sollten sich nicht mehr bemühen, wenn sie über nichts anderes zu reden wissen als übers Wetter und ihren kleinen lustigen Pudel.

Und später dann wünschten sie sich, daß Freunde und Bekannte nicht so krampfhaft versuchten, das Thema zu vermeiden. Seine Abwesenheit ist offenkundig. »Es tut mir leid, wenn es euch unangenehm ist«, möchten sie ihnen am liebsten sagen, »aber für mich ist es noch viel schlimmer. Steht nicht da, als ob ihr immer auf dem Sprung wärt. Er ist tot, ihr könnt es ruhig aussprechen. Es ist nicht ansteckend. Im Gegenteil, wenn ihr seinen Namen aussprechen und eine kleine Erinnerung anfügen würdet, würdet ihr mir eine Freude machen.«

Witwen berichten häufig, wie geschmacklos und unsensibel sich andere in ihrer Gegenwart verhalten. Dabei geben sie zu, daß sie in dieser Zeit ganz besonders empfindsam und nur schwer zu ertragen sind, und trotzdem wünschten sie sich, daß andere Menschen ihnen in die Augen sehen möchten und Abstand nähmen von Platitüden und unehrlichem Verhalten.

Sie wünschten sich, daß Menschen, die es anscheinend gut meinen, wirklich nur dann sagen: »Bitte ruf mich an, wenn du Hilfe brauchst«, wenn sie wirklich darauf vorbereitet sind, ihren Anruf um 3 Uhr nachts, wenn sie sie am meisten brauchten, entgegenzunehmen.

Sie wünschten, Trudy würde nicht freizügig die Hilfe ihres handwerklich geschickten Mannes anbieten, der »jederzeit alles reparieren kann«, wenn sie es nicht wirklich ernst meint, denn es könnte sein, daß die Glühbirne im Kronleuchter gerade um 8 Uhr am Samstagabend ihren Geist aufgibt. Und wenn Sie dann Nick bitten, herüberzukommen, könnte es sein, daß Trudy hinter ihm hereinspaziert. Ich bin sogar ziemlich sicher.

Wirkliche Freunde machen keine Aussagen wie »Ruf mich an, wenn ich irgendwas für dich tun kann«, sondern sie lassen Sie ganz genau wissen, was sie für Sie tun können, und werden sich regelmäßig vergewissern, ob sie gebraucht werden. Die unvergeßlichste Karte erhielt ich von einer älteren Witwe; sie schrieb: »Ich kann einen miserablen Eintopf kochen, Dankeskarten in schöner Handschrift schreiben, schöne Säume nähen, und ich weiß, wie Sie sich fühlen. Ich rufe Sie an wegen einer Stellung bei Ihnen.«

Witwen wünschten, ihre wohlmeinenden Freunde würden nicht sagen: »Laß uns wissen, wann es dir paßt«, nachdem Sie die erste halbherzig ausgesprochene Einladung zum Abendessen abgelehnt haben. Es ist wahr, Witwen kann man kaum eine Freude machen; sie sind beleidigt, wenn sie nicht eingeladen werden, und wenn sie doch eingeladen werden, sagen sie meist ab. Jede Witwe versteht diesen Zwiespalt – warum verstehen ihn nur die Freunde nicht?

Manche Witwen würden an einer in letzter Minute ausgesprochenen Einladung Anstoß nehmen, wogegen andere eine spontane, herzliche Einladung, die keine Entscheidung erfordert, vorziehen. Zum Beispiel: »Komm doch rüber. Ich hab' einen schönen Braten im Backofen, und wir würden uns freuen, wenn du uns Gesellschaft leisten würdest.« Acht von zehn Witwen würden in diesem Falle eher ja als nein sagen.

Eine Frau, die eben erst Witwe geworden ist, wird sich in

Gesellschaft von befreundeten Ehepaaren, mit denen sie und ihr Mann früher vieles gemeinsam unternommen haben, nicht wohl fühlen, wenn diese Freunde so tun, als hätte sich nichts geändert. Jede Witwe weiß, daß die Dankbarkeit jedes befreundeten Ehepaares ob der Tatsache, daß es noch ein Ehepaar ist, mit Schuldgefühlen verbunden ist, genauso wie sie sich aufgrund ihres eigenen Neids schuldig fühlt. Sie möchte diesen Freunden gern versichern, daß ihr Neid auf nichts Bestimmtes gerichtet ist und daß es deshalb keinen Grund zur Besorgnis gibt, und sie bitten: »Bitte senkt doch nicht den Blick und sagt: ›Du siehst großartig aus.‹«

Der Satz »Du siehst großartig aus« scheint stets das erste zu sein, was eine Witwe zu hören bekommt, sobald sie ihr Schneckenhaus verläßt. Diese Begrüßungsformel wird mittlerweile das »Witwengambit« genannt und ist in den ersten zwei Jahren ständig zu vernehmen. Zugegeben, es überbrückt die soziale Kluft, die durch ihre Gegenwart hervorgerufen wird, doch eine Witwe meinte dazu: »Wie kann ich bloß so gut aussehen, wenn ich mich doch so schrecklich fühle? Und wenn ich tatsächlich so gut aussehe, muß ich irgend etwas falsch machen.«

Der Satz »Ich bin so stolz auf dich; du machst das wirklich fabelhaft« ist zwar geringfügig anders, aber genauso provozierend. Viele Witwen empfinden diese scheinbar harmlose, ermutigende Aussage als Ablehnung und nicht als Lob.

»Aus ihrem Mund klingt alles so einfach. Ich mache aber nichts fabelhaft. Es ist so schwer. Warum sehen die anderen das nicht?« fragte eine Witwe unter Tränen, als wir während der wöchentlichen Zusammenkunft der Selbsthilfegruppe für Witwen über ihre Trauer sprachen. Sie erzählte von ihrer unglücklichen Erfahrung, die sich in dieser Woche im Bridgeclub zugetragen hatte.

Eine andere Witwe, deren Mann nach dreijährigem Kampf

mit dem Krebs gestorben war, verstand sie gut. »Es kommt mir so vor, als gratulierten mir die anderen, weil ich damit fertig geworden bin«, sagt sie.

»Sie sagen das, um nichts Unangenehmes hören zu müssen«, erklärte eine Frau, die bereits seit längerer Zeit Witwe war. »Sie sagen es sich selbst zuliebe, sie fühlen sich dadurch besser.«

»Ich bin jedesmal versucht zu sagen: ›Wenn ihr wirklich wüßtet, würdet ihr mir einen Preis verleihen‹«, sagte eine junge berufstätige Frau. »Ich wünschte, ich könnte ihnen sagen, daß sie mir damit das Recht verweigern, öffentlich zu trauern. Wenn ich montags nach einem langen, einsamen Wochenende ins Büro komme, führt nichts schneller zum Ende eines Gesprächs als wenn mir jemand mitteilt, wie großartig ich bin. Ein Wort aus meinem Mund würde genügen, um die Tränenschleusen zu öffnen, und eine Träne würde das ganze Spiel verderben. Wenn sie nur sagen würden: ›Ich weiß, wie schwer du es hast‹, könnten wir zusammen weinen.«

»Wie geht es Ihnen?« gehört ebenfalls zu diesen törichten Fragen. Die Antwort darauf liegt bereits auf der Hand. Gräßlich! Eine Frau erzählte, daß eine Freundin angerufen hatte und sich nicht nach dem »Wie«, sondern nach dem »Was« erkundigt hatte und daß es einige Minuten gedauert hatte, bis sie begriff, daß diese Freundin tatsächlich wissen wollte, was sie an diesem Abend gerade machte. Wie sich herausstellte, versuchte sie in diesem Moment gerade, ihr erstes Fertiggericht zu essen, und indem sie von dieser Tragödie berichtete, verwandelte sie sich in eine Komödie.

Nicht ganz so taktlos wie »Das war aber ein phantastisches Kleid, das Sie bei der Beerdigung getragen haben« ist die häufig gehörte Bemerkung: »Sie sind ja anscheinend immer beschäftigt, denn Sie sind nie zu Hause, wenn ich anrufe.« Witwen wünschten, daß die anderen gerade damit vorsichtiger umgingen. Während der »Beschäftigungsphase« fällt einer

Witwe das Aus-dem-Haus-Gehen sehr viel leichter als das Nachhausekommen. Eine Frau berichtete, daß ihre Nachbarin regelmäßig Bemerkungen darüber machte, wie beschäftigt sie anscheinend war, und gleichzeitig behauptete, sie um ihr gesellschaftliches Leben zu beneiden. »Es war wahrscheinlich als Kompliment gemeint, aber ich hätte ihr am liebsten eine Ohrfeige versetzt. Doch statt dessen bot ich ihr an, die Rollen zu tauschen, und seit diesem Tag spricht sie nicht mehr mit mir.«

Viele andere Witwen spüren ebenfalls die Versuchung, in manchen Fällen unhöflich zu reagieren. Ein verbaler Seitenhieb schafft manchmal Erleichterung – wenn auch nur für kurze Zeit. Am Anfang der Witwenschaft werden Worte und Sätze mit anderen Ohren gehört. Es bedarf nur wenig, um das Faß zum Überlaufen zu bringen, und die Reaktion ist in jedem Falle Wut. Eine Frau ließ sich sogar dazu verleiten, ein Straßenschild mit der Aufschrift Dead End (Sackgasse, wörtlich übersetzt: totes Ende) umzufahren. Für sie hatte sich die wörtliche Bedeutung der Aufschrift über Nacht geändert. Glücklicherweise konnte sie, als sie ihr Vergehen gestand, bereits darüber lachen.

Menschen haben in Zeiten der Not schon immer dumme Sprüche von sich gegeben. Es schaudert mich, wenn ich daran zurückdenke, wie oft ich selbst am Ende eines Beileidsbriefes – bis ich eines Besseren belehrt worden bin – geschrieben habe: »Bitte lassen Sie mich wissen, ob ich irgend etwas für Sie tun kann.« Ich glaube sehr wohl, daß Witwen in ihren Reaktionen offener sein könnten und sich somit weniger verletzt und zornig fühlten, aber ich bin mir nicht sicher, daß mit Worten alle Möglichkeiten abgedeckt werden können. Wir möchten ganz einfach, daß die anderen Folgendes wissen: Benehmen Sie sich nicht, als ob nichts geschehen wäre; ein Händedruck und ein direkter Blick in die Augen sind sehr viel besser als nichtssagende Worte irgendwann irgendwo.

Wie lange dauert es?

Wie lange dauert es? Dies ist zweifellos die von frisch verwitweten Frauen am häufigsten gestellte Frage. Jede Witwe weiß, was sich hinter der Frage verbirgt. Wird es je wieder einen Tag geben, an dem ich glücklich bin, an dem ich nicht mehr mit dem Gedanken daran aufwache, daß er tot ist, an dem ich mich nicht mehr automatisch zu ihm umdrehe, um ihm etwas zu sagen, an dem ich die leere Stille, die mich empfängt, wenn ich nach Hause komme, nicht mehr als qualvoll empfinde? An dem ich aufhören werde zu weinen, wenn jemand ein freundliches Wort zu mir sagt, oder es mir nach Weinen zumute ist, wenn ich kein freundliches Wort vernehme? Werde ich jemals aufhören, mich als Außenseiterin und allein zu fühlen?

Die Antwort lautet ja, zu der für Sie richtigen Zeit und in der für Sie richtigen Art, indem sie langsam vorwärts gehen, straucheln, Rückschritte machen und wieder vorwärts gehen – in einer der beschriebenen oder nicht beschriebenen Reihenfolgen. In unserer Gesellschaft gibt es für jedes Ereignis eine dafür geeignete Zeit. Es gibt eine bestimmte Zeit, um geboren zu werden, um zur Schule zu gehen, um die Hypothek abzubezahlen, um ein gebrochenes Bein zu schienen; man weiß wenigstens, daß es passieren wird. Das, wovon wir sprechen, kennt weder Zeit noch Regeln.

Ich bestelle durch meine Buchhandlung:

folgende Bücher aus Ihrem Verlag:

Ex.	Autor/Titel:

☐ Bitte senden Sie mir regelmäßig und kostenlos Informationen über neue Werke aus Ihrem Verlag.

Name:

Vorname:

Straße:

Plz./Ort:

Datum:

Unterschrift:

Diese Karte stammt aus dem Buch:

Oesch Verlag AG
Klausstraße 10
CH - 8008 Zürich

Früher erforderte es das religiöse Brauchtum, daß der oder die Trauernde ein ganzes Jahr lang Schwarz trug – in manchen Teilen der Erde ist dies auch heute noch so –, nicht nur, um die Toten zu ehren, sondern auch um der Umwelt mitzuteilen, daß man nach Beendigung des Trauerjahres wieder ins Leben zurückkehrt. Der Brauch, Trauerkleider zu tragen, hat sich vielleicht geändert, aber der Zeitrahmen besteht auch weiterhin, weil wir inzwischen oft sagen hören: »Es ist jetzt ein Jahr her; ihr geht es immer noch nicht gut«, oder aber schon vor Ende eines Jahres davon sprechen, daß »es ihr gutgeht«. Die Menschen, die mich damals gekannt haben, wären vielleicht überrascht, wenn sie hörten, daß mein zweites Jahr schlimmer war als das erste. Im ersten Jahr glaubte ich, mit der Situation fertig zu werden, und erst im zweiten Jahr wurde mir bewußt, daß ich ein ganzes Leben lang damit würde fertig werden müssen. *Darum* ging es.

Ich wünsche mir oft, daß das ganze neuere Vokabular über den Tod und das Sterben, das so leichtfertig beschreibt, wie wir den Tod eines Menschen zu bewältigen haben, nicht mehr gebraucht würde. Die sogenannten Phasen, die ich am Anfang angeführt habe, sollen in keiner Weise eine Anleitung zur Trauer sein. Sie ergaben sich aus der Beobachtung der Reaktionen auf persönliche Verluste. Die in der Medizin gebräuchliche Vorstellung von Trauer – die vom Schock zur Genesung führt – ist eine Täuschung. Weil wir in einer schnellebigen Zeit leben, muß es für jede Krankheit ein Heilmittel geben und für jedes Heilmittel eine Krankheit. Damit wird angedeutet, daß jeder genesen wird, wenn er nur die Phasen der Trauer sorgfältig befolgt. Die Botschaft lautet: »Sie sind krank, und wir haben die passende Tablette. Und sollten Sie nicht völlig genesen sein, kann es nur daran liegen, daß Sie eine Phase übersprungen, sich zu lange in der Phase aufgehalten oder eine Phase verweigert haben. Es liegt an Ihnen, Sie haben etwas falsch gemacht.« Schon wieder schuldig! Witwen haben schon genug mit Schuldgefühlen zu kämpfen; es ist unnötig, ihnen zu sagen, daß sie im Schlamassel sitzen.

»Wie lange dauert es?« ist eine törichte Frage, denn Witwenschaft ist kein körperliches Leiden, keine Krankheit oder Geistesstörung. Man kann lernen, damit zu leben, damit fertig zu werden und zu überleben. Sie werden mit der Zeit immer besser damit umgehen können. Die Tränen werden aufhören zu fließen, die Wut wird abklingen, und die Zukunft wird Ihnen freudvoller erscheinen als heute, aber Sie werden niemals geheilt werden, nicht einmal, wenn Sie wieder heiraten.

Lassen Sie uns deshalb die Phasen der Trauer definieren als Gefühle oder Emotionen oder einen geistigen Zustand, die wie die Gezeiten des Meeres kommen und gehen. Mit der Ausnahme des anfänglichen Schocks und der mit einem schmerzlichen Verlust verbundenen Benommenheit können die sogenannten Phasen der Trauer jederzeit, jeden Tag und jedes Jahr, ganz unvorhergesehen in ihrer ursprünglichen Intensität wieder auftauchen – und das ist keine Sünde.

Wenn Heilung das versprochene und erwartete Ergebnis ist, fühlt sich jede Witwe, die nicht in der vorbestimmten Zeit »damit fertig geworden ist«, unzulänglich und anormal. Manchmal entschuldigt sich eine Witwe sogar mit den Worten: »Irgend etwas stimmt mit mir nicht.« Es mag drei Monate, sechs Monate, zwei Jahre oder länger her sein – und sie weint noch immer und kann nicht damit fertig werden. Sie hat den Zeittest nicht bestanden. Sie sagt, daß die Tränen nicht aufhören und die Wut nicht nachlassen will. Sie ist immer noch eifersüchtig und traurig, wenn sie Paare Händchenhalten sieht, fühlt sich immer noch verwirrt und hilflos und kann nicht aufhören, dauernd an seinen Tod zu denken und daran, was sie hätte tun können, getan hätte, hätte tun sollen ... »Ich weiß, ich sollte darüber hinweg sein«, schluchzt sie.

Schlimmer noch ist der Fall einer anderen Witwe, die glaubt, einen Rückfall zu erleiden, nachdem sie stetig vorwärts gegangen war und ihre Realität akzeptiert hatte: »Ich hatte mich wirklich schon gefangen, und jeder war so stolz auf mich; dann fing ich ohne ersichtlichen Grund an, wieder rückwärts zu gehen.« Tränen bei der erstbesten Gelegenheit, körperliche Symptome, die sich als grundlos erweisen, ein Zittern der Hand, das mit dem Ausfüllen des ersten schrecklichen Formulars eingesetzt hat und das jeden Tag peinlicher wird, und schließlich ein Gefühl der Hoffnungslosigkeit und das Gefühl, ihn mehr denn je zu vermissen. Man spricht hier vom »Sechsmonatesyndrom«, weil oft nach sechs Monaten die Fortschritte wie Staub im Wind verwehen. Genau zur gleichen Zeit geben Familienangehörige und Freunde ihrer Sorge Ausdruck. »Es ist jetzt sechs Monate her, und meiner Mutter geht es immer schlechter; sie hört überhaupt nicht mehr auf zu weinen. Was kann ich bloß tun?« Mutter ist jetzt das gleiche passiert, das ihrer Tochter passiert ist, als sie vor langer Zeit ihre ersten Schritte gemacht hat: Sie ist hingefallen.

Das Sechsmonatesyndrom kann zu jeder x-beliebigen Zeit auftreten (bei mir selbst hat es sich erst nach zwei Jahren eingestellt). Witwenschaft ist mit plötzlichen Erkenntnissen verbunden – einige davon sind angsteinflößend –, die die Ursache der vielen emotionalen Hoch- und Tiefpunkte sind. Sobald der Schock und die Benommenheit nachlassen und die Witwe wieder klar denken kann, versucht sie, ihre Identität wiederherzustellen, und wird sich in zunehmendem Maße über die vielen Veränderungen klar, die sie akzeptieren muß, und über die Krisen, denen sie jetzt alleine gegenübersteht. Ganz ruckartig denkt sie daran, daß sie sich vielleicht nie daran gewöhnen wird, nachts allein im Haus zu sein, oder daß vielleicht der Schmerz im linken Brustkorb das erste Anzeichen von Krebs sein könnte oder, wie es eine andere Frau ausdrückte: »Ich konnte den verdammten Reißverschluß hinten nicht zuziehen, und das löste eine meiner schwierigsten Phasen aus. Ich weinte zwei Tage lang. Mir wurde dadurch so klar, wie allein ich war und daß ich entweder 50 Pfund abnehmen oder für den Rest meiner Tage riesige Hängekleider würde tragen müssen.« Später wird die Witwe durch weltlichere Probleme geködert, mit kleinen Dingen wie beispielsweise dem Nichtvorhandensein eines männlichen Begleiters zum jährlichen Wohltätigkeitsball und Hunderten anderer solcher neuen Erkenntnisse, die sich vom Kampf mit dem Schraubdeckel eines Glases bis hin zur Reise allein erstrecken.

Wenn sie ihren Freunden von der Leere erzählt, die sie in diesen schwierigen Phasen fühlt, kann es sein, daß sie zu hören bekommt: »Du bemitleidest dich ja nur selber.« Ihre Familie hört lieber positive Bemerkungen als negative, und die Witwe selbst wird am allerunglücklichsten, wenn der Verdacht in ihr aufsteigt, daß sie sich vielleicht *in der Tat* selbst bemitleidet. Aus irgendeinem unerfindlichen Grund wird Selbstmitleid als die größte Sünde angesehen. Auf der anderen Seite ist Selbstmitleid nützlicher als das Mitleid anderer und kann in Zeiten, in denen man schlichtweg keine Kraft mehr hat, sehr tröstlich sein. Sich selbst bemitleiden heißt die emotionalen Beine hochlegen – sich ausruhen zwischen den Anstrengungen, damit fertig zu werden, und neue Kräfte sammeln. Nur wenn man des Guten zuviel tut, kann es für alle ziemlich lästig werden.

Sobald Sie aufhören, gute und schlechte Tage mit Erfolg und Versagen gleichzusetzen und sich selbst in Ihrem Verhalten zu bewerten, werden Sie Ihre Energie für bessere Dinge als für Selbstvorwürfe einsetzen können. Versichern Sie Ihrer Familie und Ihren Freunden – und Ihrem Arzt –, daß manchmal weder Sie selber noch die andern genau bestimmen können, in welcher Phase Sie sich befinden. Vielleicht befinden Sie sich heute in der sogenannten Regression oder in allen Phasen gleichzeitig.

Wut ist, wie Sie noch lesen werden, ein unangenehmes Gefühl, das manche Menschen sich nur schwer eingestehen können. Depression hat viele Gesichter, und Verwirrung kann zeitweise so allgegenwärtig sein, daß der Zustand bereits als normal erscheint. Sie alle haben sicher schon einmal gehört: »Sie hört nur das, was sie hören will.« Man kann sagen, daß es sich mit Gefühlen genauso verhält. Der wahre Grund, warum wir uns mit unseren emotionalen Reaktionen auf Trauer beschäftigen – denn genau das tun wir hier –, besteht nicht darin, uns zu identifizieren und zu etikettieren, sondern darin, daß wir uns selbst das Recht zugestehen, so zu fühlen, wie wir fühlen. »Wollen Sie damit sagen, daß es o.k. ist, wenn ich mich selbst bemitleide? Wütend bin? Mich nutzlos fühle? Es ist jetzt acht Monate her, und ich war der Meinung, daß ich darüber hinweg hätte sein sollen.« Sie werden immer ein wenig übrig haben für ein nächstes Mal.

Trauern ist ein langer Prozeß und keine Aneinanderreihung von Stufen, die nach oben führen, und Fortschritte werden oft erst viel später als solche erkannt. Eines Tages werden Sie erkennen, daß ein ganzer Tag vorübergegangen ist, ohne daß Sie an ihn gedacht haben, daß Sie tatsächlich ein ganzes Wochenende lang Freude gehabt haben, daß dieses Weihnachtsfest schöner war als das vorangegangene, daß das Neidgefühl fast gänzlich verblaßt ist und daß die guten Tage die traurigen Tage bei weitem überwiegen. Wie lange hat es gedauert? Sechs Monate? Ein Jahr? Zwei Jahre und drei Monate? Nur Sie wissen es. Aber es wird irgendwann soweit sein, und zwar dann, wenn Ihre Zeit gekommen ist.

Den Tag gestalten

Wenn die dringlichsten Angelegenheiten erst einmal erledigt sind, ist die Witwenschaft nichts, was den ganzen Tag ausfüllen würde. Bisher hat sich Ihre ganze Zeit um einen anderen Menschen gedreht, mit dem oder für den der Tag gestaltet wurde. Jetzt gehört er Ihnen ganz allein, und er wird Ihnen viel zu lang erscheinen. Aus diesem Grund benötigen Sie einen Plan, den Sie sich am besten vorher zurechtlegen, auf den Sie sich stützen können, bis Sie Ihre alten Verhaltensmuster abgelegt und sich neue zugelegt haben.

Schon das Frühstück gleicht möglicherweise einem schwarzen Loch. Ihr starkes Verlangen danach, sich einfach noch einmal umzudrehen und überhaupt nicht aufzustehen, wird erheblich geschwächt, wenn Sie Ihr automatisches Programm durch ein anderes ersetzen. Sei es, daß Sie morgens vor dem Frühstück einen Kilometer weit gehen, um sich eine Zeitung zu holen, oder ein Blumengesteck vor dem Fenster arrangieren; wichtig ist, daß Sie sich einen Plan zurechtlegen, den Sie nach dem Aufstehen, ohne zu überlegen, ausführen. Der Morgen wird lebenswert, wenn Sie etwas tun, das Sie erfreut und Ihrer Gesundheit dient.

Was den Rest des Tages betrifft, abgesehen von der Zubereitung der Mahlzeiten, den üblichen Besorgungen und gesellschaftlichen Verpflichtungen, geben viele Frauen, die sogenannten Hausfrauen, die keiner Arbeit nachgehen müssen, an, daß sie einfach »aus dem Haus rennen«, d.h., sie verbringen Stunden damit, zunächst ziellos durch Geschäfte zu laufen und sich dann vor das Fernsehgerät zu setzen und dem nächsten Tag entgegenzusehen, der wahrscheinlich genauso trist sein wird wie der vorangegangene. Klingt ziemlich trostlos. Mit ein wenig Planung kann dieser Zeitfüller allerdings zu einem Einkaufsausflug, einem Besuch im Museum, einem vergnüglichen Mittag- oder Abendessen oder einer Zusammenkunft mit anderen werden. Ihre eigene Planung macht aus einem trostlosen Tag einen weniger trostlosen Tag, weil Sie das Geschehen in die Hand nehmen, anstatt darauf zu achten, daß etwas geschieht. Es reicht aus, wenn Ihr Plan aus wenigen Einzelheiten besteht, selbst ganz alltägliche Dinge wie Wäschewaschen, Lebensmitteleinkauf, Briefeschreiben oder der Gang zur Bank werden Ihren Tag bedeutungsvoller erscheinen lassen. Wenn Sie dann das Erreichte von Ihrer Liste streichen, haben Sie Gelegenheit, sich selbst auf die Schulter zu klopfen, was Sie so notwendig brauchen.

Berufstätige Frauen schätzen sich glücklich, daß sie tagsüber abgelenkt sind, doch abends haben sie mit den gleichen Schwierigkeiten zu kämpfen. Weil es sehr viel weniger Anstrengung erfordert, einfach zu Hause auf den nächsten Tag zu warten, versuchen sie erst gar nicht, neue Freunde zu gewinnen oder etwas zu unternehmen; auch sie warten darauf, daß etwas geschieht. Aber das tut es nicht. Berufstätige Frauen brauchen fast noch notwendiger regelmäßige Abend- und Wochenendbeschäftigungen.

Unternehmungen nach Einbruch der Dunkelheit hängen von Ihrem Wohnort, dem Klima und den Fortbewegungsmöglichkeiten an Ihrem Wohnort ab und beschränken sich möglicherweise darauf, jemand anderen zum Essen einzuladen oder sich mit Ihrer eigenen Gesellschaft zu begnügen. Das ist die beste Zeit, um in Ihr Tagebuch zu schreiben, die von der Bibliothek ausgeliehenen Bücher zu lesen, Ihre Akten in Ordnung zu bringen, Ihr Fotoalbum zu vervollständigen und von Ihnen *ausgewählte* Fernsehsendungen anzuschauen. Zuviel Fernsehen ist eine weitere dieser passiven (»Ich kann nichts tun«) Aktivitäten. Sie werden im Laufe der Zeit mehr Dinge entdecken, die Ihnen Spaß machen, und mehr Menschen kennenlernen, mit denen Sie diese Dinge tun können.

Wochenenden sind wieder ein anderes Kapitel. Sie scheinen wie geschaffen dafür, die Traurigkeit und die Tränen zum Vorschein zu bringen. Eine Frau, die während ihrer ganzen 33jährigen Ehe keine Verabredung gehabt hatte, gestand, daß sie sich an jedem Samstagabend wie eine totale Versagerin fühlte, weil ihre Mutter jedesmal ganz unbekümmert fragte, ob sie denn keine Verabredung hätte. Man weiß nie, was auf einen zukommt, und es ist deshalb unerläßlich, vorauszuplanen und es nicht so weit kommen zu lassen, daß scheinbar jeder andere außer Ihnen etwas vorhat. Nehmen Sie sich die Zeit, Freunde anzurufen, ganz besonders andere Witwen, und planen Sie mindestens eine gemeinsame Wochenendunternehmung. Wenn Sie beispielsweise regelmäßig am Sonntag zur Kirche gehen, sollten Sie dafür Sorge tragen, daß jemand Sie hin- und wieder zurückbegleitet.

Junge Witwen mit kleinen Kindern versuchen allzu oft, sowohl Vater- als auch Mutterrolle zu übernehmen, so daß keine Zeit für sie selbst übrigbleibt. Mit Kindern, die das Teenageralter bereits erreicht haben, verhält es sich allerdings zeitweise genau umgekehrt. Weil Mütter ihnen ein Recht auf »ihr eigenes Leben« zugestehen, geben sich Mutter und Kinder nur noch die Türklinke in die Hand. Ich halte in beiden Fällen eine wöchentliche Aussprache für angebracht, während der die einzelnen Familienmitglieder auf nichtverletzende Art und

Weise berichten, Probleme diskutieren, Rechte und Pflichten besprechen und Pläne für die kommende Woche machen.

Berufstätige Witwen müssen der Versuchung widerstehen, sich selbst in ein Loch zu verkriechen, bis die Arbeitswoche wieder beginnt, oder zu erwarten, daß ihre verheirateten Freunde sich bei ihnen melden. Wenn Sie keine alleinstehenden Freunde haben, sollten Sie in einen Verein eintreten, vorzugsweise in einen Sportverein, oder ähnliches mit anderen teilen, damit die Transmitterflüssigkeit, das Sekret im Gehirn, das Energie produziert, aktiviert wird. Werden Sie Mitglied. Ich bin einem Wanderverein beigetreten, weil damit, da weder ich noch mein Mann Wanderer waren, keine Erinnerungen verbunden waren. Bei meiner ersten Wanderung mußten mich ziemlich viele der anderen Wanderer zum Gipfel »hinaufreden«; ich habe damals nicht geglaubt, daß ich diesen Ausflug überleben würde. Aber in jener Sonntagnacht habe ich bis zum nächsten Morgen durchgeschlafen, ohne auch nur einmal meine Hand nach meinem Mann auszustrekken, und ich wußte, daß sich etwas Entscheidendes ereignet hatte.

Vielleicht ist das alles nur ein Trick – ein geistiges Taschenspielerkunststück –, aber schließlich haben Sie es jetzt mit dem schwierigsten Alleingang Ihres Lebens zu tun. Es wird Tage geben, an denen Sie streiken, einen Wutanfall haben oder überhaupt nichts mehr tun wollen. Gestatten Sie sich ab und zu eine kleine Rebellion; bedenken Sie jedoch hin und wieder, daß Sie sich selbst für die Auflehnung entscheiden und keineswegs ihr Opfer sind, und stehen Sie dann auf, und versuchen Sie das Ganze noch einmal.

Mit Hilfe anderer Witwen habe ich die folgende Liste von Aktivitäten zusammengestellt, die sich als besonders hilfreich erwiesen haben:

- Gehen Sie einmal die Woche in die Bibliothek, und leihen Sie sich leicht zu lesende Bücher wie Kriminalgeschichten, Biographien und anregende Bücher über Witwenschaft aus.
- Schauen Sie regelmäßig die Zeitung auf öffentliche Veranstaltungen in den Bereichen Musik, Kunst und Politik hin durch. Das Thema ist weniger wichtig als die Tatsache, daß Sie mit anderen Menschen zusammenkommen und sich selbst dem Neuen und möglicherweise Anregenden aussetzen.
- Sammeln Sie Kapitalanlageunterlagen, und besuchen Sie Seminare – ohne dabei irgendwelche Verpflichtungen einzugehen.
- Melden Sie sich für einen Gymnastikkurs an, der Ihren körperlichen Voraussetzungen entgegenkommt und nicht denen eines 16jährigen Mädchens. Yoga ist sehr empfehlenswert und besonders wohltuend.
- Nehmen Sie sich vor, Ihre Buchführung und sonstige geschäftliche Angelegenheiten zu einer ganz bestimmten Zeit zu erledigen, damit Sie durch diese Arbeit nicht überfordert sind oder sie vernachlässigen.
- Erkundigen Sie sich, und sammeln Sie Informationen über Fortbildungskurse, ehrenamtliche Tätigkeiten, Hobbies, Schulungen und berufliche Möglichkeiten. Treffen Sie jedoch, solange Sie immer noch verwirrt und zerstreut sind, keine Entscheidungen. Gleichermaßen sollten Sie sich nicht verpflichten, eine Arbeit aufzunehmen oder zu ihr zurückzukehren, wenn Sie sich noch nicht stark genug fühlen.
- Schließen Sie sich einer Selbsthilfegruppe für Witwen an.
- Gehen Sie aus, und mischen Sie sich unter Menschen, aber verbinden Sie immer einen Zweck damit: wenn Sie in den Park gehen, können Sie beispielsweise die Eichhörnchen füttern; wenn Sie einkaufen gehen, können Sie sich einen ganz bestimmten Kauf vornehmen.

- Verabreden Sie sich wenigstens einmal wöchentlich mit einer Freundin zum Mittag- oder Abendessen – und mehr als einmal wöchentlich, wenn Sie berufstätig sind und beispielsweise das Bedürfnis haben, über Ihre berufliche Situation zu sprechen.
- Verpflichten Sie sich zu keiner Tätigkeit, die eine hohe Konzentration erfordert oder bei der Sie sich um kranke Menschen kümmern müssen, wenn Sie nicht wirklich sicher sind, daß Sie dafür stark genug sind. Sie sind möglicherweise immer noch zu zerstreut, um unvorbelastet zu handeln, und zu verletzlich, um sich mit Krankheit und Tod zu belasten. Wählen Sie zu Beginn kurzzeitige und interessante Tätigkeiten, weil Sie dadurch weniger Gefahr laufen, sich zurückzuziehen und sich als Versagerin zu fühlen.
- Vermeiden Sie es, auf Ihre Enkelkinder aufzupassen, wenn Sie dadurch über lange Zeiträume alleine mit den Kindern im Haus sind. Statten Sie ihnen Besuche ab, aber nehmen Sie sich das Recht, dann zu gehen, wenn Sie es für richtig halten.
- Schreiben Sie sich den folgenden Satz auf einen großen Zettel, und hängen Sie ihn an den Badezimmerspiegel, damit Sie ihn nicht übersehen können: *Ich gehe nicht schlafen, ohne mir einen Plan für den nächsten Tag zurechtgelegt zu haben.*

Wut

Witwen sind wütend. Daran gibt es nichts zu rütteln. Manche geben es zu, manche leugnen es, und wieder andere wissen es überhaupt nicht. Sie unterscheiden sich jedoch nur in der Art und Weise, wie sie mit ihrer Wut umgehen.

Am wütendsten ist die Witwe, die vorgibt, überhaupt nicht wütend zu sein. Lächelnd und verschlossen beharrt sie darauf, daß durch Wut nichts zu erreichen sei. Wenn Sie zu den Menschen gehören, die ihr ganzes Leben lang Gefühle unterdrückten und ihre Wut gegen sich selbst richteten, anstatt eine mögliche Ablehnung von anderen in Kauf zu nehmen, werden Sie auch jetzt als Witwe höchstwahrscheinlich in der gleichen Art reagieren. Aber unausgesprochener Zorn muß in irgendeiner Weise gelebt werden. Auch wenn Sie sich noch so sehr unter Kontrolle haben, wird Ihre innere Wut sich Wege suchen, um nach außen zu dringen: in Form von Schuldgefühlen, Depression, Selbstbeschuldigung, zuckersüßer Bitterkeit. Es liegt an Ihnen. Ob nun berechtigt oder nicht, haben Sie als Witwe vieles, worüber Sie wütend sein können, und es gibt keinen befriedigenden Weg, diese Wut zum Ausdruck zu bringen, wenn Sie sie gegen sich selbst richten. In einem kurzen Augenblick haben Sie Ihren Platz in Ihrem eigenen Leben aufgegeben, Ihre Rolle, Ihren Status und das Wissen darum, wer Sie sind. Empfinden Sie wirklich keinen Unmut, kein Verletztsein, keinen ungewollten Neid? Prüfen Sie sich nochmals, denn vielleicht haben Sie eines Ihrer Grundrechte aufgegeben.

Gleich nach der wutlosen Witwe kommt die verletzte Witwe. Weil sie nicht in der Lage ist, es auf eine Konfrontation mit Gott, dem Schicksal oder ihrem toten Ehemann ankommen zu lassen, verlagert sie die Schuld auf Ersatzschuldige. Fragen Sie sich, ob auch Sie so handeln. Schreiben Sie um zwei Uhr morgens fiktive Briefe an Ihren Schwager, der sich seit dem Begräbnis vor sechs Monaten nicht mehr hat blicken lassen, oder an Ihre Freundin, die so mitgenommen ist, daß sie nicht einmal mehr anruft? Menschen, die Sie verstehen, würden Ihnen raten, die Briefe wirklich zu schreiben und dann zu entscheiden, ob Sie sie abschicken oder zerreißen wollen. Weil Sie diese Entscheidungsmöglichkeit haben, sind Sie wahrlich kein Opfer, sondern ein Mensch, der über sein Schicksal entscheidet. Ungeachtet Ihrer Entscheidung für das eine oder das andere, ist die Handlung befreiend, denn Sie haben Ihre Gefühle in Worte gefaßt und zum Ausdruck gebracht. Behalten Sie deshalb Ihre Gefühle des Verletztseins niemals für sich.

Das gleiche gilt für die Wut, die sich gegen Ärzte und Krankenschwestern richtet – wie das bei vielen Witwen zutrifft. Die meisten feindseligen Gefühle gegen die Ärzteschaft kommen nicht notwendigerweise wegen Pfuscherei auf, sondern wegen Taktlosigkeit. Ärzte können sehr viel besser mit dem Leben als mit dem Tod umgehen, und heutzutage, im Zeitalter des Spezialistentums, wird der ganze Vorgang so entpersönlicht, als ob niemand mehr daran Anteil nähme. Eine Schlaftablette ist sicherlich kein Heilmittel für eine Frau, die gerade Witwe geworden ist. Sie kann niemals eine halbe Stunde Zeit und Mitgefühl ersetzen, und doch hat die helfende Hand oft nichts anderes zu bieten. »Damit wirst du schlafen können.« Ungestellte und unbeantwortete Fragen schwirren nach wie vor im Kopf herum. Wir hören so oft:

»Warum hat er bloß operiert? Lou hätte auch mit seiner Angina weiterleben können.«

»Seine Rechnung hat er prompt geschickt, aber Zeit, mich zurückzurufen, hatte er nicht.«

»Er war jahrelang unser Hausarzt, aber als mein Mann starb, hat er mich nicht einmal angerufen. Das hat mich so sehr verletzt, daß ich ihn nie wieder aufgesucht habe.«

»Warum hat er bloß sterben müssen? Der Arzt hat es mir nie erklärt. Er hat mir seinen Assistenzarzt geschickt, weil er mir nicht in die Augen sehen konnte. Und es ist so gut wie unmöglich, ihn an den Hörer zu bekommen . . .«

»Das Krankenhaus hat mich nicht angerufen. Ich war nicht bei ihm, als er starb. Ich muß immer daran denken, daß er ganz alleine war. Warum haben sie mich nicht angerufen?«

Sich selbst mit diesen unabänderlichen Tatsachen zu quälen hält Sie in einem Strudel von vergeudeter Wut gefangen. Andere Witwen werden Sie wiederum ermutigen zu handeln. Rufen Sie an, stellen Sie die Fragen, und schreiben Sie den Brief. Wenn der Brief dazu dient, finanzielle Angelegenheiten zu regeln, dürfen Sie auf keinen Fall zögern, ihn abzuschicken. In der Regel haben Ärzte selbst nichts mit der Rechnungstellung zu tun und sind zugänglich für vertretbare Anpassungen wie auch für Erklärungen, die Sie möglicherweise im Schockzustand nicht gehört haben. In den meisten Fällen werden die anderen positiv reagieren. Handeln Sie!

Da ist zum Beispiel die alte Marineoffizierswitwe, die von ihrer Wut besessen ist und die jedem ihre Geschichte erzählt, egal, ob er sie hören will oder nicht. Wenn Sie jemals das Gefühl haben, anderen lästig zu sein oder sie zu langweilen, ist es an der Zeit, ruhig zu sein und zuzuhören. Ich kann mich an eine Frau erinnern, die bei jeder Gelegenheit ihrem

Sohn die Schuld am Tode seines Vaters zuwies, weil er dem Vater geraten hatte, sich einer Operation zu unterziehen, von der dieser sich nie mehr erholte. Der Sohn, der selbst Arzt war, hatte zusammen mit dem behandelnden Arzt eine Operation für nötig befunden; die Witwe konnte beiden ihre Entscheidung nicht verzeihen. Ihre Schuldzuweisungen und ihre Wut ließen nicht nach, egal, wie oft sie ihrem Zorn Luft machte. Sie hielt geradezu daran fest. Dann ereignete sich etwas Unglaubliches: eines Tages besuchte eine andere Witwe die Selbsthilfegruppe, der sie angehörte, und erzählte ihre Geschichte, die ihrer so ähnlich war, daß keiner es zunächst glauben wollte. Die erste Witwe saß da und hörte zu und war zum ersten Male still.

Drei Wochen später wandte sie sich mit ruhiger, geduldiger Stimme an das neue Gruppenmitglied. »Ich habe genau das gleiche gefühlt«, sagte sie, »aber was nützt es, wenn man auch noch seinen Sohn verliert? Letztes Wochenende habe ich mit meinem Sohn gesprochen« – alle in der Selbsthilfegruppe hatten ihr immer wieder geraten, dies zu tun –, »und ich habe ihn nicht beschuldigt, aber ich habe ihm gesagt, daß ich mir jeden Tag wünschte, wir hätten der Operation niemals zugestimmt. Mein Sohn sagte mir, daß er ebenso fühle und daß er, obwohl er wußte, daß die einzige Überlebenschance seines Vaters die Operation war, sich nicht verzeihen konnte. Ich hatte bis dahin nicht gewußt, daß er dieses Schuldgefühl mit sich herumträgt. Wir beide sind uns noch nie so nahe gewesen.« In der Verhaltenspsychologie spricht man hier von einem negativen Rollenvorbild, und Sie können sicher sein, daß sich immer eines findet.

Man trifft jedoch sehr viel häufiger auf Witwen, die sich selbst einer Schuld bezichtigen. In ihrer Allmacht glauben sie aus tiefstem Herzen, daß sie in der Lage hätten sein sollen, vorherzusehen und vorzubeugen. Sie züchtigen sich selbst für alles und jedes: »Er hat zu viel gearbeitet (für mich)«, »Ich hätte darauf bestehen sollen, daß er zum Arzt geht«, »Ich hätte wissen müssen, daß ...« und so weiter und so weiter. Ich hätte sollen, ich hätte können. Mea culpa, aber ich will versuchen, die Dinge im richtigen Licht zu sehen.

Witwen, die nach einer logischen Antwort suchen, fragen: »Wie kann ich auf Gott wütend sein?« und »Wie kann ich auf meinen Mann wütend sein, weil er gestorben ist?« Sie ziehen es statt dessen vor, sich schuldig, verletzt, verlassen zu fühlen oder ihre Rache auf einen realen oder imaginären Schuldigen zu richten. Es wäre kurzsichtig zu glauben, daß es logischer wäre, sich mit dem Tankstellenangestellten anzulegen, denn auf lange Sicht gesehen ist es nützlicher, die Wut als das zu erkennen, *was* sie ist, und schließlich zu erkennen, *wo* sie ist.

Das »Was« kommt zuerst. Die Witwe, die zugibt, daß sie vor Wut beinahe platzt und der Waagschale der Gerechtigkeit am liebsten einen Fußtritt versetzen möchte, ist auf jeden Fall gesünder. Sie kann den Anblick von süßen älteren händchenhaltenden Ehepaaren nicht ausstehen und gibt sich, ohne daß sie dies will und als ob sie verhext wäre, dem Gedanken hin, wie viele gänzlich nutzlose Männer es auf dieser Welt gibt. Sie möchte den Menschen am liebsten ins Gesicht schlagen, die sie zu einer Fete einladen, aber auch denen, die sie nicht einladen, denen, die ihr sagen, wie fabelhaft sie aussieht, und ganz besonders denen, deren Angebot, ihr zu helfen, so abwesend vorgebracht wird, wie ihr Blick ist: Sie ist wütend und unvernünftig, und sie weiß es. Zudem ist sie immer wieder überrascht, daß andere Witwen ebenso schrecklich reagieren und neidvolle Gedanken hegen und daß sie nicht allein schlecht ist.

Ich erinnere mich an eine Frau in einer Selbsthilfegruppe, die davon berichtete, wie schockiert sie war über ihre eigene Reaktion auf Anrufer, die immer noch in Clubangelegenheiten anriefen, da sie nicht wußten, daß ihr Mann, der ein aktives Clubmitglied gewesen war, verstorben war. Da sie von Natur aus sanft und zurückhaltend war, erklärte sie zunächst höflich und freundlich die Situation. Als die Anrufe jedoch nicht aufhörten, antwortete sie immer lauter und schriller, bis sie eines Tages einem Anrufer den Namen des Friedhofs nannte und vorschlug, er solle ihren Mann dort anrufen. Sie war schockiert über ihr eigenes Verhalten und schaute die anderen Witwen hilflos an. Anstatt der erwarteten Rügen hörte sie:

»Ich hab' ihnen gesagt, sie sollen tot umfallen, und aufgelegt. Ich hab' noch nie im Leben so etwas zu einem anderen Menschen gesagt. Machen Sie sich deswegen keine Sorgen.«

»Sagen Sie einfach: ›Es tut mir leid, aber der Teilnehmer ist verstorben.‹ Das wird sie abschrecken.«

»›Er ist verstorben, ich bin seine Witwe.‹ Sagen Sie das sehr ruhig und mit tränenerstickter Stimme. Das geht jedem ans Herz.«

Der letzte kurze und gleichzeitig befriedigende Ratschlag bezüglich dieses Problems lautete: »›Er ist im Moment nicht hier, und ich kann Ihnen beim besten Willen nicht sagen, wann er zurückkommt.‹ Sie werden zwar immer noch wütend sein, aber wenn Sie den Hörer auflegen, werden Sie lachen können, anstatt zu weinen.«

Keine schlug vor, daß sie ihre Feindseligkeit hinter höflichen Floskeln verstecken sollte, weil alle verstanden, wie sehr ihre Verletztheit und ihr Zorn miteinander verwebt waren. Der Wunsch, es jedem lebenden Menschen zurückzuzahlen, ist verständlich und meiner Meinung nach verzeihlich. Die Kassiererin im Supermarkt, die Ihnen einen »guten Tag« wünscht, der Automechaniker, der es gerne Ihrem Mann erklären möchte, und all die anderen Menschen, die sich so benehmen, als hätte sich nichts geändert, sind für einen Menschen, dessen Welt gerade zusammengebrochen ist, unerträglich. Eine Frau, die von einem Polizisten angehalten wurde, weil sie bei Rotlicht über die Kreuzung gefahren war, schrie den Polizisten an: »Wie würde es Ihnen gefallen, wenn Ihre Frau einen Strafzettel verpaßt bekäme, nachdem ihr Mann gerade gestorben ist?« Glauben Sie jedoch nicht, Sie hätten die Feindseligkeit gepachtet. Sie werden irgendwann wieder ein Mitglied der Gesellschaft werden und sich wie ein Mensch fühlen.

Das »Wo« ist wesentlich verworrener. Sie sind wütend auf *ihn*, aber wie können Sie Ihren toten Mann, den Sie so sehr geliebt haben und schmerzlich vermissen, anklagen? Vor kurzem hat mir eine Frau in ziemlich heftigem Ton gesagt: »Ich komme jede Woche in die Gruppe, aber niemand wird mich je davon überzeugen können, daß ich wütend auf meinen Mann bin, weil er gestorben ist. Er wollte leben.« Ich wußte genau, was sie fühlte. Mir war es ebenso ergangen, denn obwohl ich oft gelesen und gehört hatte, daß Wut ein Teil der Trauer ist, war ich sicher, daß dies auf mich nicht zutraf. Aber ich erinnere mich noch gut an das erste Mal, als ich wirklich wütend auf meinen Mann war, weil mich die Wut so unerwartet traf. Es war ungefähr sechs Monate nachdem ich festgestellt hatte, daß keiner der 43 verschiedenen Schlüssel in der obersten Schublade seines Schreibtisches in irgendeines der verschiedenen Schlösser, die ich ausprobierte, paßte. Wie unter Zwang konnte ich an keinem Schloß mehr vorbeigehen, ohne schnell einen Schlüssel hineinzustecken. Eines Tages glaubte ich, endlich auf die Lösung gestoßen zu sein. Ich entschloß mich, es in seinem früheren Bürogebäude zu versuchen; einer dieser 43 Schlüssel blieb in einem Schlüsselloch stecken. Ich zerrte und zerrte, und als ich angesprochen wurde, murmelte ich etwas von einem Irrtum. Als ich wieder allein war, warf ich die Schlüssel plötzlich zornig in die Luft und ließ sie dann völlig verstreut über dem ganzen Fußboden liegen und rief: »Verdammt noch mal, Martin, warum hast du die Schlüssel nicht gekennzeichnet?« Anders ausgedrückt, wollte ich damit sagen: »Du hattest kein Recht, mich mit dem ganzen Mist alleine zu lassen.« Ganz plötzlich und zum ersten Mal wurden meine Rechte verletzt und nicht seine.

Seit jenem Tag habe ich Hunderte von Wutanfällen miterlebt:

»Er hätte mit dem Rauchen aufhören können, und ich gebe ihm die Schuld dafür.«

»Es ist einfach nicht fair. Verdammt noch mal, gerade als wir anfingen, ein wenig Zeit füreinander zu haben. Er hätte sich mehr schonen können.«

»Er hat sich um alles gekümmert. Und ich stehe da wie ein Vollidiot.«

»Bei Nacht ist immer er gefahren. Und ich habe jetzt Angst.«

»Ich hab' dieses Haus nie kaufen wollen; es war seine Idee.«

Und wieder: »Warum hat er mich verlassen?«

Es ist nicht einfach, sein Recht auf Wut geltend zu machen, und es gibt kein sicheres Rezept dafür. Vielleicht fehlen Ihnen die Worte, um Ihre Gefühle zu formulieren, und Sie erkennen Ihre Wut erst dann, wenn sie sich bereits Luft gemacht hat. Aber auch das gehört zur Trauer. Begraben Sie sie nicht unter »ausschließlich guten und positiven« Gedanken. Sie wissen um das Ende aller Märtyrer. Lassen Sie es nicht zu, daß Sie einer werden. Wenn Ihnen die Worte fehlen, können Sie eine Mülltonne um Ihren Wohnblock herumstoßen und so die Wut herauslassen. In dieser schwierigen Phase in Ihrem Leben sollten Sie sich jedes nicht damenhafte Verhalten, Schwätzertum, Schuldzuweisungen und unlogisches Denken nachsehen. Eine Witwe hat es folgendermaßen formuliert: »Es steht uns zu.«

Schuldgefühle

Schuldgefühle sind ein anfängliches Merkmal der Witwenschaft. Die Witwe fühlt sich schuldig, weil sie lebt; bezüglich der Dinge, die sie hätte tun können, um, wenn schon nicht das Schreckliche zu verhindern, dann doch ein Detail oder ein Ereignis zu lindern. Es gibt immer etwas, das man, würde man noch einmal leben, anders tun könnte. Aber das ist nur die erste Phase der Schuld. Wenn die Witwe ihre Trauer durchlebt und versucht, mit ihrem neuen Leben fertig zu werden, errichtet sie aus vielerlei Gründen, wo immer sie nur kann, »Straßensperren« der Schuld. Sie fühlt sich immer noch schuldig, weil sie am Leben ist; sie fühlt sich unwohl, weil sie sein Geld ausgibt, und ignoriert seine möglichen Wünsche, die immer schwerer zu erraten sind. Im allgemeinen wird die zweite Phase der Schuld dann ausgelöst, wenn die Witwe versucht, ihr Leben einzurichten, und ihn dabei notwendigerweise außer acht läßt. Die dritte Phase tritt endlich dann ein, wenn sie allmählich Fortschritte macht, Befriedigung findet, weil ihre Fähigkeiten, mit der neuen Situation fertig zu werden, wachsen und weil sie stolz darauf ist, ungerechte Streitigkeiten zu bewältigen; man spricht dann von einer Art Schuldgefühl bezüglich der eigenen Selbständigkeit, die sowohl mit Unbehagen als auch mit Stolz verbunden ist.

Sie werden daraus vielleicht folgern, daß Sie – traurig oder glücklich – dazu verurteilt sind, ein Leben lang mit Schuldgefühlen zu leben. Falsch. Sie können sich von Anfang an dafür entscheiden, gänzlich darauf zu verzichten. Schuld ist im Gegensatz zu anderen menschlichen Gefühlen wie beispielsweise Zorn, Unglücklichsein, Sorge oder Angst kein reines Gefühl. Schuld ist eine List, ein Vorwand, ein Anstatt-Mechanismus, den wir willentlich heraufbeschwören. Schuld ist das großartigste kleine, nützlichste Vermeidungswerkzeug, das je erfunden wurde. Wenn Sie hinter die Schuld sehen, werden Sie feststellen, daß sie aus Angst und/oder Wut besteht; aber wer will schon unter die Bettdecke schauen?

In den meisten Fällen lassen wir die Tür für Schuldzuweisungen einen Spalt weit offen. Schuldig durch eigenes Urteil; unsere weibliche Intuition und unsere allmächtige Antenne haben versagt, oder wir haben falsch gehandelt. Frauen, die immer für die Familie da waren, für sie gesorgt haben, die Temperatur gemessen und Aspirin und Hühnerbrühe gereicht haben, glauben daran, daß sie für die Gesundheit ihres Mannes verantwortlich seien. Erleidet der Mann plötzlich einen tödlichen Herzinfarkt, denkt die Witwe: »Ich hätte darauf bestehen sollen, daß er zum Arzt geht.« Im Fall eines tödlichen Verkehrsunfalls: »Wenn ich ihn nur zwei Minuten lang aufgehalten hätte.« Ich habe sogar eine Frau erlebt, die sich die Schuld gegeben hat, weil sie ihrer Vorahnung, daß ihr Mann während einer geschäftlichen Flugreise sterben würde, keine Beachtung geschenkt hatte. Das Flugzeug stürzte ab, und mehr als hundert Menschen, darunter ihr Mann, fanden den Tod, und sie gab sich die Schuld. Meinen Sie nicht auch, daß diese Frau ein wenig übertrieben hat?

Es entstehen Schuldgefühle, wenn ein Gefühl der Erleichterung eintritt, weil das qualvolle, lange Leiden nun endlich ein Ende gefunden hat. »Gott sei Dank muß er nicht mehr leiden«

heißt auch: »Und ich bin frei von dieser Last.« Es entstehen Schuldgefühle, wenn eine Frau unmöglich länger ihren todkranken Mann zu Hause pflegen kann. »Er wollte nicht im Krankenhaus sterben; ich habe ihn enttäuscht.« Es entstehen Schuldgefühle, wenn der Mann Selbstmord begeht. Die Superfrau ist immer schuldig, niemals wütend.

Geld kann sehr große Schuldgefühle erzeugen, vor allem Versicherungsgeld. Ihre Vernunft sagt der Frau, daß eine Lebensversicherung für die Situation abgeschlossen wurde, in der sie sich jetzt befindet. Das Schuldgefühl sagt ihr: »Er mußte sterben, damit ich das Geld bekommen konnte, und es ist deshalb nicht rechtens, daß ich das Geld für mich behalte.« Frauen über fünfzig haben es sehr schwer, eine Arbeit zu finden, und das Leben ist teuer. Wenn Sie, genau wie andere Frauen, die keine Möglichkeit besitzen, ihre Einkünfte zu vermehren, in der glücklichen Lage sind, auf eine finanzielle Rücklage zurückgreifen zu können, sollten Sie mit aller Kraft daran festhalten. In vielen Fällen wird dieses Geld angelegt, um daraus ein Einkommen zu erzielen, doch nicht selten fühlen sich Witwen verpflichtet, das Geld zu verteilen, um dadurch das Schuldgefühl zu mildern. Wenn auch Sie daran denken, mit diesem Geld Ihren Kindern zu helfen, sich selbständig zu machen oder ein Haus zu kaufen (die am häufigsten genannten Gründe), tun Sie es nicht. Vernachlässigung und bittere Gefühle könnten der Dank dafür sein.

Die Situation erweist sich oft als ganz schwierig für die Witwe eines nachgiebigen Mannes, wenn sie nach seinem Tode scheinbar die Böse sein muß. »Der arme Junge«, berichtete eine Frau in der Selbsthilfegruppe, »hat nie den gleichen Erfolg gehabt wie sein Bruder, und deswegen habe ich ihm Geld geliehen für den Besuch der Rundfunksprecherschule. Er wollte Diskjockey werden, aber er hat nie eine Arbeit gefunden. Auf diese Weise habe ich 2000 Dollar in den Sand gesetzt. Sein Vater hat sich immer um ihn gesorgt. Wie hätte ich da nein sagen sollen? Jetzt braucht er meine Unterschrift, um ein Auto zu kaufen. Ich habe wirklich nicht viel, aber ich kann es ihm nicht abschlagen.«

»Üben!« war der einstimmige Rat der Gruppe.

Die Witwen waren einer anderen Frau gegenüber, die gerade von einem Besuch bei ihrer Tochter, einer Rechtsanwältin, zurückgekehrt war, gleichermaßen unerbittlich: »Sie werden es nicht glauben«, erzählte sie, »aber meine Tochter ist verletzt, weil ich ihrer Schwester und ihrem Schwager mit der Anzahlung für ihr neues Haus geholfen habe. Jenny hat eine gutbezahlte Arbeit und ist nicht verheiratet. Meine andere Tochter hat Hilfe gebraucht, aber Jenny ist der Meinung, daß sie genausoviel Recht auf das Geld ihres Vaters hat und daß ich mich nicht fair verhalten habe. Ich fühle mich so schuldig.«

Das Urteil der anderen lautete: »Es ist Ihr Geld und nicht das Geld des Vaters.«

Die meisten Kinder mißgönnen der Mutter ihre Erbschaft nicht. Sie sind im Gegenteil erleichtert, da sie in diesem Falle keine finanzielle Verantwortung übernehmen müssen. Viel öfter ist es die starre Kombination der Mutter, ihrer Schuldgefühle und ihres Bedürfnisses, unparteiisch zu sein und sich zurückzuhalten, die die Sachlage erschwert. Eine Frau lud kurz nach dem Tod ihres Mannes ihre beiden verheirateten Kinder und deren Familien zu einem Weihnachtsurlaub nach Hawaii ein. »Ich hätte es nicht als recht empfunden, das Versicherungsgeld für mich ganz alleine auszugeben. Heute bin ich anderer Meinung, denn ich könnte es gut gebrauchen.«

Eine andere Frau, die als Kellnerin arbeitete und deren Mann im Alter von 46 Jahren einem Herzanfall erlag und sie mit zwei Töchtern im Alter von 16 und 18 zurückließ, erzählte eine ähnliche Geschichte. Glücklicherweise hatte ihr Mann sowohl eine Lebensversicherung als auch eine Ausfallversicherung für die Hypothek abgeschlossen. Da stand sie also nun, mit einem schuldenfreien Haus und 50000 Dollar in bar und ohne Erfahrung im Umgang mit Geld. Sie war davon überzeugt, ihre erste Sorge müßte dem Glück ihrer Töchter gelten. Sie ging in ein Einkaufszentrum und kaufte mit Hilfe eines nur zu willigen Verkäufers ihren Töchtern neue Möbel und neue Stereoanlagen – die ganzen Einkäufe gingen kurz und schmerzlos vonstatten. Ein Jahr später richtete sie ihrer älteren Tochter eine verschwenderische Hochzeit aus. »Die Hochzeit hat über 10000 Dollar gekostet«, sagte sie, »aber Don wäre stolz darauf gewesen.« Obwohl sie immer ziemlich schlecht in Mathematik gewesen war, hat sie für ihre Schuldgefühle eine Eins plus verdient. Ich hoffe, daß es Ihnen nicht so ergeht.

Jüngeren Witwen mit Kindern fällt es ganz besonders schwer, den Konflikt zwischen Schuld und gesundem Urteilsvermögen zu bewältigen. Sie haben das Gefühl, daß sie den fehlenden Elternteil zu ersetzen hätten. Die Frage: »Wie hätte er jetzt gehandelt« beeinflußt ihr Denken und bestimmt ihre Entscheidungen und ihr Problemverhalten oft für sehr lange Zeit. Wenn heranwachsende Kinder im Spiel sind, führt die Mutter bezüglich Disziplin und Schuldgefühlen eine Gratwanderung aus, die sie unfähig macht, ihre Autorität zu behaupten. Häufig können die Kinder ihre Trauer nicht offen zeigen, wodurch die Schuldgefühle der Mütter, die das Schweigen der Kinder als ihr Versagen interpretieren und die deshalb ebenfalls schweigen, nur noch vergrößert werden. Schuldgefühle bieten keine Hilfe. Sprechen Sie offen über das, was Sie bewegt, und lassen Sie es nicht zu, daß sich die Fronten verhärten, auch wenn Ihnen manchmal scheint, als sprächen Sie mit sich selbst, denn wenn Ihnen das Thema unzugänglich erscheint, wird es auch für die Kinder unzugänglich bleiben. Wenn Kinder, egal welchen Alters, ihren Vater verlieren (siehe Kapitel über junge Witwen), versuchen die Witwen, beide Rollen auszufüllen, um den Verlust wettzumachen. Genau das ist unmöglich. Sie können sich jedoch selbst die Frage stellen, ob Sie aus Schuldgefühlen oder aus Vernunft heraus handeln, und ganz allmählich werden Sie sich, wenn Sie ernsthaft und beständig diese Frage stellen, eine ehrliche Antwort geben können.

Eine Witwe, die sich schuldig fühlt, weil sie lebt und ihr Leben genießt, füttert ihren Verstand mit den Gedanken anderer Menschen; sie glaubt, daß andere Menschen so denken – daß ihre Familie sie verstoßen würde, wenn sie eine Reise nach Neapel machte; daß die Frauen in der Kirchgemeinde schokkiert wären, wenn sie ihr rotes Kleid tragen würde; und daß alles mögliche geschehen würde, sollte sie mit einem anderen Mann gesehen werden. Wir alle durchleben eine ganze Reihe von nie geahnten Gefühlen, wenn wir unsere Männer überleben. Die meisten entscheiden sich dafür, ihr Leben weiterzuleben, und mit dieser Wahl stellen sich irgendwann auch wieder Freude und Sonnenschein ein. Es ist nur allzu verständlich, daß jede Frau oft von einem Gefühl der Traurigkeit beschlichen wird, weil diese Freuden nun nicht mehr geteilt werden können, aber es ist eine traurige Tatsache, daß das Leben nicht mit einem toten Ehemann geteilt werden kann.

Sie leben, und Sie haben das Recht, das Beste daraus zu machen. Schuldgefühle sind nicht der einzige Weg zu diesem Ziel. Sie können auch ohne Umwege dorthin gelangen, wobei Sie allerdings manchmal Mißfallen, Ärger und Verdruß riskieren. Sie müssen sich möglicherweise Ihre eigene Wut, Feigheit und Unschlüssigkeit eingestehen und den Sprung ins kalte Wasser wagen, wenn Sie den Menschen kennenlernen wollen, der sich bisher wie ein geduldig wartendes, ängstliches, attraktives Genie versteckt gehalten hat. Wenn Sie einmal verstanden haben, wie sehr Sie sich mit Ihrer Schuld selbst täuschen und bestrafen, dürfen Sie nicht den Fehler begehen, sich schuldig zu fühlen, weil Sie sich schuldig fühlen. Wenn Sie »auf Nimmerwiedersehen« gesagt haben, befinden Sie sich in der vierten Phase der Schuld, die ein Leben lang andauert.

Wer kann wissen, ob Sie nicht anfangen, sich selbst so lieber zu mögen. Härter? Risikoreicher? Ganz sicher, aber auf jeden Fall befriedigter und ganz sicher großzügiger.

Entscheidungen, Entscheidungen

Es sollte so etwas wie ein Wappen für Witwen geben: Eine ausgestreckte Hand, unter der (natürlich auf lateinisch) geschrieben steht: »... aber andererseits ...« Jede Witwe ist daran zu erkennen.

Unentschlossenheit ist eines der Kennzeichen der Witwenschaft. Es soll zwar eine der ersten Phasen sein, doch meiner Erfahrung nach kann diese Phase sehr lang andauern. Frauen, die erst seit kurzer Zeit Witwe sind, bezeichnen die Unfähigkeit, eine Entscheidung zu treffen, als eines ihrer schwierigsten Probleme. »Ich glaube, bei mir stimmt etwas nicht«, sagen sie. »Ich bin so unschlüssig und schwankend in meinen Entscheidungen, daß das ganze Haus zittert.«

Ambivalenz ist kein Anzeichen beginnender geistiger Verwirrung und kein unausgesprochenes gesellschaftliches Leiden. Es ist ganz natürlich, daß sich eine Frau ob der ganzen Verantwortung, die sie jetzt zu tragen hat, unsicher fühlt, da sie doch jahrelang zu einem Zweierteam gehört hat. Wenn es sich um zwei Spieler handelt, ist es sehr schwer festzustellen, wer wann für Erfolg oder Mißerfolg verantwortlich war: Sie sagten (oder haben auch nur gedacht), daß es sein Fehler war, und er sagte (oder dachte), daß es Ihrer war; den Erfolg haben sich immer beide geteilt. Jetzt liegt die ganze Verantwortung auf Ihren Schultern, und manchmal fühlen Sie sich vielleicht verpflichtet, beiden Meinungen gerecht zu werden: Ihrer und seiner.

Indem die Witwe sozusagen mit seinem Rat handelt und das tut, was er getan hätte, verspürt sie ein Gefühl der Sicherheit und Zuversicht, mit deren Hilfe sie das Begräbnis und andere Angelegenheiten bewältigen kann. Sie wird eine Woche nach dem Tod ihres Mannes höchstwahrscheinlich mit größerem Zweckbewußtsein und mehr Sicherheit handeln als drei Monate nach seinem Tod. Zu Beginn befindet man sich noch auf vertrautem Terrain – wir haben dieses Verhalten an vielen Witwen beobachtet –, aber kein Mensch ist auf die völlige Verwirrung und Panik vorbereitet, die sich mit der Realität ins Leben einschleichen. Wie der Guß auf einer künstlichen Torte ist auch die Witwe nach außen hin o.k., aber nach innen hin unecht. Ihre große Angst besteht darin, daß die anderen dies entdecken könnten. Niemand – nicht einmal die Elektrizitätswerke – soll erfahren, wie unwissend sie ist und wie viele Fehler sie begangen hat. Weil sie sich mit Rechnungen, endlosem Papierkram, anderen Menschen und ihren eigenen Gefühlen herumschlagen muß, ist sie wirklich nicht in der Lage, auch nur solch kleine Entscheidungen – ob Salami oder Schinken auf Weißbrot oder Hähnchensalat auf Schwarzbrot – zu treffen, ganz zu schweigen von wichtigen. Es ist eine natürliche Folge ihrer Unsicherheit.

Viele Frauen fragen sich, warum sie plötzlich so unzulänglich und unschlüssig geworden sind. »Ich habe mich früher um alle finanziellen Dinge gekümmert«, sagte eine Witwe, »aber gestern auf der Bank konnte ich nicht einmal entscheiden, wieviel Geld ich abheben wollte. Es war mir so peinlich.«

Im Gegensatz dazu steht die Frau, die von ihrem Mann völlig abhängig war und sich seiner Meinung in den meisten Fällen gebeugt hat. Ihre Unentschlossenheit ist also nichts

Neues. Sie bittet den Himmel um ein Zeichen und fühlt sich unwohl und unsicher, wenn sie eine Entscheidung zu treffen hat. Eine Witwe wartete zwei Jahre lang, bis sie den ausgetretenen Teppichboden im Haus erneuern ließ, weil sie niemals vorher einen größeren Kauf alleine getätigt hatte. Am Tag, nachdem der Teppichboden gelegt war, berichtete sie: »Grün, ich habe mich für Grün entschieden. Arthur hat Grün nie gemocht, aber es paßt wirklich gut ins Haus, und ich muß zugeben, daß ich gern recht habe.«

Ich kann mich gut an das erste Jahr nach dem Tode meines Mannes erinnern; ich war durch meine Unschlüssigkeit in bezug auf finanzielle Angelegenheiten oder verhältnismäßig kleine Reparaturen im Haus wie gelähmt. Ich zog drei Börsenmakler, meinen Steuerberater, meinen Cousin und meinen Sohn, einen Anwalt für Steuerrecht, zu Rate. Bevor ich mir einen Deckenventilator installieren ließ, holte ich von vier Elektrikern Kostenvoranschläge ein. Obwohl ich meiner selbst immer sicher gewesen war, war ich in diesem Jahr unentschlossen und vermied jede größere Entscheidung, indem ich sie einfach auf die lange Bank schob. Es war schon schlimm genug, wenn ich mich morgens zwischen schwarzem Rock und schwarzer Hose entscheiden mußte.

Dabei habe ich mich immer für eine starke Frau gehalten. So hatte ich beispielsweise Patienten beraten, die aus einer Nervenklinik entlassen worden waren und sich wieder ein eigenständiges Leben aufbauen sollten. Eine Methode, die Folgen ihres Tuns oder Nichttuns zu bestimmen, bestand darin, die Vor- und Nachteile auf einem Notizblock aufzulisten. Das mag vielleicht leicht sein für einen Schizophrenen, aber es gibt keine Notizblöcke, die groß genug wären für eine Witwe. Ich habe es fertiggebracht, mich selbst durch zuviel des Guten vollständig zu lähmen. Wenn zwei meiner drei Börsenmakler mir rieten, eine bestimmte Aktie zu verkaufen, fragte ich mich, was mein Mann wohl dazu veranlaßt hatte, die Aktie überhaupt zu kaufen. (Er hat's mir damals wahrscheinlich erklärt, aber ich hatte nicht aufmerksam zugehört.) Ich versuchte, mich mit drei Köpfen zu entscheiden(dem des Börsenmaklers, meinem und seinem) und mit zwei Händen, was die Sache auf keinen Fall weniger kompliziert machte. Als nach dem Begräbnis kurz hintereinander zuerst die Geschirrspülmaschine und dann die Waschmaschine ihren Geist aufgaben, trug ich so viel vergleichende Informationen bezüglich Leistung und Preis zusammen, daß mir aufgrund meiner Notizen selbst Einstein nicht hätte raten können, welche Maschine ich nun kaufen sollte. Ich machte mich verrückt wegen Martins Pistolensammlung: Ich wollte sie aus dem Haus haben, aber er hatte diese Waffen geliebt. Ich sollte jetzt, da ich alleine lebte, lernen, damit umzugehen, dachte ich, aber der nette Polizeibeamte, den ich um Rat fragte, sagte nur: »Vergessen Sie's.« Der Waffenhändler würde mich übers Ohr hauen, dachte ich, vielleicht sollte ich sie einem seiner alten Freunde schenken. Nein, lieber doch nicht, ich brauchte ja das Geld, oder doch nicht, ich würde es auch so schaffen. Ich würde mich später grämen, wenn ich sie jetzt verkaufte, ich wäre erleichtert. Hätte ich damals auch nur ein Quentchen Objektivität besessen, hätte ich die Waffen dort liegen lassen, wo sie zehn Jahre lang gelegen hatten – unaufgeräumt, unbenutzt, aus den Augen und vergessen.

Ich kann mich glücklich schätzen, daß damals meine 21jährige Nichte zu Besuch kam. Sie war gerade mit der Uni fertig und am Überlegen, was sie mit ihrem Leben anfangen wollte. Sie blieb drei Monate lang und trug sehr viel zu meiner Genesung bei. Jedesmal, wenn ich einen Satz mit den Worten: »Ich weiß nicht, ob ich ...« anfing, antwortete Amy: »Tu's einfach. Los.« Und auf diese Weise habe ich einige gewinnbringende Aktienkäufe getätigt, habe das Haus weiß streichen lassen und eine Reise nach Mexiko gemacht. Seit jener Zeit gehört »Tu's einfach. Los« zu meinen beliebtesten Anweisungen für mich selbst und alle anderen unentschlossenen Witwen.

Es hängt keineswegs immer davon ab, wie fähig Sie vorher *waren*; allein zu treffende Entscheidungen brauchen Zeit, Übung, einen klaren Kopf und die Bereitschaft, Fehler zu machen, egal, wer davon Kenntnis erhält. Ich kann bezeugen, daß es Bücher in Hülle und Fülle gibt, die Anleitungen bereithalten, wie die Vor- und Nachteile jedes Problems aufgelistet und dadurch die Wahrscheinlichkeiten und Möglichkeiten einer vorgegebenen Lösung beurteilt werden können. Sie können diese Bücher lesen. Oder aber Sie machen Ihre Liste, machen dann die Augen zu und deuten auf eine Lösung. Wichtig ist, daß Sie, wenn Sie die Folgen einer Entscheidung in Betracht gezogen haben, sich nicht mehr länger quälen. Tun Sie's. Tun Sie's einfach. Ihr gesunder Menschenverstand wird wieder die Oberhand gewinnen, und obwohl Sie vielleicht auch weiterhin »aber andererseits« sagen, wird Ihr Selbstvertrauen in dem Maße wachsen, in dem Sie es gebrauchen. Sie haben Ihr ganzes Leben lang Entscheidungen getroffen; Sie haben entschieden, wann Ihr Kind ein Zäpfchen bekommen sollte, ob ein Küchengerät angeschafft werden mußte und wann die Arbeit, wann die Familie und wann andere Personen den Vorrang hatten, und über die Haushaltskasse, genauso wie Sie tausend andere Entscheidungen getroffen haben. Die Arena scheint jetzt beängstigend größer, aber in Wirklichkeit ist sie überhaupt nicht anders. Sie haben die Rolle bereits im Griff.

Schränke ausräumen, Schubladen ausräumen

»Als meine Kinder aus dem Haus gingen, pflegte ich zu sagen, daß ich nicht ein Kind verloren, sondern einen Schrank dazubekommen hätte. Jetzt habe ich alles verloren.« Diese Witwe sprach von der schmerzlich traurigen Aufgabe, sich von den persönlichen Dingen ihres Mannes zu trennen.

Trotzdem würden die meisten Witwen zustimmen, daß die Durchsicht der Kleider und der persönlichen Dinge ihrer Männer ein zwar schmerzlicher, aber therapeutischer Teil der Trauerarbeit ist: das letzte kleine Überbleibsel einer Tradition früherer Zeiten, in denen die Toten von der Familie hergerichtet und beerdigt wurden.

Wird diese Realität gemieden, erweist sich das oft als Bumerang. »Als ich vom Begräbnis nach Hause kam, waren all seine Sachen verschwunden, als ob er niemals hier gelebt hätte. Meine Schwestern wollten mir damit etwas Gutes tun, und ich konnte ihnen deshalb nicht sagen, wie entsetzt ich war. Mir kam es vor, als hätte ich Mike verraten.« Die Frau, die von der Leere in ihrem Schlafzimmer sprach, fragte sich, ob sie vielleicht sonderbar sei. Sie war noch nicht bereit, sich von seinen Kleidern zu trennen. War das verrückt? Oder abartig?

Keineswegs. Die wohlmeinenden Freunde und Verwandten, die glauben: »Aus den Augen, aus dem Sinn« und die der

Meinung sind, sie würden der Witwe helfen, die Realität zu erkennen, indem sie versuchen, die Erinnerung an den verstorbenen Mann auf einen Streich auszulöschen, enthalten der Witwe einen wichtigen Schritt des Abschiednehmens vor, auch wenn die Witwe noch nicht soweit ist, auf Wiedersehen zu sagen zu seiner alten abgetragenen Strickjacke oder zu den kaum getragenen Schuhen; die Zeit des Abschiednehmens liegt irgendwann in der Zukunft. Es ist keineswegs gespenstisch, sich die Gegenwart des Mannes, mit dem man so lange Jahre zusammengelebt hat, erhalten zu wollen; es ist in der Tat gespenstisch, in ein leeres Schlafzimmer heimzukommen.

Es gibt natürlich Frauen, die dankbar dafür sind, daß ihnen die Pein erspart geblieben ist, Schränke auszuräumen und die Kleider einzupacken. »Meine Kinder haben das für mich gemacht; schon der bloße Gedanke war zuviel für mich«, sagen sie. Aber es bleibt oft Groll zurück, wenn die Witwen bezüglich des einen oder anderen Gegenstandes nicht gefragt worden sind, und manchmal werden Zweifel geäußert darüber, ob »Realität« und »Akzeptieren« durch die Vermeidung besser geworden sind. Ich bin der Meinung, daß es der Frau, die sich mit den Socken und der Unterwäsche in den drei Schubladen dann beschäftigt, wenn sie es für richtig hält, auf lange Sicht gesehen bessergeht. Wenn sie diese Aufgabe bewältigt hat, hat sie sich dafür entschieden, ihr Leben weiterzuleben.

Es gibt keine angemessene Zeit, innerhalb deren die Ausräumung erfolgen sollte. Ich möchte jedoch an dieser Stelle empfehlen, zwischen persönlichem Eigentum und anderen Gegenständen des gemeinsamen Haushalts zu unterscheiden, für die nun keine Verwendung mehr besteht und die im ganzen Haus verteilt sind. Es nützt ganz sicher niemandem, wenn man Salz auf die Wunde streut, indem man sich mit den vielen Erinnerungen an vergangene Tage umgibt. Diese sollten am besten früh und schnell aus dem Haus entfernt werden.

Es wird berichtet, daß sich Königin Viktoria noch lange nach dem Tod von Prinz Albert jeden Morgen seine Rasierutensilien bringen ließ. Jahrelang hat die untröstliche und trauernde Königin so getan, als wäre er noch lebendig, und in jenen Jahren konnte sie doch nichts anderes tun, als Denkmäler für ihn errichten zu lassen.

Auch heute trauern Witwen und vergießen Tränen für ihre Männer, aber seine Pfeifen, sein Aschenbecher, sein Rasierwasser und andere zurückgebliebene Dinge sollten nicht zu heiligen Relikten werden. Keiner ist jemals auf den durchdringenden, plötzlichen Schmerz vorbereitet, der durch die zweite Brille, die neben dem Telefon liegt, hervorgerufen wird. Die Witwe weint aufgrund der kleinen Dinge: das halbvolle Glas seiner Lieblingsmarmelade, seine Schlüssel am Schlüsselbund, die Notiz auf dem kleinen weißen Notizblock, die ihn daran erinnern sollte, den Steuerberater anzurufen.

Schränke und Schubladen bleiben an solch einem Tag besser zu. In vielen Fällen wird diese Aufgabe bereits während der ersten Monate in Angriff genommen, aber viele verschieben sie auf sehr viel später. Unter Witwen rangiert das Thema »Die Kleider meines Mannes« unter den ersten zehn, und sowohl Frauen, die seit langer, wie auch Frauen, die erst seit kurzer Zeit Witwe sind, geben an, sie hätten immer noch Dinge wegzugeben oder zu verschenken. Die meisten von uns behalten ein Hemd, eine Krawatte, einen Schal oder einen Pullover – etwas, in das wir uns gelegentlich einwickeln können, wenn uns nach Wärme und Trost zumute ist. Ich habe einmal gestanden, daß ich die Unterhemden meines Mannes als Nachthemden trage, und vier der sechzehn Frauen in der Selbsthilfegruppe taten genau das gleiche. Vier! Aber der Zeitpunkt, an dem die Witwe sich von den Sachen ihres Mannes tatsächlich trennt, ist auf symbolische Weise wichtig. Sie ist auf dem Weg, das Unabänderliche zu akzeptieren, obwohl der Weg sie nicht immer aufwärts und geradeaus führt.

Es ist ganz typisch, daß Witwen annehmen, sie seien anomal, wenn sie entweder zögern oder unfähig sind, die Schränke, Kommoden und Schubladen innerhalb eines Monats vollständig auszuräumen. Eine Frau gestand unter Tränen: »Mein Psychiater sagt, ich müßte mich mit den Kleidern meines Mannes befassen. Es ist jetzt drei Monate her, aber ich kann die Schranktür immer noch nicht einmal aufmachen.« Diese Frau machte sich selbst verrückt. Sie hatte eine genaue Vorstellung von den Aufgaben und Vorhaben, deren Bewältigung sie von sich selbst erwartete. Ihrer Meinung nach brachte sie nicht genügend zustande. Sie hatte, wie sich herausstellte, am meisten Angst davor, »zusammenzubrechen«, wenn sie den Schrank öffnete. Die Angst davor, die Kontrolle zu verlieren – was unter Frauen, die erst seit kurzem Witwe sind, häufig vorkommt –, hatte sie gelähmt. Andere Witwen gaben ihr verschiedene Ratschläge:

»Das macht nichts, brechen Sie ruhig zusammen.«

»Öffnen Sie die Tür, und schauen Sie einfach nur rein, und berühren Sie die Sachen.«

»Lassen Sie sich davon nicht unterkriegen, ich habe sieben Monate gebraucht.«

»Jedesmal, wenn mir zu Ohren kommt, daß jemand etwas braucht, bringe ich einige Dinge hin, von denen ich annehme, daß andere sie brauchen können. Ganz allmählich leert sich der Schrank. Versuchen Sie's mal.«

»Bitten Sie eine andere Witwe, Ihnen zu helfen, alles einzupacken, und gehen Sie danach zum Essen aus.«

Jeder Rat war wertvoll. Der letzte deutet darauf hin, daß es oft sehr hilfreich sein kann, jemanden für diese Aufgabe bei sich zu haben: ein Familienmitglied oder einen anderen verständnisvollen Menschen, der die Erinnerungen, Geschichten und Gedanken, die einem in den Sinn kommen und die man aussprechen will, mit einem teilt. Man ist auch weniger einsam dabei.

Es ist ebenfalls tröstlich und irgendwie wichtig, daß selbst die ganz alltäglichen Teile seiner Garderobe einen guten Zweck erfüllen. Das könnte der Grund dafür sein, warum viele Frauen, denen es am geeigneten Platz oder an Menschen fehlt, diese Aufgabe hinauszögern. Sobald dafür gesorgt ist – indem man beschlossen hat, daß entweder Freunde, Familienmitglieder, Secondhandshops oder das Rote Kreuz mit den Sachen versorgt werden –, wird die Aufgabe erträglicher, obwohl die Anonymität des Roten Kreuzes weniger akzeptabel ist als ein treuer Freund oder Verwandter, dem man den schönen Rollkragenpulli oder die schicke Lederjacke geben kann. Aus den verschiedensten Gründen scheuen manche Kinder davor zurück, die Kleider ihres verstorbenen Vaters zu erben, aber die Tochter, die um ein Hemd bittet, das sie zu Hause über ihren Jeans tragen kann, oder der Sohn, der eine Krawatte als Glücksbringer für Vorstellungsgespräche behält, geben soviel, wie sie nehmen.

Viele Frauen haben Schwierigkeiten, sich von Rollstühlen, Brillen, Hörgeräten, Krücken, medizinischen Geräten und, ob Sie's glauben oder nicht, Gebissen zu trennen. Loyalität? Schuldgefühle? Sie können es nicht erklären, zumal sie wissen, daß ihre Männer diesen Zeichen ihrer eigenen Gebrechlichkeit keine besondere Zuwendung entgegenbrachten. Eine Frau konnte die Krücken ihres Mannes, erst zwei Jahre später in den Keller stellen, und es dauerte ein weiteres Jahr, bis sie sich endgültig davon trennen konnte. Eine andere Frau weigerte sich beharrlich, sich vom Rollstuhl ihres Mannes, den er, da er schon früh an Kinderlähmung erkrankte, während ihrer ganzen Ehe benutzt hatte, zu trennen: »Es war sein Stuhl, und er gehört zur Einrichtung.«

Dies sind nur einige der mit dem Prozeß des Loslassens verbundenen Schwierigkeiten, über die normalerweise in der Öffentlichkeit nicht gesprochen wird. In Witwengruppen wird über sehr viele Themen gesprochen, die mit nicht verwitweten Freunden nicht erörtert werden könnten.

Manche Frauen versuchen sogar, die Interessen ihres Mannes weiterzupflegen, für die sie früher weder Verständnis noch Zeit gehabt haben. Erst jetzt hören sie Country-and-Western-Musik, die sie immer verabscheut hatten, anstatt der klassischen Musik, die ihnen gefällt, und schauen sich im Fernsehen Sportsendungen an, bei denen sie früher das Zimmer verlassen hätten. Auch das ist nur eine andere Art, um zu sagen: »Ich wünschte, du wärst da.« Sie trennen sich nicht von einem Lastwagen, einem Lieferwagen oder einer Hobelbank, obwohl sie nie Gebrauch davon machen werden, und auch das ist nicht verwunderlich. Jede Witwe wird Ihnen sagen: »Wenn es an der Zeit ist...« Und es gibt keinen zeitlichen Rahmen, innerhalb dessen der Prozeß des Loslassens stattfinden sollte.

Jeder zieht seine eigene Linie, und keiner kann dem anderen in dieser Hinsicht Ratschläge geben, aber man kann sagen, daß Sie, falls Sie zu denjenigen Witwen gehören, die sich dem Als-ob-Verhalten hingeben – als ob er nicht gestorben wäre – oder dem Königin-Viktoria-Verhalten – indem Sie ihm Monumente errichten –, je eher Sie dieser Täuschung entsagen und Ihr eigenes Leben leben, desto besser Ihr Leben meistern werden.

Es gibt keine goldenen Regeln dafür, wie und wann ein Mensch loszulassen hat, aber es herrscht unter Witwen die übereinstimmende Meinung, daß eine klare Trennlinie besteht zwischen dem, was getan, und dem, was vermieden werden sollte. Fangen Sie mit kleinen Schritten an, und nehmen Sie sich am Anfang die sichtbaren Dinge vor: die Tabletten und Toilettenartikel. Sie können, wenn Sie wollen, das

After-Shave behalten, aber die Tabletten sollten Sie auf jeden Fall wegwerfen. (Mehr als eine Witwe hat in jener Schattenphase des Sich-Festklammerns an nicht mehr Vorhandenes die Tabletten ihres Mannes geschluckt.) Bitten Sie Freunde, die ihre Hilfe angeboten haben, Ihnen zu helfen, die Zeitschriften, Zeitungen und Mitgliedschaften zu kündigen, deren Sie nicht mehr bedürfen. Wenn Sie damit fertig sind, müssen Sie die Kleider, die Bücher und die anderen persönlichen Überbleibsel dieses früheren Lebens in Angriff nehmen. Die Handhabung des wertvollen Eigentums, wie beispielsweise Schmuck oder andere Gegenstände, die Sie verkaufen oder verschenken wollen, muß wohlüberlegt sein. Keine Witwe sollte sich von fordernden Verwandten, selbstauferlegter Schuld oder ganz einfach sentimentalen Überlegungen beeinflussen lassen. Die Faustregel, die ich empfehlen kann, lautet: Wenn das Thema zu schwierig ist, um darüber zu reden, oder Sie sich zu keiner Entscheidung durchringen können, *warten Sie*. Sie werden wissen, wann die Zeit dafür reif ist.

Dinner for One

»Iß«, wiederholte meine Tante aus New Jersey nach dem Tode meines Mannes. »Gib auf dich acht.« Und nicht nur Tante Sophie, sondern auch Ihre Schwester und Ihre Cousinen und Ihre Kinder und die leise Stimme in Ihrem Kopf haben diese Ermahnung immer wieder ausgesprochen. Der Ratschlag ist gut, doch in den meisten Fällen ist der Witwe überhaupt nicht nach Essen zumute.

Für viele Menschen ist das Frühstück eine fast automatische Handlung. Unsere morgendliche Mahlzeit wird zum Ritual: das Aufsetzen des Kaffee- oder Teewassers ist wie die Verlängerung unseres Arms; es bedarf keiner großen Überlegung. Aber mit dem Mittag- oder Abendessen, d.h. mit Ihrer Hauptmahlzeit, verhält es sich schon anders; sie muß geplant werden. Obwohl es Kochbücher für einen Einpersonenhaushalt in ausreichender Zahl gibt und Woks und Tontöpfe im Küchenschrank stehen, muß dem Rezept die Motivation vorausgehen. Die Hauptmahlzeit war schon immer die Mahlzeit für die Familie, für zwei oder mehr, und für das Gespräch. Es macht keinen Spaß, für einen allein zu kochen; wer ist schon hungrig?

Es hat natürlich schon immer die vernünftigen Menschen gegeben, die auf eine gute und ausgewogene Ernährung achten, die Mahlzeiten zubereiten, den Tisch decken und essen. Aus meiner Erfahrung entspricht dies jedoch nicht der Norm. Vielmehr verhalten sich Frauen, die erst seit kurzer Zeit Witwe sind, folgendermaßen: sie stopfen sich entweder mit Süßigkeiten oder anderen Leckerbissen voll und werden dick, oder sie ernähren sich aus Dosen und magern ab. Sie beladen den Kühlschrank mit ausgesuchten Leckereien, die nie gegessen werden, oder sie essen wahllos alles von Marmelade bis sauren Gurken. Sie kochen alles in einem Topf und essen aus dem Topf, und das vor dem Fernseher. Sie planen ihre Mahlzeiten nicht, sondern essen, was gerade im Haus ist. Aus Kartoffelchips, Tomatensuppe aus der Dose, Ravioli, Spiegeleiern, Keksen und Joghurt bestehen viele schnell zubereitete Mahlzeiten.

Aber Sie begehen diese Fehler nicht. Sie wissen, daß Sie eine ausgewogene Kost zu sich nehmen und regelmäßig essen müssen, und zwar am Tisch und nicht über der Spüle. Sie wissen, daß Sie sich nicht nur von tiefgefrorenen Gerichten ernähren sollten, die sehr viel Salz und Fett enthalten, oder Häppchen und alkoholischen Getränken, die keinen Nährwert haben. Tante Sophie hat mir damals noch einen anderen Ratschlag gegeben, der im Lauf der Jahre sowohl mir als auch anderen Witwen geholfen hat, mit dem Eßproblem fertig zu werden.

»Denk nicht daran«, sagte sie streng. »Frier einzelne Portionen Hühnchen, Fisch oder Fleisch ein; dann taust du sie auf und machst dir Kartoffeln und einen Salat dazu und ißt.«

Was Tante Sophie so weise ausheckte, war ein Rezept, das keine Entscheidungsfindung und kein Selbstmitleid, sondern Kalorien und Mineralien enthielt. Wir wollen deshalb einen Schritt zurückgehen und die Löcher ausfüllen, die sie nicht ausgefüllt hat. Am Anfang steht die unumstößliche Tatsache, daß Ihre Gesundheit lebenswichtig ist; einer der beängstigenden Aspekte der Witwenschaft ist die Frage: Wer sorgt für mich, wenn ich es nicht selbst tue? Wenn wir unter Streß stehen, vernachlässigen wir unser Essen und geben uns irgendwelchen verrückten Eßgewohnheiten hin, manchmal aus Unwissenheit, aber oft aus Trägheit. Ich habe mich einmal mit einem Witwer unterhalten, der jeden Abend einen Hamburger und Pommes frites aß und glaubte, er würde eine ausgewogene Kost zu sich nehmen, weil er jedesmal auch einen sogenannten Salat – Eisbergsalat mit undefinierbarer Salatsoße – aß. Das war Unwissenheit; Eisbergsalat hat ungefähr soviel Nährwert wie drei Papierteller. Und die Witwe, die jeden Abend ihre zwei Martinis mit den Resten vom Mittagessen – das auch nicht ausgesprochen gesund war – anreicherte, hätte es auch besser wissen sollen. Es ist schlimm genug, eine Witwe zu sein – aber betrunken und verwitwet? Keiner wird Sie mögen, am wenigsten Sie selbst.

Sogar Witwen, deren Kinder noch zu Hause wohnen, neigen dazu, ihre Ansprüche zu reduzieren; sie vermissen seine Gegenwart am Tisch. Die beim Italiener geholte Pizza oder das fertig gegrillte Hähnchen werden eher aus Desinteresse als aus Notwendigkeit zur Standardernährung. Das ist die beste Zeit, um Kinder bei der Vorbereitung der Mahlzeiten mit einzubeziehen und sie in gesunder Ernährung zu unterweisen.

Eine gesunde Ernährung besteht aus grob geschrotetem Getreide, Obst und Gemüse. Sie können dem etwas Fisch, Geflügel und mageres Fleisch hinzufügen, aber niemand braucht, wie wir dies in der guten alten Zeit geglaubt haben, große Mengen dieser Nahrungsmittel. Essen Sie weniger Eier, Käse, Fette, Zucker, Koffein und weißes Mehl. Vermeiden Sie nach Möglichkeit gebratene Speisen und gezuckerte Getränke sowie Nitrate und chemische Produkte. (Mir scheint es sehr einfach, das letztere zu meiden, da ich einfach die Inhaltsangaben auf jeder Packung lese.) Wenn Sie zwischendurch naschen wollen, sollten Sie sich auf Nüsse beschränken – weniger Erdnüsse anstatt Mandeln und Nüsse mit geringem Cholesteringehalt –, ungesalzenes und ungesüßtes Popcorn und ein gesundes Maß an frischem Obst. Es gibt viele verschiedene Meinungen über zusätzliche Vitamine und Mineralien. Ziehen Sie einen Ernährungsfachmann zu Rate, entweder persönlich oder durch ein Buch. (Nach meiner Erfahrung haben Ärzte die Ernährung des Menschen immer vernachlässigt, und die Reformhausbesitzer ... ja, auch sie müssen ihre Miete bezahlen.)

Ich will damit sagen, daß ungeachtet der Tatsache, wie wenig Sie sich im Moment für Ernährung interessieren, eine gesunde Ernährung Ihnen auf lange Sicht gesehen viele Probleme vom Leib halten wird. Kaufen Sie deshalb keine Nahrungsmittel ohne Nährwert; legen Sie nur gesunde Eßwaren in Ihren Einkaufswagen, so daß Sie an der Kasse nicht beschämt wären, wenn Tante Sophie plötzlich hinter Ihnen stünde. Viele Witwen vermeiden es in der Anfangszeit fast gänzlich, ihre Mahlzeiten zu Hause zuzubereiten, und essen deshalb öfter auswärts als daheim. Weil sie sich nicht getrauen, alleine in ein Restaurant zu gehen, ziehen sie Schnellimbisse oder Cafés vor. Daran ist im Grunde nichts auszusetzen, solange die Mahlzeiten ausgewogen und gesundheitsbewußt zubereitet sind; es ist jedoch wichtig, daß Sie auf cholesterinfördernde Zubereitung und auf Konservierungsmittel, die das Gemüse lecker aussehen lassen und es jeglicher Vitamine berauben, verzichten. Im Laufe der Zeit jedoch wird das Essen mehr und mehr eine gesellige Angelegenheit, weil wir neue Freunde gewinnen und unsere Kalender mit Verabredungen für ein Mittagessen mit Anne oder ein Abendessen mit Barbara und Joe füllen.

Die meisten von uns stellen fest, daß diejenigen, die gerne kochen, ihre Gefrierfächer und Töpfe allmählich mit kreativen Mahlzeiten füllen und den anfänglichen Stillstand überwinden, und daß diejenigen, die sich in der Küche nicht so wohl fühlen, von modernen Küchenhilfen und wohlüberlegten Restaurantbesuchen Gebrauch machen. Bis dahin müssen Sie für sich selbst sorgen und richtig essen.

Alles ist Wirklichkeit

»Ich sitze am Schreibtisch, und plötzlich weiß ich, daß er im Zimmer ist. Ich fühle seine Gegenwart.«

»Ich weiß, daß ich nicht geschlafen habe, weil ich plötzlich aufgewacht bin und fühlte, wie er auf dem Bett saß. Ich konnte sein Rasierwasser riechen. Ich berührte seine Hand und sagte: ›Deine Hand ist gar nicht kalt, aber ich weiß, daß du tot bist.‹ Er lächelte nur und verabschiedete sich. Ich verspürte nicht die geringste Angst.«

»Ich weiß, daß mich alle für verrückt halten werden, aber ich habe Barney zweimal vor dem Zubettgehen nach Papieren gefragt, die ich verlegt hatte, und am nächsten Morgen wußte ich genau, wo ich zu suchen hatte.«

Diese Frauen sind weder verrückt noch außergewöhnlich. Umfragen zeigen, daß ein hoher Prozentsatz von Witwen – einmal waren es 48 % – die Gegenwart ihrer Männer in den ersten Monaten der Trauer gefühlt hat. Die Gegenwart besteht oft nur in dem Gefühl, daß er sie beobachtet, ermutigt und bestärkt, kann aber auch ganz klar gesehen und gehört werden. Keine Witwe würde dieses Thema im Beisein von Ehepaaren zur Sprache bringen, aber wenn man sie in Gegenwart anderer Witwen danach fragt, erzählen sie freimütig von ihren paranormalen Erlebnissen.

Viele der Erlebnisse ereignen sich dann, wenn der Tag zur Nacht wird oder die Nacht zum Tag, kurz vor dem Einschlafen oder nach dem Erwachen aus einem Traum. Die Erzählende ist sich möglicherweise sicher, oder auch nicht, daß sie die ganze Zeit über völlig wach war, und wird auf jeden Fall die Begebenheit in allen Einzelheiten beschreiben. Man vergißt solche Träume nicht so leicht. In den meisten Fällen erscheint der Ehemann, um Sicherheit und Rat zu geben; gelegentlich, um ein Problem zu lösen. Eine Frau, die sich nicht entscheiden konnte, ob sie ihr Haus verkaufen oder warten sollte, wie alle ihr geraten hatten, erzählte, daß ihr Mann ihr im Traum erschienen war und gesagt hatte: »Isabel, mach, daß du hier rauskommst«, und zwar mit so lauter, strenger Stimme, daß sie bereits am nächsten Tag eine Anzeige in die Zeitung setzte.

Auch die Frau, die überlegte, ob sie ihrem Sohn Geld leihen sollte, wurde von ihrem Mann zurechtgewiesen, als er ihr sagte, sie dürfe dies auf keinen Fall tun. »Er ist jung, und er wird sich durchschlagen. Das Geld ist deine Sicherheit.« Jeder andere hätte ihr wahrscheinlich den gleichen Rat gegeben, aber da er vom »Boß« persönlich kam, entband er sie jeglichen Schuldgefühls.

Manchmal allerdings ereignet sich bei solchen Gelegenheiten nichts Besonderes: »Ich hörte, wie er den Bowlingball wegräumte und sagte: ›Das war auch eine Zeitverschwendung.‹ Und ich antwortete: ›Das weißt du doch schon lange‹, drehte mich um und schlief zum ersten Mal seit zwei Monaten wirklich gut.«

Auch diejenigen, die die Möglichkeit paranormaler Erscheinungen weit von sich weisen, geben zu, daß sie Worte des Rates und der Mahnung vernommen haben und daß sie sie so klar gehört haben, daß es ihnen momentan schwergefallen ist, zwischen Vorstellung und Wirklichkeit zu unterscheiden. Eine

Frau erzählte, wie sie gerade dabei war, den Bankangestellten zu fragen, warum ihr Kontostand nicht in Ordnung war, als sie ihren Mann so laut und deutlich sagen hörte: »Ganz meine Frau«, daß sie errötete. »Ich hätte schwören können, daß alle anderen es auch gehört hatten, aber dann wurde mir klar, daß es nur das Echo aller ›Ganz meine Frau‹ war, die ich im Laufe der Jahre zu hören bekommen hatte. Diesmal habe ich mich nicht über ihn geärgert, sondern mußte sogar lachen.«

Die meisten von uns können, und tun dies auch, imaginäre Gespräche über alle möglichen Themen mit ihren Männern führen – seine Reaktion auf eine bestimmte Situation ist wohl meist bekannt und vorhersehbar. Mein Mann und ich lasen für gewöhnlich während des gemeinsamen Frühstücks die Zeitung, schweigend, wie ich immer dachte. Trotzdem hörte ich ihn monatelang ganz deutlich »O Gott« sagen, während ich die Titelseite las.

In der ersten Zeit wird eine Witwe ihren Mann in jedes Gespräch mit einbeziehen, aber nach geraumer Zeit schämt sie sich, jeden Satz mit »Mein Mann hätte an dieser Stelle gesagt« zu beginnen, und versucht, diese Bezugnahme zu vermeiden. Nichtsdestotrotz hört sie die Äußerungen, Warnungen und wohlbekannten Sätze – manchmal unerbeten – bis an ihr Lebensende. Eine Frau nannte dies »die Unsterblichkeit ihres eigensinnigen Ehepartners«.

Eine Erklärung für paranormale Phänomene, die immer wieder vorgebracht wird, ist, daß diese Besuche außerirdischer Wesen nur Abwandlungen genauer und schmerzlich fortdauernder Erinnerungen eines geplagten Geistes in einer sorgenvollen Zeit seien – wobei diesem Argument damit widersprochen wird, daß es viele Arten der Kommunikation gibt, die derzeit nicht bewiesen werden können. Eine Theorie, der ich persönlich überhaupt nichts abgewinnen kann, besagt, daß Menschen, die in einem bestimmten Sternzeichen geboren sind, an diese Phänomene eher glauben als andere. Menschen wie ich – Sternzeichen Jungfrau – wären insofern betroffen; sie sollen angeblich nicht nur außerirdischen Visionen, sondern auch astrologischen Berechnungen skeptisch gegenüberstehen.

Träume, echte Träume, sind anfänglich so ziemlich gleich: sehr lebhaft und wieder von Abschied handelnd. Obwohl die Drehbücher sehr verschieden sein können, haben doch alle Visionen und Träume eines gemeinsam: sie sind tröstlich, überraschenderweise angenehm und auf seltsame Weise heilsam. »Er kam in der Nacht, nachdem er gestorben war, meinetwegen zurück. Wir lachten vergnügt über unsere Verschwörung, aber auf einmal wurde mir bewußt, daß ich das meinen Kindern nicht antun konnte, und schickte ihn weg. Wir sagten Lebewohl; ich fühlte einen inneren Frieden. Ich schwöre, daß es so wirklich war, daß ich, als ich aufwachte, immer noch lächelte.«

Diese Art von Träumen hört innerhalb einer kurzen Zeit auf. In den meisten Fällen erklären Witwen, daß in ihren späteren Träumen ihr Ehemann für gewöhnlich lebendig und »einfach da« ist. Witwen sind manchmal überrascht darüber, wie klein seine Rolle im Traum oft ist, so, als hätte sich nichts geändert. Er wird niemals älter, in manchen Fällen sogar jünger. Zuweilen lieben sie sich sogar körperlich. Witwen haben manchmal eine mystische Erwartungshaltung in bezug auf Träume, und einige sind unglücklich, wenn sie nicht von ihrem Mann träumen oder nicht in der Lage sind, das Bild ihres Mannes zu jeder Tages- und Nachtzeit heraufzubeschwören. Dies dauert in der Regel jedoch nur so lange, wie die Sorgen andauern.

Träume sind seltsam. Manchmal sagen sie uns mehr, als wir hören wollen, und in diesem Fall sperren wir uns unbewußt dagegen. Wenn Sie sich an Ihre Träume erinnern wollen, können Sie dies ohne weiteres tun. Legen Sie sich Block und Bleistift neben das Bett. Mit ein wenig Übung wird es Ihnen gelingen, sich selbst aufzuwecken und die wichtigsten Punkte Ihres Traumes zu notieren, bevor Sie wieder einschlafen. Am nächsten Morgen sind Sie dann angenehm überrascht, wie lebhaft Ihr Traum sich zusammenfügt. Träume haben ihre besondere Bedeutung für den Träumenden; kein anderer kann sie besser deuten als Sie selbst. Manche psychologischen Berater und Therapeuten verwenden sie in der Therapie, weil sie der Meinung sind, daß Träume dazu benutzt werden können, um durch das Unterbewußtsein mehr über sich selbst zu lernen. Traumdeutungsbücher und Freudianische Symbole liefern allerdings keine Antworten, obwohl ein Workshop über Träume, der Selbstinterpretationen erforscht, sich als sehr interessant und informativ erweisen kann. Auf jeden Fall haben alle Träume in der frühen Witwenschaft mit dem Loslassen, der Angst vor dem Neuen und – das ist nur allzu verständlich – mit dem Durchleben der glücklichen Zeiten der Vergangenheit zu tun.

In seltenen Fällen flüchten sich Frauen in Träume. Eine Witwe berichtete von einem immer wiederkehrenden Traum, in dem sie und ihr Mann schön essen gingen, anschließend tanzten und sich wunderbar unterhielten. Für sie war Schlaf weitaus schöner als Wachsein. In der ersten Zeit sehnte sie sich geradezu nach der Flucht in die Nacht, aber nach zwei Monaten wurde es ihr unheimlich, und sie erzählte einer anderen Witwe von ihrem Traum. Als sie einmal darüber gesprochen hatte, träumte sie den Traum nie wieder.

Der Meinungsstreit darüber, was in Verbindung mit Verstorbenen wirklich, imaginär, möglich und unmöglich ist, konnte im Laufe der Jahrhunderte nicht beigelegt werden. Die meisten Religionen bieten ein ganzes Spektrum an Möglichkeiten – viele verweisen auf eine Kommunikation und Wiedervereinigung nach dem Tod –, und die meisten Gesellschaften sind tolerant und offen für verschiedene Theorien und Philosophien. Sie finden höchstwahrscheinlich für alles, was Sie glauben möchten, eine Bestätigung – wie ich auf zahlreichen Konferenzen für verwitwete Menschen festgestellt habe. Sitzungen zum Thema paranormale Erfahrungen und außergewöhnliche Träume sind immer gut besucht, und fast alle Besucher können eigene Geschichten beitragen, die ihren Standpunkt und ihre Ansicht untermauern. Wenn ich diese Diskussionen leite, erlebe ich oftmals, wie leidenschaftlich manche Menschen an die Rückkehr der Toten glauben, und ich muß gestehen, daß ich nicht anders konnte, als meine eigene positive Meinung einfließen zu lassen. Ich neige dazu, diesen Phänomenen keinen Glauben zu schenken, weil ich meine, daß die Trennung von zwei Menschen, die so eng miteinander verbunden sind wie Mann und Frau, ständig im Bewußtsein und im Unterbewußtsein stattfindet. Auf der anderen Seite muß aber gesagt werden, daß jeder Mensch das glaubt, was in sein Weltbild paßt. Aber das ist nur meine persönliche Meinung.

Seien Sie jedoch auf der Hut vor den Behauptungen anderer. Wir haben alle schon erlebt, wie eine Witwe während einer gestellten Séance um ihr Geld erleichtert wurde, weil ihr Mann angeblich Botschaften bezüglich Geld gesandt hatte. Houdini wird nachgesagt, daß er mit seiner Frau ein Zeichen verabredet hat, an dem sie ihn bei seiner Rückkehr erkennen sollte. Nach etlichen Jahren gab sie auf; er kam nie zurück. Wir hören und lesen immer wieder Geschichten über Witwen, die ihre gesamten Ersparnisse aufgrund falscher Versprechungen verloren haben. Wenn eine Witwe erklärt: »Ich bin vor Schmerz fast verrückt geworden«, übertreibt sie höchstwahrscheinlich überhaupt nicht. Aber begehen Sie nicht den Fehler, dies mit dem tagtäglichen Kontakt zu verwechseln, den Sie fühlen, wenn Ihr Ehegatte stirbt, wenn Sie ihn immer noch spüren – im Zimmer, im Bett – und seine Worte in Ihren Ohren hören und seine Liebe in Ihrem Herzen fühlen. Sie fühlen, wie sehr Sie dies beruhigt – und wie gut es Ihnen im Moment tut.

Soll ich die Post beantworten?

Wenn ein Mensch, den wir lieben, stirbt, wünschen wir uns, daß die anderen davon Kenntnis nehmen: Beileidsbezeugungen werden in einem Maße wichtig, wie viele von uns es nie für möglich gehalten hätten. Die Anzahl der Menschen, die daran gedacht haben, die Zahl der Karten und Briefe ist, auch wenn die Zeilen noch so wenig aussagen, tröstlicher, als wir jemals angenommen haben. Lachen Sie bitte nicht, denn viele Witwen können Ihnen genau sagen, wie viele Karten sie erhalten haben – obwohl sie wissen, wie töricht das Zählen ist. Sie rechnen Ihnen auch genau vor, wer es versäumt hat zu schreiben, obwohl sie wissen, wie nutzlos auch dieses Unterfangen ist.

Eine Frau, deren Mann der Geschäftsführer eines großen Warenhauses gewesen war, litt sehr darunter, daß die anderen Geschäftsleitungsmitglieder der Gesellschaft – Männer, die sie nur dem Namen nach kannte – es versäumt hatten, ihr persönlich zu kondolieren. Das Paradoxe daran war, daß sie als Ehefrau eines Geschäftsmannes diesen unpersönlichen Ehrenkodex sehr wohl akzeptieren konnte, daß sie aber als Witwe unter dem Mangel an Sensibilität und Anteilnahme litt. Dieser Umstand wurde entgegen jeder Logik zur Hauptursache ihrer Trauer.

Trotzdem können Karten und Briefe, mit denen die Schreiber ihre Anteilnahme ausdrücken, sehr viele Gefühle freisetzen. Diese Schreiben zu beantworten ist keine leichte Aufgabe. Nichtsdestotrotz sind viele Witwen der Meinung, es sei ihre Pflicht, jedes Schreiben zu beantworten, was sie auch tun, während andere die Beantwortung als unnötige Formalität betrachten, so als würde man einen Dankesbrief auf einen Dankesbrief folgen lassen. Manche Menschen unterscheiden zwischen vorgedruckten, unpersönlichen Karten und solchen, die persönliche Worte enthalten, und antworten entsprechend. Wieder andere verschicken gedruckte Karten des Dankes oder setzen eine Anzeige im Namen der Familie in die Zeitung, die all denen ihren Dank aussprechen soll, die dem Verstorbenen auf irgendeine Art und Weise die Ehre erwiesen haben. Es gibt natürlich immer wieder solche, die sich ein Jahr später immer noch mit einer ganzen Schachtel voll unbeantworteter Post herumquälen. Vielleicht klingen Ihnen jetzt die Worte Ihrer Mutter in den Ohren, die zu sagen pflegte: »Es liegt auch hier an der Erziehung.«

Dann gibt es diejenigen Frauen, die sich selbst unter Zwang setzen und jedes Schreiben, das Sie erhalten haben, mit einem persönlichen Schreiben beantworten, weil sie der Meinung sind, dies sei eine Verpflichtung von äußerster Wichtigkeit. Sie bewerten diese Aufgabe als Teil des konventionellen Beerdigungsbrauchs unserer Gesellschaft; sie halten es für ihre Pflicht, und es wäre undenkbar, dieser Pflicht nicht nachzukommen. Andere vertreten die entgegengesetzte Meinung und halten die Beantwortung in einer Zeit, in der ihnen der Sinn überhaupt nicht nach Formalitäten steht, für alles andere als dringend oder wünschenswert.

Man kann sich für diesen Fall allerdings zur Faustregel machen, daß jeder, der sich die Zeit genommen hat, einen persönlichen Brief zu verfassen, auch mit einer persönlichen Antwort bedacht werden sollte, und daß unpersönliche Schreiben keiner Antwort bedürfen. Für den Fall, daß Ihnen das Briefeschreiben schwerfällt, können Sie einen Brief mit der Hand schreiben und ihn dann fotokopieren: »Die Familie ... dankt Ihnen ...« Wenn Sie keinen allzu großen Wert auf ein persönliches Schreiben legen, können Sie auch vorgedruckte Karten mit dem gleichen Text verschicken.

Beantworten Sie Beileidskarten und Briefe innerhalb eines Monats. Auch wenn Ihre Schreiben mit Ihren Tränen benetzt werden, sind doch Ihre Tränen lindernd. Wenn Sie vom Schmerz überwältigt sind, bitten Sie Freunde oder Familienangehörige, Ihnen bei der Beantwortung zu helfen, aber bitten Sie Ihre Freunde nicht, es ganz für Sie zu erledigen. Sie werden einen unerwarteten Trost darin finden, mit den Menschen, die Ihren Mann kannten und Ihren Schmerz teilen, in Verbindung zu treten. Nicht selten ist unter den Briefen eine bisher übersehene Freundschaft; strecken Sie Ihre Hand aus. Eine Bekannte, die ich jahrelang auf Konzerten gegrüßt hatte, ohne jemals ein Wort mit ihr zu wechseln, schrieb mir nach dem Tod meines Mannes, daß sie mich gerne zum nächsten Konzert, das ich mir anhören wollte, abholen würde. Seit damals gehen wir immer gemeinsam ins Konzert.

Die Kinder können die Schreiben beantworten, deren Absender sie kennen; wenn aus dem Schreiben ein Familienprojekt wird, ist damit jedem geholfen. Auch gute Freunde können hier einspringen. Meine enge Freundin Helen erschien am Tag, nachdem mein Mann starb, mit einer Schachtel voll Schreibpapier unter dem Arm und sagte: »Ich komme, um dir bei der Erledigung deiner Korrespondenz zu helfen, und bitte sag mir nicht, ich soll's lassen.« Mein Mann war ein bekanntes Gemeindemitglied gewesen, und die Briefe bezeugten Hochachtung und Ehrung, für die ich gerne die Beantwortung auf mich nehmen wollte. Helen machte sich Notizen zu verschiedenen Menschen und schrieb Briefe, die sie mit den Worten »Genevieve hat mir von Ihnen erzählt, und ich helfe ihr, ihren Freunden zu danken ...« begann. Im Laufe der folgenden Wochen schrieben wir Hunderte von Briefen, die oftmals mit unser beider Tränen benetzt wurden, wenn jemand eine besondere Erinnerung meines Mannes heraufbeschwor. Ich war sehr dankbar für ihre Gegenwart.

Beantworten Sie die Post, so gut Sie können, anstatt sie in der Schublade und in Ihrem Kopf zu belassen. Es ist eine Art des Trauerns; und eine Art, die Realität zu akzeptieren und zu bejahen.

Wo hab' ich heute bloß meinen Kopf?

Es muß einen Himmel für verlorengegangene Sachen geben. Wo sollten sie denn sonst sein? Ein von allen Witwen erfahrenes Symptom »der Verrücktheit« ist der ärgerliche Zeitaufwand für die Suche nach Dingen, die sie vor einer Sekunde noch in der Hand hielten oder an einem besonders sicheren Ort aufbewahren. Sie sind sicher, daß Sie nahe daran sind, verrückt zu werden; der Scheck, den Sie gerade zur Bank bringen wollten, liegt nicht auf der Kommode im Flur, wo Sie ihn vor zehn Minuten eigenhändig hingelegt haben, und das grüne Formular, das Sie schon vor einer Woche hätten ausgefüllt zurückschicken sollen, ist auf einmal nicht mehr grün, sondern rosa, und nicht im Schreibtisch, sondern im Wäscheschrank zwischen den Handtüchern.

Seien Sie versichert, daß Sie nicht verrückt werden; es gibt zwei andere Erklärungen. Zum einen hat jedes Papier und jedes Ding ein Eigenleben, und der Himmel ist vielleicht die mögliche endgültige Ruhestätte, und zum anderen gibt es eine Theorie der Überlastung. Auf einer Ebene kommen Sie nicht umhin, neue und anspruchsvolle Aufgaben zu übernehmen und Entscheidungen zu treffen, und auf einer anderen Ebene versuchen Sie, mit dem Verlust, Ihrem Schmerz und der wachsenden Erkenntnis der Ausmaße des Verlustes fertig zu werden. Wen wundert es da, daß das Formular rosa ist und nicht grün? Sie werden nicht verrückt – jeder scheint in solch einer Phase an schlechtem Gedächtnis und Verwirrung zu leiden.

Aus triftigen Gründen sind Beerdigungsinstitute sehr gut organisiert und stellen »Gästebücher« zur Verfügung (stellen Sie sich vor, welche Belastung diese Bücher bedeuten – man kann sie nicht wegwerfen, und gleichzeitig möchte man sie nicht in seine Bibliothek einreihen). Die Beschäftigten der Beerdigungsinstitute wissen Bescheid über Gedächtnisschwund und trauen weder den Schwachen noch den scheinbar Starken. Sie lassen sich alles schriftlich geben und geben auch ihrerseits alles schriftlich. Nehmen Sie sich sie zum Vorbild.

Schreiben Sie sich alles auf. Schreiben Sie sich jede Nachricht, jede zu erledigende Aufgabe und alle Anrufe mit den Namen der Personen, mit denen Sie gesprochen haben, sowie alle notwendigen Informationen in eine Art Tagebuch. Ganz gleich, wie sehr Sie davon überzeugt sind, nichts zu vergessen, werden Sie sich höchstwahrscheinlich nicht daran erinnern, daß Frau Darlene von der Bank nächsten Dienstag zurückrufen wollte. Sie werden jeden für Frau Darlene halten, nur um dann herauszufinden, daß eine Frau dieses Namens gar nicht existiert und daß niemand die leiseste Ahnung hat, wovon Sie überhaupt sprechen.

Ohne einen Ordner für Ihre Hausangelegenheiten sind Sie, wenn es Zeit wird für die Steuererklärung, bereits vorher ein gerupftes Hühnchen. Legen Sie jede wichtige Unterlage und jeden Ausgabenbeleg zu diesem Zweck peinlich genau ab. Das heißt noch lange nicht, daß Sie die Dinge dann dort auch finden, wo Sie sie abgelegt haben – oder denken, daß Sie sie abgelegt haben. Es ist schwierig, wichtige Papiere wiederzufinden, weil Sie sich nicht nur daran erinnern müssen, wo Sie

sie abgelegt, sondern auch, unter welchem Kriterium Sie sie abgelegt haben. Versicherungsunterlagen können beispielsweise entweder unter »V« = Versicherung oder unter »St« = Steuer abgelegt werden. Am besten ist es, wenn Sie sich einen Aktenplan anlegen, aus dem Sie genau ersehen können, wo Sie was abgelegt haben. Ich empfinde es außerdem als sehr hilfreich, das Register mit großen Buchstaben zu beschriften, denn der Himmel für Verlorengegangenes ist sehr viel näher, wenn ich meine Brille nicht trage. Eine Art Tagebuch ähnlich dem Telefontagebuch bietet zusätzliche Hilfe. Notieren Sie sich die eingegangene Post und ihren Verbleib, und tragen Sie ein, ob Sie Ihrerseits darauf reagieren müssen, und letztendlich den Tag, an dem der Vorgang abgeschlossen ist.

Sie werden Ihr Selbstvertrauen ganz sicher stärken, wenn Sie sich zusätzlich zu Ihrem Scheckheft ein Einnahmen-und-Ausgaben-Buch zulegen. Irgendwann vergessen Sie vielleicht einen Eintrag im einen oder anderen, und hier hilft die doppelte Buchführung, um die Gedächtnislücken zu füllen. Versuchen Sie mit einem möglichst einfachen Buchführungssystem auszukommen. Die Rechenkunst dient nicht nur dazu, den Anforderungen unserer buchhalterisch orientierten Bürokratie nachzukommen, sondern sie lenkt gleichzeitig von Problemen ab. Das Einnahmen-und-Ausgaben-Buch hilft Ihnen, Ihr Budget besser zu verwalten, oder gewährt mindestens einen Überblick über Ihre Fixkosten und darüber, wie Sie Ihr Geld ausgeben. Als Frau, die gerade zur Witwe geworden ist, werden Sie sich mit beiden Gehirnhälften um Geld Sorgen machen, und Sie werden feststellen, daß Ihnen die Zahlen, die Sie schwarz auf weiß vor sich liegen haben, einige Gedächtniszellen für andere Sorgen freihalten.

Vermeiden Sie nach Möglichkeit, Papiere jeglicher Art zu stapeln. Treffen Sie eine Entscheidung, und notieren Sie sich diese auf einem Haftzettel, den Sie dann auf das entsprechende

Papier kleben. Halten Sie sich in Ihren eigenen Anweisungen möglichst kurz: *Ablegen, Beantworten, Anrufen* etc. Es heißt, daß ein guter Geschäftsführer sich mit keinem Schreiben zweimal beschäftigt, aber eine verwirrte Witwe kann es sich nicht leisten, weil sich die Chancen, daß das Papier verlorengeht, mit jedem Mal erhöhen.

Bereiten Sie sich darauf vor, daß Sie, sofern Sie nicht von Ihrem Konto abbuchen lassen, auf Ihrer Überweisung für die Begleichung der Telefonrechnung den Betrag einsetzen, der eigentlich an das Elektrizitätswerk gehen sollte und umgekehrt. Wenn Sie feststellen, daß einer 30jährigen gerade das gleiche Mißgeschick widerfahren ist, fühlen Sie sich garantiert besser. Es wäre eine zu große Belastung, wollten Sie sich täglich mit irgendwelchen Rechnungen beschäftigen. Machen Sie es sich statt dessen zur Gewohnheit, zweimal monatlich alle offenstehenden Rechnungen und Vorauszahlungen zu begleichen. Das reicht in der Regel aus, um Sie sowohl vor dem Gefängnis als auch vor Verspätungsgebühr zu bewahren. Wenn Sie diese Aufgabe routinemäßig erledigen, werden Sie viel seltener irgendwelche alten Umschläge in Ihrer Handtasche finden, die Sie vergessen haben aufzugeben.

Zum Schluß ein letzter Ratschlag: Überprüfen Sie den Inhalt Ihres Papierkorbes sorgfältig, bevor Sie ihn in die Mülltonne kippen. Möglicherweise finden Sie im Papierkorb nicht nur einen Scheck oder ein wichtiges Dokument, sondern auch die Umschläge, in denen diese Schriftstücke auf Ihren Schreibtisch kamen.

Ganz nebenbei will ich noch die schmutzige Tasse im Kühlschrank und den Quark in der Geschirrspülmaschine erwähnen. Kein Grund zur Aufregung, es passiert uns allen.

Hallo, ist jemand zu Hause?

Wenn Sie eine durchschnittliche Witwe sind – ungefähr Mitte fünfzig – haben Sie sich höchstwahrscheinlich ebensowenig an das leere Nest gewöhnt wie daran, auf einmal den ganzen Baum für sich allein zu haben. Als die Kinder aus dem Haus gingen, wurde diese Lücke nach angemessener Zeit durch einen begrüßenswerten Wandel gefüllt: weniger Verantwortung, mehr Zeit für Sie beide, um sich zu lieben, um zu reisen und sich mit sich selbst zu beschäftigen. Aber wenn der Mensch, der Ihren Tag mehr oder weniger bestimmt hat, nicht mehr da ist, wer soll dann diese Lücke füllen?

Witwen sagen immer wieder, daß sie den absoluten Tiefpunkt erreichen, wenn sie in ein leeres Haus zurückkehren. Wir alle hatten unsere kleinen Rituale. »Hallo, Liebling, ich bin wieder da«, »Hallo, ich bin's« usw. Mein Mann pflegte zu sagen: »Schön, dich zu sehen«; der Klang dieser Worte hing noch lange in der Luft, auch nachdem ich die Tatsache, daß ich sie nie wieder hören würde, akzeptiert hatte. Es ist kein Trost – zumindest nicht am Anfang –, daß man sich irgendwann daran gewöhnt, in ein leeres Haus zurückzukehren und daß man das Alleinsein sogar genießen wird. Aber es ist tatsächlich so. Ich glaube, daß es daran liegt, weil man nicht sein Leben lang ohne Ruder durchs Leben gehen kann und sich deshalb einen Plan für »meinen Tag« anstatt für »unseren Tag« zurechtlegt.

Die Überlebenden schaffen sich schließlich ein neues Ritual, eine andere Art von selbständig funktionierender Routine. Eine Witwe berichtete, daß sie ihr Leben lang Walter Cronkite, dem berühmten Nachrichtensprecher im amerikanischen Fernsehen, dankbar sein werde. »Jeden Abend hat Walter mir die neuesten Nachrichten mitgeteilt, und ich habe Walter bei einem Glas Wein meine Meinung dazu gesagt. Wenn mich jemand hätte hören können, hätte er mich sicher für verrückt gehalten, aber wenn ich ihm eine gute Nacht wünschte, hat er mir geantwortet.«

Andere berichten von ähnlich verrückten Tätigkeiten, mit denen sie die Leere füllen: sie singen den Pflanzen vor oder mühen sich eine halbe Stunde lang mit einem Gymnastikkurs auf Band ab, sie backen Plätzchen, die sie dann verschenken, oder aber sie backen Plätzchen, die sie dann sofort essen, und sie führen natürlich intensive Gespräche mit Katze und Hund.

Obwohl ein Haustier zweifellos ein hervorragender Gefährte sein kann, sträuben sich viele Witwen dagegen, sich eine, wie sie meinen, zusätzliche Verantwortung oder ein »Gefühlsrisiko« aufzuladen. Wenn bereits ein Haustier vorhanden ist, kommt ihm jetzt eine größere Bedeutung zu als vorher, und sein Verlust wiegt doppelt schwer. Als mein Hund Tora kurz nach dem Tod meines Mannes von einem Auto überfahren wurde und einige Monate später meine Tigerkatze das gleiche Schicksal erlitt, mußte ich an Hiob denken. Mein Geist war wochenlang mit dunklen Wolken umhüllt. Ich war felsenfest davon überzeugt, daß das Schicksal weitere tragische Ereignisse für mich bereithielt; ich wußte es einfach. Glücklicherweise hatte ich eine Freundin, die nicht davon abließ, sich über jedes neugeborene Kätzchen im Umkreis zu informieren, und mich schließlich im wahrsten Sinne des Wortes mitschleppte, damit ich mir eines von zwei Tigerkätzchen aussuchte. Da ich mich wieder einmal nicht entscheiden konnte, adoptierte ich beide. Die Katz-Brüder, wie ich sie nannte, wachsen und gedeihen und sind heute groß und fett, und wir erfreuen uns aneinander. Ich möchte damit nicht sagen, daß ein Leben durch ein anderes ersetzt werden kann, aber jedes Leben bereichert.

Eine Bekannte erzählte mir von ihrem Halsbandsittich, der sie jedesmal, wenn sie nach Hause kam, mit einem fünfminütigen Monolog begrüßte. Meistens sagte der Vogel: »Ich heiße Charlie, und wie heißt du?« Und es kam ihr immer komisch vor, wenn sie darauf antwortete: »Margery.« Ich empfehle Haustiere – sogar Goldfische –, sie rechtfertigen jeden Aufwand.

Manche Menschen, denen ein Lebewesen im Haus fehlt, lassen das Radio laufen, wenn sie aus dem Haus gehen, um nicht in ein stilles Haus zurückkehren zu müssen. Stille ist ein Bösewicht. Ich habe einmal eine Gruppe von Witwen gefragt, wie viele den Fernseher manchmal eine ganze Stunde lang laufen lassen, ohne auch nur ein einziges Mal hinzusehen, und alle Hände schossen in die Höhe. Mir geht es so, daß ich mir das Programm gern selbst aussuche; aber wenn ich nach Hause komme und eine unbekannte Stimme höre, erschrecke ich. Möglicherweise können dadurch Einbrecher abgeschreckt werden, weil sie jemanden im Haus vermuten, aber ich erschrak jedesmal, wenn ich das Haus betrat, und habe deshalb diese Angewohnheit schnell wieder aufgegeben.

Zum Thema Einbrecher und Sicherheit möchte ich anmerken, daß es ungemein beruhigend ist, wenn Sie Ihr Haus von einem Sicherheitsfachmann begutachten lassen. In vielen Gemeinden bietet die Polizei einen solchen Dienst an, der zudem noch kostenlos ist. Ein Polizeibeamter kommt zu Ihnen nach Hause und klärt Sie über die richtigen Schlösser und mögliche zu treffende Sicherheitsmaßnahmen auf. Der nette Beamte, der zu mir ins Haus kam, riet mir, den großen blühenden, nahe am Haus stehenden Quittenbaum zu beschneiden, weil er als gutes Versteck für Einbrecher und heimliche Beobachter dienen konnte, und half außerdem, eine Nachbarschaftshilfe gegen Einbrecher ins Leben zu rufen, um die zahlreichen Einbrüche in diesem Stadtteil zu reduzieren. Ich war danach beruhigter und weniger ängstlich, aber ich erinnere mich, daß ich mich eine Woche nachdem der Schlosser alle Türen und Fenster »dicht gemacht« hatte, selbst ausgesperrt habe. Seit damals hat eine Nachbarin einen Ersatzschlüssel, und einen habe ich so sicher versteckt, daß ich ihn nicht einmal selbst finden kann.

Manche Witwen ziehen um, in der Hoffnung, in einer neuen Wohnung oder einem neuen Haus leichter mit den Erinnerungen fertig zu werden. Dies funktioniert zwar auf der visuellen Ebene, aber die meisten Menschen werden trotzdem nicht auf wunderbare Weise geheilt – oder getäuscht. Kleine Änderungen helfen jedoch den meisten, ihr Heim schneller als ihr eigenes anzusehen: so können Sie die Möbel umstellen, sich neue Bezüge, die Ihnen besser zusagen, zulegen, Bilder austauschen, durch neue Kissen andere Farbakzente setzen und durch frische Blumen und lebendige Pflanzen, die Ihr Auge schon beim Eintritt erfreuen, Ihr Heim verschönern. Eine der einfachsten Änderungen besteht darin, es sich in der Mitte des Bettes bequem zu machen – vorausgesetzt, Sie haben eine durchgehende Matratze – und das »meine Seite, seine Seite« schnellstens zu vergessen. Mich hat nichts so sehr deprimiert wie der Anblick meines einsamen »Abdrucks« in der Ecke meines großen Bettes, und wenige Dinge waren so herzerfreuend wie die Entdeckung, daß das, was für einen König gut genug ist, auch gut genug ist für eine Königin.

Fangen Sie deshalb mit dem Einfachsten an, und geben Sie

der Sache eine faire Chance. Sie müssen hineingehen, wo immer Sie wohnen. Eines Tages werden Sie es schaffen, und eines Tages werden Sie sagen:

»Hallo, ist jemand zu Hause?«

»Hallo, *ich* bin zu Hause.«

In Ihren eigenen Worten

Zu meiner Zeit hat jedes junge Mädchen Tagebuch geführt, und ich machte da keine Ausnahme. »Liebes Tagebuch, er hat mich heute angeschaut. Er hat mich wirklich angeschaut. Ich wäre fast gestorben.« Wir haben diesem Heft unsere geheimsten Gedanken anvertraut. Aber die meisten von uns haben später nie wieder Tagebuch geführt. Wir neigen heute eher dazu, einen Therapeuten oder ähnlich Gesinnte zu befragen oder uns in schweren Zeiten bestimmte Lieder anzuhören. In Zeiten der Trauer allerdings kommt vielen Witwen das Tagebuch wieder in den Sinn, dem sie in einer Zeit, in der ihre Emotionen und Gedanken unklar und äußerst persönlicher Art sind, ihre eingeschlossenen, unausgesprochenen Gefühle anvertrauen können. Das, was jetzt im eigenen Kopf herumschwirrt, ist zu neu und unmittelbar und zu verwirrend, um ausgesprochen werden zu können. Ein Tagebuch kann in dieser Situation zum Lebensretter werden.

Jede Witwe sollte, vorausgesetzt, das Schreiben ist keine unerträgliche Aufgabe, versuchen, ihre Gedanken und Erfahrungen in einem Tagebuch festzuhalten. Die Häufigkeit der Eintragungen ist unwichtig und literarisches Können nicht notwendig. Ihre ersten Tagebucheintragungen sind vielleicht nichts weiter als der Ausbruch Ihres ruhelosen Unterbewußtseins und Ihrer geschriebenen Tränen – vielleicht sogar seitenlange ziellose und nichtssagende Abhandlungen. Trotzdem werden Sie sich besser fühlen, ganz besonders mitten in der Nacht, wenn Sie sich selbst auf andere Art, als Sie dies üblicherweise mit Freunden tun, ausgedrückt haben. »Während der ersten Monate«, erinnerte sich eine Frau, »konnte ich keine Nacht durchschlafen. Um zwei Uhr nachts geisterte ich hellwach durch das ganze Haus. Kekse und Milch, heiße Bäder und Fernsehen bis spät in die Nacht. Ich hab's sogar mit Spanischunterricht per Kassette versucht, worüber ich tagsüber immer einschlief. Nichts funktionierte, bis ich anfing, was mich bewegte, meine Sorgen, meine Gefühle und meinen nächsten Tagesablauf aufzuschreiben. Danach konnte ich, wenn ich mich hinlegte, sofort einschlafen.«

Eine andere Frau erzählte, daß sie ihre Gedanken in Form von Gedichten in ein Notizbuch schrieb und feststellte, daß sie, anstatt andere Menschen zu belasten, ihre Gedanken für diese Gedichte sammelte, die nicht nur ihr selbst, sondern auch ihren Lehrerkollegen halfen, mit denen sie jeden Tag zu Mittag aß.

Wenn Ihnen nicht nach Poesie zumute ist, können Sie ebenso gut fluchen, drohen und toben. Eine Frau war der Meinung, ihr Tagebuch wäre zensiert worden, hätte es jemand zu Gesicht bekommen. Doch niemand hat es gelesen, und mit Ausnahme der wenigen, die veröffentlicht worden sind, haben fremde Menschen nur selten Zugang zu Tagebüchern. Eine 78jährige Witwe benutzte eine Loseblattsammlung als Tagebuch und entfernte alles, was sie an ihren Sohn geschrieben hatte, weil sie behauptete, er sei »furchtbar rechthaberisch« und würde sie verurteilen, sollte er jemals erfahren, was sie über ihn geschrieben hatte.

Kein Mensch benötigt eine Anleitung für das Tagebuchschreiben, außer vielleicht den Tip, daß es von größerem

Nutzen für einen selbst ist, wenn man das, was man schreibt, an einen Menschen richtet: an sich selbst, das liebe Tagebuch, einen wirklichen oder erdachten Freund oder Gott. Wichtig ist allein, daß Sie über einen Resonanzboden verfügen und in Ihren eigenen Worten sprechen. Ich schrieb Briefe an meinen toten Mann. Mein Bedürfnis, mit ihm zu reden, war überwältigend; es gab keinen einzigen anderen Menschen auf der Welt, dem ich diesen Teil meines Selbst hätte anvertrauen können. Am Anfang schrieb ich die Briefe immer in der Nacht, wenn an Schlaf gar nicht zu denken war. Die frühen Eintragungen bestanden aus Klagen und Bitten. »Lieber Martin«, schrieb ich, »Deine Kleider liegen überall noch zwischen meinen – im Wäschekorb und im Schrank; Deine Sonnenbrille rutscht immer noch von der Sonnenblende herab, wenn ich nach links abbiege. Alles gehört noch immer uns beiden. Es ist einfach zuviel für mich alleine. Ich habe heute morgen einen Spaziergang in Deiner Jacke gemacht. Die Morgenluft war so klar und feucht, und die ganze Welt erschien mir grün. Du mußt ein Teil des Morgens sein; ich fühle, daß Du da bist.«

Eine Woche später: »Dein Feigenbaum verliert seine Blätter – groß und gelb – und trocken, bevor sie die Erde berühren. In weniger als einem einzigen Tag ist der Baum fast kahl. Einige wenige grüne Feigen klammern sich noch am Baum fest. Sie werden nie reifen, und nicht einmal die Vögel werden sie fressen. Werde ich jemals wieder blühen und Früchte tragen? Ich fühle mich wie tot.«

Einen Monat später: »Schau, was ich alles gelernt habe: Ich kann eine Schublade öffnen, die klemmt, ein mechanisches Problem mit meinem begrenzten Verstand erfassen und lösen, eine undichte Toilette reparieren, verstehen, daß ich mich verfahren habe, weil ich früher nie auf die Straßenschilder achtete. Warum hast Du meine Unwissenheit geduldet?« Und: »Heute hat sich die Wüste unter meinen Füßen zum ersten Mal gut angefühlt – nicht mehr feindlich –, als ich alleine spazierengegangen bin.«

Später dann: »Warum hast Du alle wichtigen Dinge im Kopf behalten? Wer ist Jacob C. Lake; und was bedeutet dieser Brief? Das Telefon hat heute abend nicht ein Mal geklingelt, ich bin von allen verlassen. Nein, *Du* hast mich verlassen, *Deine* Freunde haben mich im Stich gelassen ...«

Und noch später: »Ich und das Auto sind im Wasser steckengeblieben, als wir heute abend über die Dodge-Road-Brücke gefahren sind. Es regnete wie aus Kübeln – ich war mit Rachel und Jean zum Abendessen verabredet –, und ich bin durch das Wasser gefahren, wie Du immer durch das Wasser gefahren bist, und dachte, der alte Mercedes könnte das Rote Meer teilen, so wie Du immer behauptet hast. Aber es war leider nicht so. Bevor ich allerdings in Panik geraten konnte, hörte ich eine Stimme aus der nassen, dunklen Nacht. Sie kam aus dem Auto hinter mir: ›Halten Sie das Lenkrad gerade, Mrs. Ginsburg. Ich schiebe Sie auf die andere Seite.‹ Es war Joe, dem vor Jahren der Gemüsestand gehörte, wo wir immer unsere Grapefruits gekauft haben. Er hatte den Wagen erkannt und schien auch über Dich Bescheid zu wissen. Wir ließen das Auto auf dem Parkplatz hinter der Brücke stehen, und Joe fuhr mich zum Restaurant. Nach dem Essen fuhr mich Rachel zum Auto zurück. Es hatte aufgehört zu regnen, das Auto war trocken und sprang sofort an. Ich freute mich so, daß ich beschloß, ein zweites Mal über die Brücke zu fahren. (Der Wasserspiegel war natürlich zurückgegangen.) Ich frage mich jetzt: Hast Du mir einen Engel (in der Gestalt von Joe) zu meiner Rettung geschickt, oder war es Deine Schuld, daß ich überhaupt über die Brücke gefahren bin? Und weißt Du, was ich glaube? Es ist mein Leben, nicht Deins – sowohl was die Verdienste als auch die Schuld anbetrifft. Aber ich bin sicher, daß Du das weißt.«

Eines Tages las ich meine Briefe noch einmal durch. Vor mir lag ein medizinischer Bericht über meinen Genesungsprozeß: zuerst Schmerz und Verwirrung, als nächstes Wut und Entschlossenheit, und jetzt las ich, kaum zu glauben, etwas, was mehr einer Komödie als einer Tragödie glich, mehr Hoffnung als Verzweiflung erkennen ließ – und, das kam noch dazu, ich rühmte mich meiner Erfolge, auch wenn sie noch so klein waren, daß ein Zehnjähriger mich ausgelacht hätte. Ich will damit nicht sagen, daß meine gefühlsmäßigen Fortschritte so stetig und konstant gewesen wären. Ich war vielmehr überrascht von meiner wiederkehrenden Objektivität; meine Gedanken kreisten nicht länger nur um meinen Verlust. Ich war dabei, ihn zu überwinden. Nicht, was ich getan hatte oder tun sollte, gab mir so viel Sicherheit wie dieser sichtbare Beweis meines Überlebens. Ich würde es schaffen, denn ich hatte es gerade gelesen. Sie werden darum an den Kapitelenden einen Brief finden, und ich beginne mit dem Tagebucheintrag am Ende eben dieses Kapitels.

Irgendwann verwandelten sich diese Briefe in gesellige Reisetagebücher und kleine Bemerkungen in meinem Terminkalender, die nun an mich gerichtet waren. Manchmal hebe ich sie auf, manchmal auch nicht. Indem ich meine Eindrücke und Gedanken aufschreibe, habe ich das Gefühl, mein eigenes Leben und eine Tatsache zu bestätigen: Ich allein bin jetzt mein bester Freund. Ich »denke« immer noch einen Brief an Martin – und ich glaube, ich werde es immer tun. Aber das ist normal, meinen Sie nicht?

Die ersten Male: Ein Tagebucheintrag

Lieber Martin,

für mich ist dies die Zeit der »ersten Male«. So vieles und jedes für sich kommt mir wie ein Meilenstein vor; für jeden anderen wären sie nur ein Klacks. Vielleicht ist nicht einmal Dir etwas Bemerkenswertes daran aufgefallen, als ich die Maus am Schwanz packte und sie aus dem Swimmingpool hinausbeförderte, den Autoreifendruck geprüft habe oder aufs Dach geklettert bin, um ein Abflußrohr zu reinigen. Aber Dir wäre sicher aufgefallen, daß ich Dich nicht um Hilfe gebeten habe.

Kannst Du mir sagen, wie ich nur so alt werden konnte, ohne jemals eine Aktie zu kaufen – wir haben oft darüber gesprochen, aber um den Rest hast Du Dich gekümmert – einen amtlichen Eintrag beim Notar machen zu lassen, eine Versicherung zu kündigen oder gegen die Grundbesitzsteuer Einspruch einzulegen. Ich bin ganz stolz auf all die ersten Male, wie Du sicher meinen Zeilen entnehmen wirst. Überhaupt nicht stolz bin ich auf das erste Hummeressen ohne Dich, den ersten dreifachen Regenbogen am Himmel, über den wir uns nicht gemeinsam gefreut haben, und mehrere heitere Filme, die Dir gefallen hätten. Ich bilde mir ein, daß das zweite Mal weniger schmerzlich sein wird.

Eigentlich wollte ich Dir davon erzählen, was passiert ist, als ich gestern abend nach Hause kam. Ich hatte an einem zweitägigen Biofeedback-Seminar in Phoenix teilgenommen und war dann nach Crested Butte geflogen, um mit Ann und zwei neuen Freundinnen, die Du nicht kennst, ein Wochenende mit Langlauf zu verbringen. Es waren zwei erste Male dabei: ein Urlaub ohne Dich und Skilanglauf. Ich hab' mich gar nicht so dumm angestellt. Du hättest gegrinst, wenn Du mich so aufrecht gesehen hättest, obwohl mich doch jeder schon als hoffnungslos verquer abgeschrieben hatte. Aber das war's gar nicht, ich war überhaupt nicht auf das Nachhausekommen vorbereitet. Das erste Mal in dreißig Jahren, daß wir entweder nicht zusammen waren oder Du nicht da warst, um mich willkommen zu heißen. Ist das nicht verrückt? Warum hast Du immer auf mich gewartet? Warum habe ich nie vorher die Erfahrung gemacht, nicht willkommen geheißen zu werden? Es ist halt nie passiert – es war das erste Mal. Andere Menschen winken, hüpfen vor Freude, reden aufgeregt miteinander, küssen und umarmen sich. Und für mich – niemand. Das war eine eiskalte Wirklichkeitsdusche. »Denk nicht dran, geh einfach weiter, nimm dein Gepäck, geh nach Hause. So ist das Leben. Schau, dort, noch eine Frau, die ganz allein ist. Es gibt nichts, was mit ihr nicht stimmt.«

Heute habe ich das Gefühl, alles zum ersten Mal gemacht zu haben; ich bin bereit für den »zweiten Gang«. Als ich auf dem Flughafen landete und Du nicht da warst, um mich abzuholen, habe ich meine erste Prüfung bestanden. Ich weiß, daß ich mich nicht länger darauf verlassen kann, daß Du da bist.

In Liebe
ich

Teil 2

Der neue Anfang

Gibt es einen bestimmten Moment, in dem man sich für das Leben entscheidet oder gewollt oder ungewollt akzeptiert hat, daß man sein Leben weiterleben wird? Manche Witwen bejahen diese Frage; sie erinnern sich an einen Wendepunkt, an dem ihnen bewußt wurde, daß sie den entscheidenden Schritt getan hatten. Vielleicht hat dieser Schritt symbolisch stattgefunden, im Traum oder in dem Moment, als das erste Lachen ihren Schmerz durchbrach; auf irgendeine Weise haben Sie sich entschlossen zu leben, und genau das tun auch Sie jetzt. Manche Sozialwissenschaftler nennen diese Phase verächtlich den Übergang vom Schmerz zum Annehmen. Das klingt zwar sehr einfach, aber wir alle wissen, daß der Weg dorthin mit Dornen gepflastert ist. Wenn wir einen Namen dafür brauchen, halte ich die Phase des Wiederaufbaus für angemessener: Aufbau, Zerfall und Wiederaufbau.

Weil jetzt Ihre Verzweiflung nicht mehr ständig im Vordergrund steht, spüren Sie ab und zu ganz unerwartet einen Hoffnungsschimmer in sich selbst. Freunde und Familienmitglieder sind wieder zu ihrem Alltag zurückgekehrt, und Sie sind einsamer als jemals zuvor in Ihrem Leben; trotzdem ist da so etwas wie eine wachsende Erkenntnis, die Sie langsam, aber sicher von der Vergangenheit trennt. Ihr Selbstverständnis ändert sich, Sie wissen zwar nicht, wer Sie sind und was Sie wollen, aber Sie fühlen sich nicht mehr ganz so hilflos. Weiterzuleben bedeutet: ein Leben voll von Unbekanntem, voll von sich widersprechenden Gefühlen, herzzerreißende Entmutigungen verbunden mit einem Erfolgsgefühl, das Sie vor lauter Stolz fast in die Lüfte trägt.

Aus diesem Grund stelle ich diesem Teil des Buches die vielen verschiedenen Erscheinungsformen der Depression und Traurigkeit voran. Vielleicht fragen Sie sich, warum ich so lange damit gewartet habe, obwohl jeder Tag Ihres Lebens voll von Schmerz und Gram ist. Ich habe es deshalb getan, weil Sie ebenso wie Ihre Freunde und Familienangehörige darauf vorbereitet waren zu trauern; Sie brauchten keine logische Begründung dafür. Doch nun verhält es sich anders: wenn Sie jetzt zulassen, daß Sie traurig sind, und ebenso zulassen, daß Sie glücklich sind, ist dies vielleicht für Sie und Ihre Freunde und Verwandten etwas weniger akzeptabel. Ich hoffe nicht. Wir erinnern uns deshalb zu Anfang daran, daß es ganz natürlich ist, deprimiert zu sein, ebenso wie es ganz natürlich ist, glücklich zu sein. Da Sie jetzt die Herrin Ihrer Stimmungen sind, werden Sie nun ganz alleine vielen anderen schwierigen Sachverhalten und harten Tatsachen des Lebens ins Auge blicken. Der Schluß dieses Teils des Buches untersucht das Wesentliche Ihrer sich wandelnden Beziehungen zu anderen Menschen, Dingen und zu sich selbst.

In den Canyons und den Erhebungen der Wüste sehe ich oft eine Pflanze, die scheinbar wie durch ein Wunder auf einem Felsen wächst – sie braucht keine Felsritze, um sich festzuhalten, und keine Erde, um sich zu ernähren; sie überlebt. Auch wenn Sie diese Metapher nicht ohne weiteres auf sich selbst übertragen können, möchte ich Ihnen hier noch einmal versichern, daß Pflanzen wirklich auf Felsen wachsen.

Die Melancholie

Wenn Sie das Wort *Depression* im Wörterbuch nachschlagen, finden Sie Synonyme wie *Schwermut* und *Niedergeschlagenheit*. Schlagen Sie unter *Traurigkeit* nach, finden Sie *Kummer* und *Trübsal*. Auch wenn tatsächlich ein Unterschied bestehen sollte, würden ihn die meisten Witwen gar nicht wahrnehmen; eines ist wie das andere, und wenn es so etwas wie eine normale Reaktion auf den Tod eines Ehepartners gibt, wären sich die meisten darin einig, daß sie sich mindestens fünf Grad unter dem Durchschnitt auf jeder Meßskala fühlen.

Das Wort *Depression* hat einen Beigeschmack, der nach Krankheit und Psychiatrie klingt, aber Depression ist nichts weiter als die Fortsetzung eines natürlichen Prozesses, und wir alle kennen sie mehr oder weniger gut. Es gibt Tage, an denen uns selbst das Aufstehen als unnötige Anstrengung erscheint. Das ist nichts Neues, denn das Leben ist voll von solchen Tagen. Die Depression wird, so behaupte ich in meiner naiven Art, durch die folgenden und ihnen ähnliche Sätze ausgelöst: »Nein! Das kannst du nicht haben. Nein, das kannst du nicht tun. Nein!«

In Verbindung mit dem Tod Ihres Ehegatten haben Sie gerade ein endgültiges Nein vernommen. Neu daran ist nur das Gefühl der endlosen Verlassenheit in einer Zeit, in der Sie den Menschen, der Ihre schwärzesten Stimmungen mit ertragen und Sie bisher auf jedem Tiefpunkt getröstet hat, nicht mehr an Ihrer Seite haben. Das Frage-und-Antwort-Spiel: »Was ist los?« – »Nichts«, das dreimal gespielt wurde, bis Sie zuletzt doch damit herausrückten, was Sie bedrückte, ist jetzt ein hoffnungsloser, einsamer Monolog geworden. Es ist schwer zu glauben, daß dieses Verlassenheitsgefühl einmal ein Ende nehmen wird; es muß jedoch gesagt werden, daß die Depression oder Traurigkeit Sie, wenn Sie sie bereits aus der Vergangenheit kennen, auch weiterhin begleiten wird. Im Gegensatz zur Vergangenheit können diese stimmungsmäßigen Tiefpunkte und Tränenausbrüche jedoch länger andauern und öfter wiederkehren, als wir oder die Menschen um uns herum dies vermutet hätten, weil dieser Verlust weder vorübergehend noch rückgängig zu machen ist. Speziell während dieser Phase unseres Lebens stellen sowohl wir als auch unsere Freunde sich die Frage, ob unsere Depression normal ist.

Für gewöhnlich ist sie das. Die krankhafte Depression – das will ich hier voranstellen – befällt meist diejenigen, die dafür bereits in der Vergangenheit anfällig waren. Typische Symptome sind in diesem Fall die fehlende Interaktion mit anderen und andauernde Schlaf- und Eßstörungen sowie Suizidgedanken. Wenn sich die Depression dauerhaft und intensiv auf das tägliche Leben auswirkt, muß ärztliche Hilfe in Anspruch genommen werden. Einige Nervenärzte scheinen sich darin einig zu sein, daß ernsthafte Depressionszustände am besten mit Medikamenten behandelt werden. Trotzdem können die gleichen Symptome auch bei dem sogenannten normalen Menschen, der einen so einschneidenden Verlust wie den Tod eines Ehepartners zu verkraften hat, auftreten; allerdings geschieht dies weniger häufig, und die Depressionsphasen sind kürzer; die Depression ist auch kein körperliches Problem, was viele Menschen zu verwundern scheint. Höchstwahrscheinlich können Sie in dieser Phase Ihre eigene emotionale Stabilität am besten beurteilen.

Manche Witwen sind jedoch davon überzeugt, daß sie mit Hilfe von Medikamenten ihre Trauer besser ertragen konnten. »Ich glaube nicht, daß ich es am Anfang ohne diese Tabletten geschafft hätte; sie haben mir geholfen, daß ich während der ersten sechs Monate nachts schlafen und den Tag überstehen konnte.« Andere wiederum, ich würde sagen die Mehrheit, sind gegenteiliger Meinung: sie sind davon überzeugt, daß das bewußte Erleben der Traurigkeit und Depression trotz des damit verbundenen Schmerzes ihre Sinne gestärkt hat für die spätere Erfahrung des inneren Friedens und der Freude. »Ich habe aus dem Umstand, daß ich es alleine geschafft habe, Kraft geschöpft.« Bisher hat noch niemand davon gesprochen, daß die Traurigkeit von selbst schnell und für immer verschwindet – sowohl mit als auch ohne Medikamente.

Viele Menschen geben sich der falschen Vorstellung hin, daß Traurigkeit ganz langsam – jeden Tag ein bißchen mehr – nachläßt. Wenn dem nicht so ist, vermuten sie, daß irgend etwas mit ihnen nicht stimme. Nicht alle Witwen gehen mit dem Verlust gleich um. Diejenigen, die mit einem Verlust nicht auf reife Art umgehen können, haben dies höchstwahrscheinlich nie gelernt. Die abgesetzte Königin – deren Mann sie auf ein Podest erhoben und ihr jeden Wunsch von den Augen abgelesen hat – hat jetzt schwer damit zu kämpfen, daß sie ihr Königreich nicht mehr länger beherrscht. Auch die abhängige Frau hat es sehr schwer, sich an die neuen Umstände zu gewöhnen, und zwar deshalb, weil sie keine praktische Erfahrung in all den kleinen Dingen des Lebens hat, ganz zu schweigen von diesem großen Problem. Im allgemeinen kann man sagen, daß diejenigen, die bereits andere Krisen überstanden haben, mit dieser sehr viel besser fertig werden können, obwohl den Überraschungen, die man mit Witwen erlebt, keine Grenzen gesetzt sind. Nichtsdestotrotz wird auch die Frau, die anscheinend gut mit der Situation fertig wird, niedergeschlagener sein, als sie es jemals vorher im Leben war, und feststellen, daß der Trennungsschmerz nur durch Trauern gemildert werden kann.

Das mag Ihnen wie ein leichtfertig dahingesagtes Rezept vorkommen. Schon manche Witwe hat sich darüber beschwert: »Ich höre immer wieder, daß ich die Trauer durchleben muß, doch ich weiß überhaupt nicht, wovon die Rede ist.«

Eine erfahrene Witwe bemerkte dazu einmal: »Begehen Sie auf keinen Fall den gleichen Fehler wie ich; ich habe immer versucht, mich in Gegenwart anderer fröhlich zu geben und nie von meinem Mann zu sprechen, weil ich glaubte, meinen Freunden wäre dies peinlich. Ich glaube heute, Trauern bedeutet auch, daß man sich eingesteht, wie miserabel man sich fühlt, und sich nicht darum kümmert, wie man nach außen wirkt.«

Andere Witwen interpretieren Trauern rückblickend durch Negativformulierungen; sie beschreiben das, was man nicht tun sollte. Eine Witwe, deren Mann regelmäßig geschäftlich verreisen mußte, lebte weiter, als sei ihr Mann wieder einmal verreist; sie spielte täglich Tennis, ging auf Parties und hatte ihrer Meinung nach keinen Bedarf an Beileidsbezeugungen oder einer Veränderung ihres Lebensstils. »Ich wollte keine typische Witwe sein und tat deshalb alles, um mich weder als Witwe zu fühlen noch als solche zu verhalten.« Grundlegend wichtig ist jedoch, daß man sich seine Traurigkeit eingesteht, anstatt den anderen und sich selbst etwas vorzugaukeln. Kein Mensch zwingt Sie dazu, Ihren Schmerz offen zur Schau zu stellen und Ihre Trauer in jeder Runde zum Hauptgesprächsthema zu machen, aber die ständige Täuschung ist sowohl für Sie selbst als auch für die anderen anstrengend.

Ich verweise auch hier auf den goldenen Mittelweg: er besteht aus einem Teil Selbstmitleid, einem Teil Annehmen und einem Teil reinsten Mutes. Die Welt ist voll von Witwen, die, obwohl sie nur sehr schlecht darauf vorbereitet sind, ihr Leben und ihre Angelegenheiten in die Hand zu nehmen, dies mit unerwartetem Erfolg tun. Dazu gehört Mut. Die Frau jedoch, die ihre Gefühle hinter einer Maske versteckt und ihre Traurigkeit nicht zugibt, wird erst dann erblühen, wenn all ihr Mut durch ihre Tränen verwässert ist. Das Annehmen der Realität ist der echte Joker, obwohl zuviel davon auf Leugnung hindeutet und zu wenig sich durch ungerechtfertigten Zorn ausdrückt.

Es erfordert viele Versuchs- und Irrtumssituationen, um den Zorn ins richtige Gleichgewicht zu bringen; so gut wie niemandem gelingt es vollständig. Und das Ergebnis? Ein weiterer guter Grund für Depression, Traurigkeit und emotionale Tiefpunkte. Psychologen vertreten die Meinung, verinnerlichter Zorn sei die Kehrseite der Depression. Geschichtlich gesehen waren Frauen immer die Friedensstifter; ihre Beziehungen zu Männern hingen sehr häufig davon ab, ob sie sich in zweiter Reihe einordnen konnten. Als Witwen fühlen sie sich dann wohler, wenn sie traurig und hilflos sind, anstatt zornig und selbstbehauptend. Es ist reine Gewohnheit.

Wenn Sie's nicht glauben wollen, machen Sie den Gummibandtest. Tragen Sie eine Woche lang ein breites, festsitzendes Gummiband um Ihr Handgelenk. Jedesmal, wenn Sie sich selbst beschuldigen oder auf sich selbst herumhacken, lassen Sie das Gummiband auf Ihr Handgelenk schnalzen. »Das war Mist.« *Schnalzen!* »Ich bin ja so dumm, ich lern' das nie.« *Schnalzen!* »Ich glaube, ich halte besser meinen Mund, ich bin wahrscheinlich sowieso im Unrecht.« *Schnalzen!* »Niemand liebt mich. Warum sollten sie auch?« *Schnalzen!* »Ich hätte sollen, können, hätte ...« *Schnalzen, schnalzen, schnalzen!*

Wenn Ihr Handgelenk nach einer Woche rot ist und weh tut, wissen Sie, woran dies liegt: Hören Sie auf, sich selbst schlecht zu behandeln. Nehmen Sie das Gummiband erst dann vom Handgelenk, wenn Sie sich diese Angewohnheit abgewöhnt haben; wenn Sie aufhören, sich Ihren Zorn in Form von Selbstbeschuldigungen, Selbstmißachtung und den zahlreichen anderen kleinen negativen Manövern, die Sie schon zeitlebens anwenden, selbst anzulasten. Dann werden Sie das Gefühl haben, Ihr Leben selbst zu bestimmen, sich weniger hilflos fühlen und als Folge davon weniger niedergeschlagen sein.

Auf der anderen Seite werden die Frau, die große Anforderungen an sich selbst stellt, die erwartet, daß sie die Situation im Griff hat, und die im allgemeinen besser damit fertig wird als die durchschnittliche Witwe – ich erinnere an unsere Tennis-Witwe –, und diejenige, die der Meinung ist, es sei eine Sünde, sich selbst zu bemitleiden, ebenfalls in eine Art von Depression verfallen – in die Verleugnung. Sie sind unfähig, ihre Erwartungen auf angemessene Art zurückzuschrauben oder um Hilfe zu bitten, und nach Monaten oder vielleicht sogar Jahren der sogenannten Bewältigung ist die Wut gefangen und äußert sich als Langeweile. Wir alle kennen Zeiten, in denen wir schlichtweg zum Bewältigen keine Lust mehr haben und uns, ungeachtet dessen, wie kompetent und unabhängig wir geworden sind, danach sehnen, ein klein wenig abhängig zu sein. Doch genau dann kann uns die Kristallkugel nicht voraussagen und läßt uns mit vielen Neins ganz allein. Jetzt stehen alle Zeichen auf Sturm – der Wutanfall ist in Sicht.

Da wir zu alt sind, um uns auf den Boden zu werfen, zu schreien und mit den Füßen zu stampfen, geben wir uns anderen unproduktiven und selbstverletzenden Possen hin. Langeweile oder Desinteresse an gewöhnlichen Aktivitäten (»Nein danke, ich möchte am liebsten gar nichts tun«) sind Ausdruck eines Wutanfalls. Zunehmende Apathie ist ein Wutanfall. Unaufhörliches In-sich-hinein-Futtern, bis man sich fett und schlaff fühlt, ist ebenfalls symptomatisch. Manche werden auf einmal zu Märtyrern, denn sie versagen sich selbst, was sie erfreuen, interessieren oder Geld kosten könnte; ganz plötzlich sind sie arm. Das Schlimmste sind jedoch Alkohol und Drogen.

Erinnern Sie sich an das Sechsmonatesyndrom? Obwohl dieser Tiefpunkt keineswegs in diesem zeitlichen Rahmen auftreten muß, erleben ihn viele Witwen nach ungefähr sechs Monaten. Nachdem man die schwierigen Aufgaben und den anfänglichen Schmerz der Witwenschaft überlebt hat, macht sich jetzt ein Gefühl der Nutzlosigkeit und Langeweile breit: es gibt weniger zu erledigen, weniger Menschen kommen vorbei, und man erhält immer weniger wohlgemeintes Schulterklopfen von anderen und von sich selbst. Wird es denn immer so bleiben?

Nach einer gewissen Zeit werden Sie in der Lage sein, die Gefühlskollerdepression zu erkennen. Körperliche Betätigung ist das beste Gegenmittel, und Sie werden mir zustimmen, sobald Sie sich selbst zum ersten Mal dazu gezwungen haben. Ich habe festgestellt, daß es geradezu unmöglich ist zu joggen, wandern, schwimmen, turnen oder auch nur tief zu atmen und gleichzeitig deprimiert zu sein. Daß ich das Wandern und Laufen erst vor kurzem erlernt habe, sollte Ihnen zeigen, daß Alter kein Hinderungsgrund ist. Man kann sogar im Rollstuhl Golf spielen.

Man hört von Witwen immer wieder, daß neben sportlicher Betätigung jede Art von Beschäftigung dazu angetan sei, die Depression zu vertreiben, allerdings mit der Einschränkung, daß sinnlose Beschäftigungen – keine Ziele, keine Pläne, keine Verpflichtung und keine innere Befriedigung – nutzlos sind und die Verzweiflung nur vergrößern. Lassen Sie sich vom Resultat eines Projektes überraschen. Eine Frau verpflichtete sich, für den 40. Geburtstag ihres Sohnes einen Familienstammbaum zu erstellen, und freute sich, daß sie ihre Erfahrungen in einem Kurs weitergeben konnte. Ich will damit sagen, daß es viele Möglichkeiten gibt, sich selbst zu beschäftigen, aber die Beschäftigung kommt nicht auf Sie zu, sondern Sie müssen die Beschäftigung suchen.

Die Beschäftigungstherapie funktioniert jedoch nicht bei allen. »Wenn ich verzweifelt bin, möchte ich mit niemandem reden und niemanden sehen. Ich will dann ganz einfach, daß es mir schlechtgeht, und ich habe herausgefunden, daß dieses Gefühl am schnellsten vorübergeht, wenn ich mich nicht dagegen sträube. Es ist o.k., wenn es mir schlechtgeht.« Diese Worte drücken ein Gefühl aus, das von vielen erfahrenen Witwen geteilt wird, und um den Faden noch weiterzuspinnen, fügen sie hinzu, daß die Melancholie, ähnlich der Schlaflosigkeit, weniger beunruhigend ist, wenn man sich nicht übermäßig damit beschäftigt. Wenn man sich nicht darum kümmert und nicht darin schwelgt, wird sie irgendwann einfach langweilig. Irgendwann werden Sie sagen: »Zum Teufel damit«, sich zusammennehmen und einfach handeln.

Man kann es nicht oft genug wiederholen: Depression, Trauer und das Gefühl der hoffnungslosen Verzweiflung sind eine natürliche Reaktion auf den Verlust eines geliebten Menschen. Sie sind ebenso eine natürliche Reaktion auf das Leben. Vielleicht erwarten Sie jetzt, daß Sie sich schlechter fühlen, als Sie jemals angenommen hatten, und möglicherweise werden Sie dieses Gefühl in periodischen Abständen über einen langen Zeitraum auch am eigenen Leib erfahren. Zögern Sie nicht, einen Therapeuten oder Arzt aufzusuchen, wenn sie das Gefühl haben, Sie brauchten Rat oder Medikamente, aber seien Sie sich immer dessen bewußt, daß Ihre Gefühle normal und den Umständen angemessen sind.

Und vergessen Sie nicht, gut zu sich selbst zu sein.

Tragen oder nicht tragen: Ihr Ehering

Die Frage, ob man seinen Ehering tragen sollte oder nicht, wird nicht nur von Witwen gestellt; sie führt mitunter zu heißen Diskussionen zwischen Eheleuten. Nichts symbolisiert eine Ehe so sehr wie der Ehering – in guten wie in schlechten Zeiten.

Die meisten Psychotherapeuten und Psychologen vertreten die Ansicht, daß eine Witwe, die ihren Ehering ablegt, die Realität des Todes und den Beginn eines neuen Lebens annimmt. Sie raten den Witwen, den Ring, das Symbol der Ehe, nach dem Tode des Partners abzulegen. Vom Verstand her können die meisten zustimmen, ihr Gefühl läßt sie jedoch einen Rückzieher machen.

»Ich konnte mir nicht vorstellen, daß ich mich jemals von meinem Ehering trennen würde«, gestand eine Witwe. »Ich glaubte, für immer verheiratet zu sein, aber ungefähr sechs Monate nach Tommys Tod schaute ich auf meinen Finger und stellte fest, daß das nicht mehr der Wahrheit entsprach; ich hatte keinen Mann. Ich mußte den Ring ablegen, damit ich ihm und allem, was gewesen war, Lebewohl sagen konnte.«

Eine andere Witwe sagte: »Ich mußte erst wütend werden, bevor ich diesen jämmerlichen Ring abnehmen konnte. Ich mußte Seife und Creme zu Hilfe nehmen. Monatelang glaubte ich, ich hätte nicht das Recht, wütend zu sein, aber ich habe bei Gott alles Versäumte nachgeholt. Unser Leben war ein heilloses Durcheinander. Ich hab' den Ring fast weggeworfen, aber ich hab's dann natürlich doch nicht getan – es war schließlich ein Diamantring.«

Viele Witwen haben ihren Ring nicht nur einmal, sondern mehrere Male abgelegt. »Es schien einfach nicht recht. Ich glaubte, daß mich andere für gefühllos halten würden, und hab' ihn deswegen lange Zeit wieder getragen«, erzählte eine Witwe. Oftmals hört man auch: »Mein Finger fühlte sich so nackt an, und ich hatte am Anfang Schwierigkeiten, mich daran zu gewöhnen.«

Es sprechen natürlich genauso viele Gründe dafür, den Ring nicht abzulegen. Loyalität gegenüber der eigenen Ehe und dem Ehemann ist natürlich der Hauptgrund. »Ich werde den Ring tragen, wenn wir wiedervereint werden«, bekommt man oft zu hören. Andere wiederum halten das Thema für ziemlich unbedeutend: »Ach wissen Sie, ich habe nicht vor, noch einmal zu heiraten« oder »Nach 46jähriger Ehe ist der Ring Teil meiner Hand.«

Manchen Witwen dient er angeblich als Schutz vor unerwünschter männlicher Aufmerksamkeit, aber in Wahrheit steckt hinter diesem Widerwillen der Witwen, den Ring abzunehmen, die Sorge um die Aufrechterhaltung ihres Status. Die ältere Frau hält nach wie vor an dem Glauben fest, der Ausdruck »Witwe« sei besser als »alte Jungfer«. Eine Frau drückte es so aus: »Ich habe mich sehr anstrengen müssen, um den Ring zu bekommen, und ich sehe deshalb überhaupt nicht ein, warum ich ihn so schnell ablegen sollte.« Dieses Argument ist unwiderlegbar.

Witwen geben, genau wie andere Menschen auch, sehr viel auf die Meinung ihrer Mitmenschen; sie fragen sich, ob sie für unloyal gehalten werden, wenn sie vor Beendigung einer angemessenen Trauerzeit eine Bereitschaft zu Freude und Scherzen bekunden. Vor noch nicht allzu langer Zeit haben diejenigen, die sich die kostspieligeren Attribute der Witwenschaft leisten konnten, zu ihrer Witwenkleidung ein Jahr lang einen schwarz umrandeten Ring getragen und dadurch klare Verhältnisse geschaffen. Ich würde mich nicht wundern, wenn eines Tages ein cleverer Juwelier diesen Brauch wiederaufleben ließe.

Der totale Mangel unserer heutigen Zeit an Ritualen und Bräuchen in Verbindung mit dem Tod setzt uns unbekannten Entscheidungen und Verwirrungen aus. Im Falle des Eheringes müssen Witwen mit ihren eigenen sentimentalen Gefühlen fertig werden und auch mit der traurigen Abwesenheit eines Rituals, das den Übergang symbolisiert. Das Ablegen des Eherings ist eine beunruhigende Angelegenheit, und Witwen, die ihren Ehering ablegen, vergessen diesen Moment ebensowenig, wie sie den Moment vergessen, in dem sie ihn an den Finger gesteckt haben.

Die meisten von uns werden zugeben – und das gilt gleichermaßen für Witwen wie Witwer, obwohl Männer schneller und weniger mühsam an diesen Punkt gelangen –, daß ein Tag kommt, an dem wir uns nicht mehr verheiratet fühlen und an dem wir ohne die Last eines Geistes neue Erfahrungen machen wollen. Zuerst erscheint uns der Gedanke, uns von einem so wesentlichen Teil unserer Beziehung zu lösen, als unstatthaft, ja nicht einmal eines Gedankens wert. Aber ganz allmählich wird der Gedanke akzeptabel und sogar – wenigstens für einige – logisch. Andere wiederum akzeptieren ihn nie. Wenn Sie unschlüssig sind, wenn Sie beispielsweise Ihren Ring vom rechten Ringfinger an den linken stecken oder ihn an einer Kette um den Hals tragen, sind Sie vielleicht noch nicht soweit. Warten Sie es einfach ab.

Sie könnten andere erprobte Schritte versuchen; es gibt

immer mehr als einen Weg. Sie können sich entweder aus Ihrem Verlobungs- und Ehering einen neuen Ring machen lassen oder aber einen aus dem Ehering Ihres Mannes zusammen mit Ihrem eigenen. Sie sichern sich damit nicht nur eine Verbindung zur Vergangenheit, sondern tun damit auch Ihrer Sentimentalität Genüge. Eine weitere Möglichkeit wäre, Ihren Ring dem nächsten Kind oder Enkelkind, das heiratet, zu schenken. Manche halten dies für einen wunderbaren Gedanken, doch Sie sollten sich innerlich darauf vorbereiten, daß die Geschmäcker anderer Generationen oft anders sind.

Ihr Ehering ist in jedem Fall eine Verbindung zu Ihren eigenen Erinnerungen – und kann, ganz wie es Ihnen beliebt, getragen oder in Erinnerung behalten werden.

Gestern eine Ehefrau, heute eine Mechanikerin

Das Gesetz der Witwen besagt, daß im ersten Jahr der Witwenschaft drei wichtige Haushaltsgeräte kaputtgehen – und zwar eins nach dem anderen. Sie können *Dach, Auto, Rohrleitungen* – entweder Ihre oder die in Ihrem Haus – durch das Wort *Gerät* ersetzen, aber auch dann wird das Gesetz, unabhängig davon, ob Sie eine Hausbesitzerin sind oder in einer Mietwohnung leben, nicht an Ihnen vorübergehen. (Ich könnte mir vorstellen, daß Sie gar nichts hören wollen von der Witwe, die am Tag der Beerdigung eine Krone ihres Vorderzahnes verlor, zwei Tage später das Badewasser überlaufen ließ, bis die untere Wohnung unter Wasser stand, und deren Wohnung kurz danach von einem Einbrecher ausgeraubt wurde. Stellen Sie sich vor, es wären auch noch Haushaltgeräte betroffen gewesen.)

Nur diejenigen versuchen die Gültigkeit des Witwengesetzes zu widerlegen, die behaupten, daß Witwen nicht notwendigerweise vom Schicksal verfolgt würden, was jedoch nur bedeutet, daß sie auf der untersten Ebene von Toleranz und Reaktion angekommen sind. In der Vergangenheit wurden drei Mißgeschicke hintereinander als eines angesehen, nach dem Motto: Aller »guten« Dinge sind drei. »Das ist doch wirklich nichts Neues«, pflegte Ihr Mann zu sagen, und Sie riefen wieder einmal den Handwerker an, ohne auch nur eine Spur von Paranoia.

Obwohl es nicht schaden kann, auf ein Mißgeschick vorbereitet zu sein, sollte man es nicht unnötig hofieren, denn das wäre genauso schlecht. Witwen besitzen nicht selten die Gabe, ihren magischen Zauberstab in die falsche Richtung zu werfen; sie sind geradezu auf der Suche nach Mißgeschick. Sie fangen an, sich zu fragen: »Was wäre, wenn«, und irgendwie gelingt es ihnen, ein Zusammenwirken von Materie und Geist zu erwirken. Konkret heißt das, daß manche Menschen ihren Kühlschrank geradezu mit Argusaugen beobachten und jedesmal gespannt darauf warten, daß sich der Motor wieder einschaltet. Sie checken ja nur – so lange, bis das verdammte Ding ihnen endlich entgegenkommt und ihre Befürchtungen erfüllt. Dann gibt es noch diejenigen, die Angst vor einem platten Reifen haben und deswegen zögern, rückwärts aus der Garage zu fahren. Schließlich ersetzen Sie, nur um sich selber zu beruhigen, alle vier Reifen durch neue. Und im heißen, trockenen Klima, in dem ich lebe, gibt es die, die sich ständig um ihr Dach sorgen; Dächer sind ein dankbares Gesprächsthema unter diesen Witwen. Die Namen zuverlässiger Dachdekker werden herumgereicht wie Bonbons, und über Dachdekker läßt sich sagen, daß sie mit Sicherheit immer etwas finden, das repariert werden muß.

Dabei ist es gar nicht schwierig, das Wirkliche vom Eingebildeten zu unterscheiden. Wenn etwas kaputt ist, werden Sie es mit Sicherheit bemerken. Doch auch dann empfiehlt es sich, die Sache ein zweites Mal in Augenschein zu nehmen, um sicherzugehen, daß Sie nicht Ihrer eigenen negativen Prophezeiung aufsitzen. Sie sollten deshalb Ihre Bedienungsanleitungen immer zur Hand haben und sich zuerst mit den Hinweisen bei Störungen beschäftigen. Manchmal handelt es sich in der Tat nur um einen nicht geschlossenen Stromkreis, weil Sie in Ihrer Panik übersehen haben, daß der Stecker nicht richtig in der Steckdose sitzt. Zuweilen reicht ein Knopfdruck aus, um ein Gerät wieder in Gang zu setzen. (Viele elektrische Geräte schalten sich automatisch aus, wenn sie überhitzt sind. Der Schalter oder der Knopf ist meist rot; in der Betriebsanleitung steht es garantiert.) Erst wenn Sie mit Ihrem Latein am Ende sind, sollten Sie einen Handwerker anrufen. Beschreiben Sie das Problem, und bitten Sie um einen Kostenvoranschlag inklusive Anfahrtskosten, Garantieübernahme und Wartezeiten. Rufen Sie insgesamt drei Handwerker an, und vergleichen Sie dann. Sie werden das Gefühl haben, bestimmen zu können, und sich nicht als Opfer des Geräts fühlen.

Erzählen Sie keinem Handwerker, daß Sie alleine leben; vermitteln Sie das Gefühl, als lebten noch andere Menschen im Haus. Ich mache bei solchen Gelegenheiten meist eine Bemerkung wie: »Wir freuen uns ja so darauf, wenn die Heizung endlich wieder funktioniert.« Sie können sogar so weit gehen wie eine unserer Damen, die ihrem nicht existenten Mann, der an einer nicht existenten Studie arbeitete, von den Fortschritten berichtete. Lassen Sie die gleiche Vorsicht walten, wenn Sie außerhalb Ihres Heims Vorkehrungen für eine Lieferung oder eine Reparatur treffen. Erwähnen Sie auf keinen Fall, daß Sie alleine leben, daß Ihr Mann kürzlich verstorben ist und daß Sie etwas Verläßliches brauchen, so wie die eine Frau, die, als sie ein Auto kaufen wollte, mit dem Satz begann: »Ich werde in Kürze in Urlaub fahren ...« Sollte Ihnen dieser Satz oder ähnliche über die Lippen kommen, fügen Sie auf jeden Fall hinzu: »Aber mein Sohn wohnt gleich neben mir.«

Sie sollten, wann immer dies möglich ist, eine zweite Meinung einholen – im Falle von Autos sogar eine dritte. Mir ist es einmal passiert, daß keine einzige Sicherung im Haus mehr funktionierte. Der Elektriker, den ich anrief (ich hatte seine

Telefonnummer aus dem Branchenbuch), erklärte mir, der Fehler liege in den elektrischen Leitungen unter meinem Haus. »Wir müssen auf alle Fälle mit dem Schlagbohrer arbeiten«, erklärte er mir. Ich sah schon die ganzen Ersparnisse dahinschwinden, weil der Schlagbohrer natürlich auch meine wunderschönen gekachelten Böden zerstört hätte. Glücklicherweise kamen mir die Worte *zweite Meinung* in den Sinn. Der nächste Elektriker erklärte mir, der Fehler liege im System, sei also Sache der Elektrizitätswerke und müßte deshalb auch von ihnen beseitigt werden. Diese Erfahrung lehrte mich zweierlei: erstens, allen sogenannten Fachleuten mit mehr Zweifel als Hochachtung entgegenzutreten, und zweitens, daß überhaupt keine elektrischen Leitungen unter meinem Haus verliefen.

Als irgendwann später meine Einfahrt dringend einen neuen Belag benötigte, lernte ich eine Menge von den hinzugezogenen Handwerkern; sie reden gern. Als ich endlich fünf Kostenvoranschläge (vielleicht ein bißchen viel) eingeholt hatte, wußte ich alles, was es über Tragschicht, Deckschicht, Körnung, Walz- und Gußasphalt zu wissen gibt; ich wußte genau, worauf ich im Vertrag zu achten hatte, weil jeder Handwerker, der mir einen Kostenvoranschlag machte, genau darauf hinwies, wie andere mich übervorteilen wollten. Ich wurde sozusagen eine Fachfrau; ich schrieb in mein Tagebuch: »Heute habe ich die Einfahrt geteert.«

Im Laufe der Zeit werden Sie mehr lernen, als Sie jemals wissen wollten. Sie brauchen nur eines dieser »Wie mache ich es selbst«-Bücher in die Hand zu nehmen, in dem alles drinsteht, angefangen vom Auswechseln einer Glühbirne bis zur Reparatur der Klosettspülanlage. Alles, was Sie aus den Büchern lernen können, können Sie jedoch den Handwerkern abschauen. Manchen Frauen, die ich kenne, fällt es überhaupt nicht schwer, aufs Dach hinaufzuklettern und es zu reparieren;

es ist, als ob sie einen Pfannkuchen in der Pfanne umdrehten. Eine Witwe wurde geradezu Expertin und veranstaltete daraufhin Selbsthilfekurse in ihrem Bridgeclub, wo sie anderen zeigte, wie man neue Kabel in Lampen einzieht und einen Ölwechsel am Auto vornimmt. Sie brauchen nur ein paar gute Werkzeuge, um einen Dichtungsgummi in einem tropfenden Wasserhahn auszutauschen oder den unbrauchbar gewordenen Stecker an einem Kabel zu erneuern oder einen Videorecorder anzuschließen.

Jede Frau, die alleine lebt, sollte neben den normalerweise im Haushalt vorhandenen Werkzeugen – Hammer, zwei Schraubenzieher, regulierbarer Schraubenschlüssel und Messer – folgendes im Haus habe: Taschenlampe, Kerzen, Natriumkarbonat in der Nähe des Herdes im Falle eines durch Fett verursachten Feuers, Ersatzsicherungen, falls Sie einen Sicherungskasten haben, einen kleinen Feuerlöscher sowie einen angeschlossenen Gartenschlauch, falls Sie Hausbesitzerin sind. Und eine gut ausgerüstete Hausapotheke – mit Aspirin. Und nicht zuletzt Universalkriechöl, mit dem Sie alle festsitzenden Schrauben lockern und am erneuten Einrosten hindern. Wenn Sie sich noch mehr zutrauen, können Sie sich außerdem einen elektrischen Bohrer und wer weiß was noch alles zulegen.

Für den Fall, daß es sich um elektrische Reparaturen handelt, dürfen Sie auf keinen Fall die Leitungsdrähte anfassen und nie das tun, was ich einmal gemacht habe, d.h., bis zu den Knöcheln im Wasser stehen und gleichzeitig versuchen, den Motor für die Filteranlage des Swimmingpools abzuschalten. Die Anfängerin sollte sich damit begnügen, daß sie weiß, wo der Sicherungskasten ist und welche Sicherung zu welchem Zimmer und welchen Geräten gehört und wie man sie einschraubt. Sie können, falls Sie in einem Wohnblock wohnen, versuchen, den Hausmeister dafür zu gewinnen. Vielleicht haben Sie Glück. Jeder, der sich dafür ein wenig interessiert, kann kleinere Elektrischreparaturen ausführen, beispielsweise ein Kabel mit einem neuen Stecker versehen oder ein neues Kabel in eine Lampe einziehen, aber bis Sie wirklich den Kniff raus haben, sollten Sie einen Fachmann bitten, ein Auge drauf zu werfen, bevor Sie die Dinge anschließen. Überprüfen Sie in regelmäßigen Abständen Ihre Kabel, und schrauben Sie keine 100-Watt-Glühbirne in eine Lampe, für die laut Hersteller nur 60 Watt geeignet sind.

In Installationsdingen scheint mir am wichtigsten, daß Sie wissen, wie man im Notfall das Wasser abstellt. In jedem Haus gibt es einen Wasserhaupthahn. Finden Sie heraus, wo er sich befindet, und üben Sie das Auf- und Zudrehen. Wenn er sich nur schwer drehen läßt, können Sie auf das Kriechöl zurückgreifen. Der Haupthahn wird dann abgedreht, wenn irgendwo ein Rohr undicht ist und Sie keine andere Möglichkeit haben, das Wasser an einer näheren Stelle abzudrehen. Sie haben sicher schon mit dem Finger darauf gedeutet, wenn der Installateur Sie gefragt hat: »Wo ist der Haupthahn, gnädige Frau?« Sie sollten ihn kennen, diesen Hahn, denn er ist Ihr Freund. Finden Sie auch heraus, wo sich die Hähne befinden, mit denen Sie das Wasser in der Küche, im Badezimmer etc. abstellen können. Sie sollten auch hier dafür sorgen, daß sich alle leicht auf- und zudrehen lassen; falls Ihr Mann jeden Hahn mit starker Hand zugedreht hat, können Sie leicht aus der Fassung geraten, wenn Sie jemals in die unangenehme Lage kommen sollten, daß das Wasser in der Toilette *nicht* aufhört zu laufen, wenn Sie die Spülung betätigen. In diesem Fall müssen Sie sofort den Haupthahn im Uhrzeigersinn zudrehen. Wenn das Wasser nur im Spülungstank weiterläuft, muß meist nur der Schwimmer ausgewechselt werden; wie man dies macht, steht in Ihrem Reparaturbuch. Es ist kinderleicht!

Es hebt das Selbstwertgefühl ungemein, wenn man nicht

bei jeder kleinen Reparatur auf jemand anderen angewiesen ist. Natürlich gibt es Frauen, die schon immer über handwerkliches Geschick verfügten, doch die meisten von uns haben dies gern unseren Männern überlassen: »Liebster, kannst du dir bitte mal die quietschende Tür anschauen, wenn du den Abfall rausträgst?« Teilweise rührt unsere anfängliche Panik daher, daß wir uns fragen, wie wir all dies ohne unseren verläßlichen Mann bewerkstelligen sollen. Zu schade, daß wir so lange gebraucht haben, um festzustellen, daß der Abfall gar nicht so schwer ist und Kriechöl jedes Quietschen beseitigt. Aber schließlich wußte er nicht, wie leicht es ist, einen Hackbraten zuzubereiten.

Den Verzagten empfehle ich, einen handwerklich geschickten Mann ausfindig zu machen. Eine Witwe erklärte dazu, als sie dafür aufgezogen wurde, daß sie ihr Auto in die Werkstatt gebracht hatte, weil angeblich die Getriebeflüssigkeit auslief, der Automechaniker aber feststellte, daß die Flüssigkeit aus einer Dose im Kofferraum stammte, die sie vergessen hatte zuzuschrauben: »Schließlich und endlich bin ich kein Mechaniker. Wenn Gott gewollt hätte, daß ich ein Mechaniker bin, wäre ich mit einem Schraubenschlüssel in der Hand zur Welt gekommen.«

Egal, ob Sie zu der einen oder der anderen Gruppe von Frauen gehören – mit oder ohne Schraubenschlüssel –, Sie sollten sich wenigstens die Worte eines weisen Mannes merken, die dieser für seine Frau mit Seife auf den Badezimmerspiegel geschrieben hat:

links = auf, rechts = zu.

Familienbande

Ich hatte einen Psychologieprofessor, der von Zeit zu Zeit seine Ausführungen über das menschliche Leben mit dem Satz unterstrich: »Nichts währt ewig.« Niemand weiß dies besser als die Witwe, weil plötzlich nichts mehr so ist, wie es früher war. Die Veränderung setzt mit Pauken und Trompeten ein, und nichts bleibt, wie bei einem Erdbeben, unverändert.

Zu den auffallendsten Veränderungen gehören die Beziehungen innerhalb der Familie. Die meisten Witwen berichten, daß die Familie, da sie kleiner geworden ist, jetzt engeren Kontakt pflegt und die einzelnen Mitglieder sich mehr umeinander kümmern. Aber nur wenige würden in Abrede stellen, daß auch unter den besten Umständen subtile Veränderungen stattfinden und daß die Beziehungen innerhalb der Familie nie mehr das werden, was sie einmal waren. Jedes fallende Blatt verändert einen Baum. In den Familien hat sich jede Beziehung auf ihre Art verändert und war einem geheimen Einfluß unterworfen, der keinen Anfang und kein vorhersehbares Ende hatte.

Was geht nun wirklich vor? Warum verhalten sich Kinder auf einmal wie Eltern, Eltern wie Kinder, Schwestern wie Brüder und Brüder wie Vorstandsvorsitzende? In erster Linie haben natürlich Sie sich verändert. Sie sind verletzlicher, empfindsamer, verwirrter, wütender und ängstlicher – um nur einige neue, unerwünschte Eigenschaften zu nennen. Höchstwahrscheinlich werden Sie sich auch darum bemühen, tapfer und unabhängig zu sein. Sie fühlen sich aus dem Gleichgewicht geworfen, und dieses Gefühl trügt Sie nicht. Das heißt, daß, wenn Sie nicht mehr dieselbe sind, Sie sich darauf gefaßt machen müssen, daß auch die anderen aus Ihren neuen Gefühlen und Gedanken heraus reagieren. In der Tat sind die Familienbande jetzt enger als vorher, aber zuweilen empfinden Sie diese Nähe schon als bedrückend. Wir wollen uns an dieser Stelle mit einigen dieser Probleme beschäftigen. Wenn Sie keine haben, lesen Sie trotzdem weiter, und seien Sie froh! Wenn Sie jedoch zu der Mehrheit der Witwen gehören, wird Ihnen das eine oder andere Szenario bekannt vorkommen oder, wie eine Frau unsere Serienheldennachahmer so treffend beschrieb: »As the stomach turns.«*

Die Kinder

Am Anfang scharen sich alle um Mutter. Weil die Witwe der Mittelpunkt der Sympathie und Anteilnahme ist, erfüllen jetzt die Kinder die Erwartungen der Gesellschaft. Sie sind der Meinung, sie müßten verhindern, daß Mutter sich aufregt, und Mutter wiederum glaubt, daß sie ihre Kinder nicht mit ihrem inneren Aufruhr belasten kann. Wir befinden uns jetzt in der Zeit nach dem Begräbnis, und jeder spricht immer noch in Formeln.

»Verkauf doch das Haus, du brauchst doch jetzt kein so großes Haus mehr.«

»Mach ein Jahr lang überhaupt nichts.«

* Anspielung auf die Seifenoper in den USA »As the world turns«, wobei sich anstatt der Welt der Magen dreht.

»Mach eine Reise, das wird dir guttun.«

»Du brauchst dich nicht um Vaters Kleider zu kümmern, wir haben alles aus dem Haus geschafft.«

»Es ist wichtig, daß du richtig ißt, Mutter. Ich hab' dir sechs Pizzen und zehn Fertiggerichte in den Gefrierschrank gestellt.«

Keiner wagt es, seine Gedanken auszusprechen, weil er fürchtet, sie könnten zu schrecklich oder zu selbstbezogen klingen – was sie oftmals auch sind. Als Folge davon wird oft nur um den heißen Brei herum geredet oder, was noch schlimmer ist, einfach geschwiegen, und das zu einer Zeit, wenn Schweigen nicht Gold ist. Das von Witwen am häufigsten ausgedrückte Gefühl ist: »Meine Kinder sind wunderbar, aber sie haben ihr eigenes Leben.« Heißt das etwa, daß Sie eine Einladung brauchen, um sie besuchen zu können? Heißt das, daß Sie Ihren Sohn nicht mehr anrufen können, um ihn zu bitten, sich die Waschmaschine, die mal wieder streikt, anzuschauen? Daß Sie warten, bis Ihre Kinder *Sie* anrufen? (Für manche ist das ein besonders heikles Thema.) Daß Sie nicht wissen, ob ihnen wirklich danach ist, daß Sie ein Wochenende mit ihnen verbringen, oder sie nur ihre Pflicht tun? Daß Sie die Frage nach Ihrem Wohlbefinden immer mit »gut, danke« beantworten sollen? Hirngespinste? Sie denken, daß sie so denken, und die denken, daß Sie so denken, und genau dann findet echte Kommunikation nie statt. Das folgende Beispiel ist bezeichnend und hat sich genau so ereignet. Die Schwiegertochter einer Frau, die seit drei Wochen Witwe ist, lädt diese zum Abendessen ein. »Und wir möchten, daß du freitags mit uns zu Abend ißt«, fügt sie hinzu. Im Kopf der Witwe, die zwar ihren Dank murmelt, spielt sich bereits folgendes ab: »Meint sie das wirklich; war das *ihre* Idee, oder war es die Idee meines *Sohnes*; soll ich warten, ob sie mich nächsten Freitag anrufen; will ich das wirklich; wollen sie es?« Das nenne ich eine Beziehung an der Schwelle der Veränderung.

Mit dem Tod des Vaters beginnt für die Kinder eine Zeit ihres persönlichen Schmerzes und der Trennung von einem Elternteil. Die Tochter, die einst seine kleine Prinzessin war, hat ihre königliche Stellung verloren und möglicherweise auch ihre finanzielle Sicherheit, wenn sie sich noch in der Ausbildung befindet oder noch nicht auf eigenen Füßen steht. Töchter können in der Regel zwar die Gefühle ihrer Mutter besser nachfühlen als Söhne, sind aber kaum in der Lage, ihre eigenen Interessen mit ihrer Mutter zu teilen, und sind somit frustrierte Geber: »Ich weiß nicht, was ich für meine Mutter tun kann. Ich rufe sie jede Woche aus New York an, und jedesmal höre ich, daß es ihr gutgeht, aber ich weiß, daß es ihr nicht gutgeht.« Das ist ein Beispiel für ein stummes Gespräch.

Von Söhnen wird einfach erwartet, ob freiwillig oder unfreiwillig, daß sie sich um ihre Mütter kümmern. Von ihnen erwartet man nicht, daß sie ihre Tränen mit ihr teilen oder daß sie der größeren Verantwortung für die Mutter aus dem Weg gehen. Das alte Lied »Sei ein Mann« ist allen wohlbekannt. Es ist ihnen peinlich, über ihren eigenen und erst recht über den Verlust ihrer Mutter zu sprechen. »Weihnachten verbringst du natürlich mit uns« heißt »Ich liebe dich«, und »Hallo, Mami, wir haben überhaupt nichts dagegen, wenn du dir einen Freund zulegst« heißt »Ich weiß, wie einsam du dich fühlst«. Mutter hat es schwer, auf der einen Seite um Hilfe zu bitten und auf der anderen die wohlgemeinte Unterstützung, die sie nicht will, abzulehnen. Die normale Beziehung zwischen Elternteil und Kind ist aus den Fugen geraten. Wer kümmert sich um wen?

Mit Teenagern stagniert die Beziehung eher, als daß sie sich verändert. In den meisten Fällen kommen sich Mutter und Kinder nach dem Tode des Vaters näher und werden somit eine enge Familie. Wenn die Mutter arbeitet, helfen alle mit.

Oft jedoch hört man von den heranwachsenden Jungen und Mädchen, daß sie »nicht darüber sprechen wollen«. Die Gründe sind zahlreich – Angst vor dem Tod, Schuldgefühle, weil sie glauben, etwas falsch gemacht zu haben, Schuldgefühle, weil sie glauben, nicht genügend zu trauern, und natürlich Angst vor Gefühlen. Es gibt wahrscheinlich noch weitere Gründe; Heranwachsende sind äußerst empfindlich. In manchen Fällen hilft eine Familienberatung – es ist einen Versuch wert –, aber Witwen, mit denen ich gesprochen habe, haben immer wieder erklärt, daß Geduld am meisten geholfen hat, der Versuchung zu widerstehen, mit gleicher Münze zurückzuzahlen. Sprechen Sie ganz natürlich über den Vater, geben Sie sich Erinnerungen hin, wenn Ihnen danach ist, und verstecken Sie auf keinen Fall Ihre Gefühle, damit die Gelegenheiten, bei denen über den toten Vater, Ihre Gefühle und irgendwann auch die Ihres Kindes gesprochen wird, weiter bestehen.

Nicht jeder hat Kinder; diese Ehepaare werden von manchen (herabsetzend) »kinderlos« genannt, und leider wird Frauen nur allzu oft eingeredet, daß Witwenschaft durch Kinder weniger schmerzlich wäre. Die ersten Fragen, die sich Witwen, wenn sie sich zum ersten Mal sehen, stellen, lauten: »Haben Sie Kinder?«, danach »Wie viele?« und »Wo wohnen sie?«, als ob ihr Glück von den drei Antworten abhinge. Paradoxerweise dreht sich das allgemeine Gespräch nur sehr kurz um die Familienzusammensetzung, bevor es von den weniger angenehmen Aspekten des Familienlebens handelt. Die Gespräche drehen sich dann darum, daß Kinder niemals anrufen, um eine Tochter, die sich irgendwo in Europa rumtreibt, um einen Sohn, der ein Rennpferd besitzt und der, Gott stehe mir bei, in Kürze zum vierten Mal heiratet. Ganz sicher betrachten wir unsere Kinder als Versicherung, die dann eingelöst wird, wenn wir in einer Krise stecken, aber um die Frau von vorhin noch einmal zu zitieren: »Sie haben ihr eigenes Leben.« Es gibt keine Untersuchungen, die besagen, daß Witwen mit Kindern sich besser zurechtfinden. Wenn Sie Kinder haben, werden Sie sie vielleicht als ein wichtiges Glied in der Kette des Wandels, den Sie leben müssen, sehen, aber nicht als das einzige. Wenn Sie keine Kinder haben, werden die anderen Glieder wichtiger sein, aber Sie werden genau wie alle anderen Witwen feststellen, daß Sie selbst am meisten für Ihre eigene Ganzheit verantwortlich sind.

Ihre Eltern

Wenn beide Elternteile noch leben, sind sie mit Sicherheit die Schwarzseher in der Familie, und genau dann, wenn Sie anfangen wollen, sich mehr um sie zu kümmern, schalten sie den Rückwärtsgang ein und versuchen die Elternrolle wieder zu übernehmen. Sehr viel wahrscheinlicher ist jedoch, daß Sie, eine verwitwete Tochter, eine verwitwete Mutter haben und sich sagen: »Mir war damals überhaupt nicht bewußt, was sie durchmachen mußte, als mein Vater starb.« Dann kann es passieren, daß Sie aus einem Schuldgefühl heraus alles wiedergutzumachen versuchen. Mutter kommt zu Besuch. Als nächstes erklärt die Familie, daß die Zusammenlegung der beiden Haushalte doch das Natürlichste der Welt wäre. »Schließlich«, sagt Ihre Schwester, »wird Mutter auch nicht jünger, und ihr beide könntet euch gegenseitig helfen.«

Es mag Sie möglicherweise mehr Geschick kosten als einen Stierkämpfer in der Arena, diesem Schicksal zu entgehen, aber der Kampf lohnt sich auf jeden Fall, da die Verluste dieses Arrangements die Gewinne bei weitem überwiegen. Mutter gibt ihre Freunde und Gemeinschaft auf, und die Tochter verzichtet darauf, den notwendigen Schritt nach vorne zu tun, um neue Freunde zu gewinnen und Veränderungen vorzunehmen, weil eben Mutter da ist.

Seine Eltern

Die beiden oder die verwitwete Mutter und seine Geschwister haben einen sehr großen Verlust in ihrer Familie erlitten, den sie jedoch anders erleben als die Witwe. Ihre Erinnerungen, so meinen sie, haben schließlich Vorrang vor denen der Witwe. Mutter hat ihren Sohn verloren, die Geschwister ihren Bruder und die Witwe ihren Mann, doch die Abwesenheit des strittigen Objekts führt nicht immer dazu, daß sie einander näherkommen. Eine anspruchsvolle Schwiegermutter wird mitunter durch die Panik noch anspruchsvoller, eine wetteifernde Schwägerin noch schadenfroher, und für den Fall, daß noch jüngere Kinder im Spiel sind, hat die Witwe als die entscheidende Hauptperson noch mehr Verantwortung zu tragen. (Siehe junge Witwen.)

Geschwister

Was geht hier vor? Weil Sie davon überzeugt sind, daß Sie der acht Jahre älteren Schwester, mit der Sie nie viel gemeinsam unternahmen, jetzt näherkommen könnten, besuchen Sie sie mit der Hoffnung auf eine Verbesserung der Beziehung.

Eine Frau hat es so ausgedrückt: »Ich habe zwei Wochen in Kansas City verbracht und eigentlich eine Schwester gesucht, die ich nie hatte, und zwar in einer Stadt, die ich nie mochte, und hatte dabei die ganze Zeit über das Gefühl, ich sei am falschen Ort. Ich muß nicht ganz bei mir gewesen sein.« (Wäre es nicht schön, wenn jeder eine ideale Schwester hätte?)

Ihr Bruder, der noch nie sehr herzlich war und mit dem Sie nie ein enges Verhältnis verband, spielt sich auf einmal ganz ungefragt als Finanzberater auf. Oder, was noch schlimmer ist, er und seine Frau haben Angst davor, daß Sie finanzielle Hilfe in Anspruch nehmen wollen, und haben deshalb seit der Beerdigung nicht mehr angerufen. Es gilt hier das gleiche wie für die Beziehung zu Ihrer Schwester: die Bindungen zu Ihrem

Bruder werden nicht automatisch über Nacht wiederhergestellt sein, um die Kluft zu überbrücken, selbst wenn die Mißbilligung Ihres Mannes durch Ihre Familie ursprünglich zu der ersten Kluft geführt hat. Vielleicht sehnen Sie sich nach einer besseren Beziehung, aber Ihr Bruder weiß gar nicht, wovon Sie reden.

Ich will hier nicht näher auf Tanten und Onkels, Nichten und Neffen eingehen, sondern auf einige der am häufigsten zur Sprache kommenden Schwierigkeiten in Familien. Auch wenn die Reihenfolge nicht unbedingt auf Sie zutrifft, werden Sie die Szenen leicht wiedererkennen.

Die erste Schwierigkeit: Ihr Mann war »der hilfsbereite Mensch« schlechthin; er hat die Kinder verwöhnt, war immer zur Stelle, wenn seine Mutter ihn gebeten hat, eine Glühbirne auszuwechseln, und die Nummer eins im Jasagen. Jetzt haben Sie die Wahl, entweder in die gleiche Richtung zu marschieren oder ein paar laute, gesunde Neins von sich zu geben, was Sie vielleicht schon seit 25 Jahren haben tun wollen. In der ersten Zeit nach seinem Tode war jeder darauf bedacht, den Lauf der Dinge nicht zu verändern. Obwohl Sie es innerlich abgelehnt haben, in die Fußstapfen Ihres Mannes zu treten, haben Sie sich verpflichtet gefühlt, so zu handeln, wie er es getan hätte. Und nun?

Die zweite Schwierigkeit: Ihr Mann war derjenige, der die Entscheidungen getroffen hat. Sie haben sich seinem Urteil gebeugt, weil er es besser wußte und Sie angeblich nichts wußten. Jetzt versuchen alle um Sie herum, diese Lücke dadurch auszufüllen, daß Sie Ihnen Ratschläge erteilen. Ihre Schwiegereltern stellen ihren Wohnwagen im Januar in Ihre Einfahrt, um Ihnen Gesellschaft zu leisten, und Ihre Mutter besucht Sie im Februar und März, weil die Familie davon überzeugt ist, daß es Ihnen beiden guttut, weil Sie ja jetzt beide verwitwet und alleine sind. Der Sohn, der am gleichen Ort wohnt, kommt mit seiner Familie jeden Sonntag zum Essen, um Sie aufzuheitern, und beschäftigt Sie ansonsten mit Babysitting. Wenn Sie in dieser Situation feststellen, daß Sie abweichende Meinungen vertreten und daß Sie gelegentlich das Bedürfnis haben, alleine zu sein, ist der Familienkrach schon vorprogrammiert.

Es ist wichtig, daß Sie sich darüber im klaren sind, daß Ihnen die schwierigste Zeit noch bevorsteht: die Zeit, in der Sie sich unabhängiger und zuversichtlicher fühlen. Diese Veränderung findet sehr langsam statt – unbemerkt und unauffällig –, und wir stellen fest, daß es viel schwerer ist, sich zurückzuziehen, als unbefangen um Hilfe zu bitten. Es ist schwer, Eingefahrenes zu verändern.

Ich erinnere mich daran, daß mein Vetter Hal mich regelmäßig aus New Jersey anrief und mir nach dem Tode meines Mannes ganze Pakete voller Geldanlagepapiere schickte. Er war mit seinem Rat und seinem Trost sehr großzügig, und ich habe in meinem verwirrten und unwissenden Zustand dankbar jedes Wort geglaubt. Er war mein Bruder, mein Lehrer und mein Retter. Meine Bedürfnisse waren seine Bedürfnisse, doch als ich mein Schülerdasein ablegen wollte, vermischte sich sein Stolz auf mich auf einmal mit Bedauern. Ganz allmählich wurden wir wieder zu Base und Vetter.

In der Stimme meines eigenen Sohnes, der an meinem Leben sehr viel Anteil nimmt, glaube ich manchmal eine kleine Spitze zu hören, wenn er sagt: »Wir haben das ganze Wochenende über versucht, dich anzurufen.« Ich unterstehe mich zu sagen, daß diejenigen, denen der Sprung von hier nach da gelungen ist, diese Bemerkung mehrere hundert Male gehört haben und zu ihrer eigenen Überraschung jedesmal feststellen, daß sie wieder ein bißchen weniger auf die Hilfe anderer angewiesen sind. Vielleicht fühlen Sie sich sogar ein klein wenig schuldig, weil die Waage der Unabhängigkeit sich auf Ihre Seite neigt.

Vielleicht klingt das alles zu negativ. Vielleicht sind Ihre Erfahrungen mit Ihrer Familie ideal, besser als jemals zuvor. Auch wenn Sie Ihre eigene Geschichte oben nicht wiedergefunden haben sollten, habe ich bisher kaum eine Witwe getroffen, die, wenn sie ehrlich war, nicht zugegeben hätte, daß sie nicht schon über eine Familiensituation gelacht oder geweint hat, die mit ihrer veränderten Stellung in der Familie zu tun gehabt hätte. Menschliches Verhalten wird immer durch menschliches Verhalten beeinflußt.

Der angenehme Gedanke dabei ist jedoch, daß jeder Mensch die Macht und Kraft hat, Lösungen zu beeinflussen. Das entsprechende Gesetz lautet: *Der Mensch, der etwas verändern will, muß sich zuerst selbst ändern.* (Ich hatte diesen Satz in meinem Beratungszimmer hängen; manche Menschen haben nur einen einzigen Blick darauf geworfen und ihn sofort gehaßt.) Das Gesetz scheint unfair, wenn wir der Meinung sind, der andere Mensch hätte eine Veränderung nötiger als wir. Man kann keine Veränderung erzwingen, noch kann man sie herbeiwünschen.

Sie müssen lernen, zu entscheiden, was Sie wirklich wollen, und sich darüber im klaren sein, daß Sie den ersten Schritt in Richtung harmonischeres Familienleben machen müssen. Beispiel: Sie reißen sich wirklich nicht darum, in letzter Minute als Babysitter einzuspringen. Sie können in diesem Fall Ihrer Familie klarmachen, daß Sie wirklich gern mit den Kindern zusammen sind, daß Sie sich aber jetzt, wo Sie anfangen, mehr zu unternehmen, glücklich schätzen würden, zwei Samstagabende im Monat zu babysitten. Kurz und schmerzlos! Sie schmollen nicht, und Sie trotzen nicht, und Sie brauchen sich nicht zu wünschen, erst gar nicht gefragt zu werden. Sie machen sich selbst klar, was Sie wollen – in diesem Fall wollen Sie nicht, daß man über Sie verfügt –, und führen die notwendige Änderung dann schmerzlos durch.

Der Tochter, die immer zu wenig Geld hat, können Sie sagen: »Ich weiß, wie sehr du auf Vati angewiesen warst und wie sehr du ihn vermißt. Wir vermissen ihn beide, aber trotzdem müssen wir lernen, ohne ihn zurechtzukommen. Ich kann dir im Jahr x Mark geben, aber für den Rest mußt du selber sorgen.« Und keine Schuldgefühle, das ist wichtig.

Den Sohn, der am Anfang für alles gesorgt hat, können Sie liebevoll darauf hinweisen, daß es für sie an der Zeit ist, für sich selbst zu sorgen.

Der Schwiegermutter, die Sie anruft, wenn eine Glühbirne ausgewechselt oder eine andere Arbeit getan werden muß, können Sie sagen, daß Sie ihr Ihren Handwerker vorbeischikken. Wenn Sie keinen haben, empfehle ich Ihnen, sich sofort aufzumachen und sich einen zu besorgen.

Wenn »mich Arme« keiner von denen angerufen hat, die sowieso nie anrufen, dann nehmen *Sie* den Telefonhörer in die Hand und rufen an. Wollen Sie diejenige sein, die wartet, oder diejenige, die handelt?

Und sich selbst können Sie sagen: »Ich bin der Mittelpunkt der Familie, und ohne mich funktioniert nichts.« Manchmal reicht Ihre Tat schon aus; ein andermal müssen Sie vielleicht verhandeln und einen Kompromiß schließen oder aber Ihre Wünsche noch einen Tag lang zurückstellen. Nichts währt ewig. Ihr Leben verändert sich.

Witwenschaft und der Kalender

Während die meisten von uns in ihrem Schmerz weder ein Ereignis noch eine Zahl oder ein Gesicht länger als fünf Minuten behalten können, ist unser Kopf voll von bedeutenden Daten, die wir nicht vergessen können. Als erstes haken wir auf dem Kalender die Wochen und Monate ab, die er nun schon unter der Erde liegt, genau wie ein Alkoholiker, der seine nüchternen Tage zählt. Wenn Sie eine Frau fragen, die erst vor kurzem Witwe geworden ist: »Wie lange schon?«, enthält die Antwort nicht nur die Tage, sondern auch die Stunden. Zum Glück verzichten wir, wenn unsere Gehirnfunktionen sich normalisieren, auf das tägliche Zählen, aber nur selten sind wir in der Lage, den Geburtstag, den Hochzeitstag oder andere besondere Ereignisse, die uns beiden so viel bedeutet haben, aus dem Gedächtnis zu streichen. Sie bleiben für immer in unserem geistigen Kalender.

Im ersten Jahr der Witwenschaft ist das Durchleben dieses Kalenders in unserer Vorstellung sehr viel schlimmer als dann in der Wirklichkeit. Wir lesen Zeitungen und Zeitschriften, die uns vor dieser Katastrophe warnen, der ernsthaften Depression, dem Selbstmord, zu dem überlebende Witwen neigen: wir sprechen vom »Jahrestag«. Was in den meisten Fällen passiert, ist, daß die mit dem gefürchteten Tag verbundene

Angst sich drohender auftürmt als die tatsächliche Erfahrung. Witwen, die gefragt wurden, wie sie die bestimmten Tage überlebt haben, erklärten, daß die Tage vorher schwieriger waren als der eigentliche Tag. Diese Befürchtung wurde von einer Frau besonders lebhaft beschrieben: »Ich habe mich furchtbar vor dem 25. Juni gefürchtet. Wir wären an diesem Tag 25 Jahre verheiratet gewesen, und ich erwartete allen Ernstes, daß irgend etwas Schreckliches passieren würde – was, wußte ich nicht. Ich glaube, ich hatte Angst davor, verrückt zu werden. Die ganze Woche fühlte ich mich schrecklich deprimiert, aber als der 25. endlich da war, war ich erleichtert. Ist das nicht komisch?«

Nein. Besondere Ereignisse – Geburtstage, Hochzeitstage und der romantische Valentinstag – kann man nicht einfach wie den Müll von gestern wegwerfen. Es sind Tage, mit denen man rechnet und an denen man sich orientiert. Die meisten von uns geben zu, daß sie traurig, zornig und deprimiert sind und sich besonders in diesen Zeiten sehr, sehr leid tun – vielleicht gar eine ganze Woche lang vor dem jeweiligen Ereignis –, aber sie wissen auch, daß sie, wenn sie diesen Tag zum ersten Mal überlebt haben, ein großes Stück ihres Weges gegangen sind. Beim zweiten Mal leiden sie bereits weniger.

Die Geburtstage berühmter Menschen, die bereits lange tot sind, werden gefeiert, doch nicht die Geburtstage verstorbener Ehegatten; es ist nicht Sitte. Das gleiche gilt für Hochzeitstage. Freunden und Familienangehörigen begegnen wir mit vorsichtiger Scheu; wir schonen uns gegenseitig, indem wir schweigen. Eine Mutter, deren sieben Kinder im ganzen Land verstreut lebten, erzählte, daß jedes einzelne Kind in der Woche des Geburtstags ihres Vaters angerufen hat, nur um sich angeblich nach ihrem Wohlbefinden zu erkundigen und ohne den wirklichen Anlaß zu erwähnen.

Mein eigener Mann starb am 31. Oktober* – und in den darauffolgenden Jahren riefen mich viele gute und teure Freunde an, um mich beiläufig zu fragen, wie ich Halloween feierte. Zuerst nahm ich Abstand davon, sie aus dem Gleichgewicht zu bringen und leichthin zu antworten: »Ach, nur das übliche Von-Haus-zu-Haus-Gehen«, oder ihnen zu danken – was mir wirklich am Herzen gelegen hätte –, weil sie an meinen Schmerz gedacht hatten. Jetzt, nachdem ich mit Hunderten von anderen Witwen gesprochen habe, würde ich es tun. Unausgesprochene Worte sind vertane Gelegenheiten.

Das gleiche gilt auch für jene neuen besonderen Ereignisse und Familienfeste, bei denen jeder an *ihn* denkt, aber keiner über ihn spricht. Eine Frau veranschaulichte dies mit der beißenden Darstellung der Konfirmation ihres Enkelsohnes: »Ich war so unendlich traurig, weil Arthur nicht da war. Es hätte ihm gefallen. Schließlich konnte ich es nicht mehr aushalten und sagte während des Abendessens zu meinem Sohn: ›Dein Vater wäre heute so stolz gewesen.‹ Mein Sohn schaute mich einen Moment lang an, dann stand er auf, erhob sein Weinglas und verkündete: ›Auf meinen Vater, der heute unter uns weilt.‹ Jeder erhob sein Glas, und Arthur *war* unter uns. Ich habe mich sehr darüber gefreut und alle anderen ebenso.«

Wenn sein Geburtstag schon schwer zu bewältigen ist, ist es vielleicht unser eigener noch mehr. Das Abendessen im Restaurant mit einer anderen Witwe, der Geburtstagskuchen, den unsere Enkelin gebacken hat, oder der Spaziergang im Wald können niemals den frühmorgendlichen Geburtstagskuß und die Bluse, die umgetauscht werden mußte, ersetzen.

Manche Frauen gehen deshalb dazu über, sich selbst ein besonderes Geschenk zu machen, und halten das für eine ziem-

* 31. Oktober: Halloween (kurz für: All Hallow Even), Abend vor Allerheiligen; Verkleidungsfest für Kinder, an dem sie von Haus zu Haus gehen und unter Androhung eines Streichs um Süßigkeiten bitten.

lich gute Lösung. »Ich wollte schon lange einen neuen Fotoapparat«, erklärte eine Witwe, »doch bisher habe ich die Ausgabe immer gescheut, bis ich mich daran erinnert habe, daß Harvey nach meinem Geburtstagswunsch gefragt hätte und ich ihm gesagt hätte, was ich mir wünsche, so wie ich es immer getan habe. Also habe ich mir selbst zum Geburtstag gratuliert und mir den Fotoapparat gekauft.« (Ich bin auf diese Weise zu meiner Stereoanlage gekommen.)

Ein gesundes Maß an Selbstverwöhnung kann auch eine Selbstbemitleidung in einen halbwegs erträglichen Valentinstag verwandeln. Nur die Werbefachleute wissen, warum am Valentinstag alle glauben, jeder hätte einen Schatz, und mehr Witwen an diesem speziellen Tag zusammenbrechen als 16jährige Mädchen. Eine Taktik, die sich aller Logik zum Trotz als sehr hilfreich erwiesen hat, ist, sich selbst etwas absolut Unmögliches zu kaufen: Blumen, neue Ohrringe oder sogar Süßigkeiten. Betrachten Sie den Kauf als therapeutische Maßnahme: Sie belohnen Selbstmitleid nicht, sondern Sie verhindern es.

Das krasse Gegenteil dessen, d.h. die nach außen gerichtete Aktivität, hat einen gleichfalls positiven Effekt; Sie können anderen Menschen Karten und Grüße schicken und so zum Glück anderer Menschen beitragen. »Backen Sie einen herzförmigen Kuchen für ein Nachbarskind«, schlug eine Witwe vor, »und hören Sie auf, sich selbst zu bemitleiden. Was ist schon Valentinstag?«

Witwer scheinen mit Gedenktagen weniger Schwierigkeiten zu haben als Witwen. Vielleicht hängt das damit zusammen, daß sie diese Tage sowieso immer vergessen haben und Frauen sich einfach mehr daraus machen. Eine Witwe verwechselte, als sie mit ihrer Tochter telefonierte, einen Augenblick lang ihren Geburtstag mit ihrem Hochzeitstag und fügte deshalb schnell hinzu: »In gewisser Weise wurde ich an meinem Hochzeitstag geboren.« Sie hielt den Tag immer noch in Ehren. Witwer dagegen stolpern zwar am Anfang ebenfalls über Feiertage und Jubiläen, aber die Tage selbst sind weniger wichtig und weniger zahlreich. »Was ist schon Valentinstag«, um es mit den Worten der Dame von vorhin auszudrücken.

Auch wenn man es sich anfänglich schwer vorstellen kann, verblassen diese Tage, denen mit soviel Besorgnis entgegengesehen wird, im Laufe der Jahre mehr und mehr. Niemand muß sich unloyal fühlen, wenn ein solcher Meilenstein unbeachtet blieb. Es gibt neue Daten, die man sich merken sollte. Meiner bemerkenswerten Schwiegertochter gelang es, meinen zweiten Enkelsohn zwei Wochen länger als geplant in ihrem Leib zu behalten, so daß heute der 15. Mai nicht mehr mein Hochzeitstag, sondern Peters Geburtstag ist. Das war in der Tat ein ganz besonderes Geschenk für mich und überdies nicht leicht nachzumachen. Nichtsdestoweniger hält das Schicksal auch für Sie neue Daten bereit.

Zusammenfassend möchte ich sagen, daß ich der Meinung bin, daß besondere Tage keineswegs gefürchtet, vergessen oder stillschweigend ertragen werden müssen. Halten Sie, solange Ihnen danach ist, den Tag in Ehren, feiern Sie ihn, entweder alleine oder mit anderen, die sich an ihn erinnern, und legen Sie ihn beiseite, wenn für Sie die Zeit gekommen ist.

Geschieden, verwitwet: Wo ist der Unterschied?

Geschiedene Frauen – Witwen: Wir sitzen nicht im gleichen Boot, behaupten Witwen. Geschiedene Frauen kennen vielleicht Zurückweisung, Schuldgefühle, Wut und Depression, aber sie kennen nicht unseren unwiderruflichen Verlust. Nein, geschieden und verwitwet ist keineswegs dasselbe. Trotzdem werden wir immer wieder als »alleinstehend« und als »alleinstehende Frauen« bezeichnet. Witwen fragen sich, warum sie sich durch diese Einbeziehung beleidigt fühlen. »Wir lesen all die Bücher und Artikel, die uns motivieren und inspirieren sollen – zum einen auf andere zuzugehen und aktiv zu sein und zum anderen loszulassen –, und wir scheren uns nicht darum und können dem Vergleich nichts abgewinnen«, sagen viele Witwen.

Selbsthilfegruppen, die den Versuch unternehmen, sowohl frisch geschiedene Frauen als auch Frauen, die erst seit kurzer Zeit Witwe sind, Beistand zu leisten, entwickeln sich oft zu Kampfgruppen und sind selten produktiv. Geschiedene Frauen und Witwen betrachten ihre Vergangenheit und ihre Zukunft aus anderer Perspektive. Die erstere betrachtet das Morgen als eine Herausforderung, die letztere als Last; die eine sieht weiß, die andere schwarz.

Frisch geschiedene Frauen verstehen angeblich den Verlust

der Witwe. Die unfreiwillig geschiedene Frau erklärt der Witwe vielleicht: »Sie sind besser dran; ich bin einfach abgelegt worden wie ein altes Hemd«, oder im extremen Fall: »Wenn ich die Wahl hätte, wär es mir lieber, wenn der Schweinehund tot wäre.« Obwohl keine böse Absicht dahintersteckt, sind solche Aussagen nicht dazu angetan, die Witwe zu trösten, die liebend gern alles tun würde, um ihn wieder lebendig zu machen. »Ich kann mit einer solchen Person nicht mitfühlen«, sagt sie. Das ist das Ende der Selbsthilfegruppe. Es trifft natürlich ebenfalls zu, daß nicht alle frisch geschiedenen Frauen sich befreit fühlen und nicht alle Witwen sich verlassen und einsam fühlen, aber Selbsthilfegruppen bestehen nicht aus Ausnahmefällen. Man kann zwar sagen, daß die meisten geschiedenen Frauen sich mit Witwen identifizieren können, daß aber die meisten Witwen diesen Vergleich nicht akzeptieren. Das war zumindest meine Erfahrung nach drei gescheiterten Versuchen, alle alleinstehenden Frauen in eine Gruppe zu integrieren.

Es geht nicht darum, ob es besser ist, geliebt und verloren zu haben, sondern um den persönlichen Verlust der einzelnen Frau oder des einzelnen Mannes. Geschiedene erinnern sich nur sehr selten an die guten Zeiten; die schlechten Zeiten sind ihnen in besserer Erinnerung. Wenn Sie eine geschiedene Frau nach ihrer Ehe fragen, werden Sie schwerlich zu hören bekommen: »Wir waren ein sehr harmonisches Paar.« Die guten Zeiten sind einem Gewirr von unglücklichen Zeiten gewichen. Ich habe einmal eine Frau, die seit langem geschieden und wieder verheiratet war, über ihren ersten Mann sagen hören: »John ist letzte Woche gestorben, und ich habe zum ersten Mal seit langer Zeit an all die guten Zeiten gedacht. Ich hatte die großartigen Grillfeste, die er immer organisierte, völlig vergessen und genauso, daß die Kinder und wir immer viel Spaß hatten.«

Frisch geschiedene Frauen haben auch eine andere Einstellung zu Verabredungen und Heirat. Ihr Ego ist stärker involviert, sie haben ein größeres Bedürfnis, vom anderen Geschlecht Anerkennung und Bestätigung – oder Berechtigung – zu erhalten. Eine Frau, deren Mann vor nicht allzu langer Zeit gestorben ist, hat jedoch einen Kampf mit dem Tod verloren und nicht mit einer anderen Frau. Gewöhnlich hat sie kein unmittelbares Bedürfnis nach sexueller Bestätigung. Auch neue Kleidung, Schönheitsoperation, Abnehmen oder ein neues Image sind für sie keine primären Ziele.

Geschiedene Frauen beklagen sich darüber, daß ihre Freunde genauso wie die materiellen Besitztümer geteilt werden. Einige halten zu ihm, andere zu ihr. Die Freunde der Witwe halten es jedoch meist nicht lange bei ihr aus; ihre verheirateten Freunde sieht sie oft nie wieder. Geschiedene Frauen halten sich in der Regel für finanziell weniger abgesichert; Witwen für ärmer und ohne Einspruchsrecht bei Gericht. Die Witwe ist der Meinung, die geschiedene Frau sei – mehr oder weniger – für ihre eigene Situation verantwortlich, wogegen sie durch und durch Opfer ist. Dazu kommt, daß zwar auch geschiedene Frauen das Gefühl kennen, versagt zu haben, und sich bezüglich ihrer Charakterschwächen schuldig fühlen, Witwen sich jedoch zusätzlich zu den vielen »Wenn nur ...« und »Hätte ich bloß ...« die Schuld daran geben, daß sie den Schicksalskräften nicht widerstehen konnten.

Ein anderer interessanter Unterschied besteht in dem, was geschiedene und verwitwete Frauen über das Alleinleben denken. Eine geschiedene Frau erzählte mir einmal, daß sie jeden Abend auf Knien darum betete, daß sie am nächsten Morgen nicht aus einem Traum aufwachen und ihren Mann neben sich im Bett finden möge. In fast den gleichen Worten habe ich ganz, ganz viele Witwen das genaue Gegenteil sagen hören; es war wie ein kalter Regenguß am Morgen. Ferner hat die durchschnittliche geschiedene Frau eine andere Einstellung zu ihrer Umgebung und ihrem Heim; sie begrüßt Veränderungen. Sie können sicher sein, daß Sie keine Bilder ihres geschiedenen Mannes aufhängt oder seinen Lieblingsstuhl sichtbar plaziert. Sie wird sich nicht damit beschäftigen, ein Fotoalbum aus glücklichen gemeinsamen Tagen anzulegen oder ein Projekt hingebungsvoll zu Ende zu führen, das er angefangen hat, oder mehr aus ihrer vergangenen Ehefrauenrolle in ihr neues Leben mit hinüberzunehmen als unbedingt notwendig. Und genau hier unterscheidet sie sich am meisten von der Witwe. Geschiedene Frauen und Witwen trennen sich von ihren Männern auf sehr unterschiedliche Weise.

Beim näheren Hinsehen erkennen wir jedoch, daß die Vergleiche zwar bis zu einem gewissen Grad gültig sind, daß die tiefe Kluft, die sich zwischen geschiedenen und verwitweten Frauen auftut, auf einem Element beruht, das sie nicht gemeinsam haben: die Wahl. Wenn eine Ehe geschieden wird, hat mindestens einer der Partner diesen Luxus genossen.

Oft treffe ich Witwen, die sich schelten, weil sie mit einemmal keine harmonische Beziehung mehr mit einer geschiedenen Freundin oder einem Familienmitglied haben. »Ich sollte ihr für ihre Gesellschaft dankbar sein, aber ich kann einfach nicht mehr mit ihr. Was mach' ich bloß falsch?« fragt sie. Es könnte sein, daß sich die andere Frau so verhält, wie wir uns verhalten haben, bis wir eines »Besseren« belehrt worden sind.

Die Kluft existiert am Anfang; wir schlagen verschiedene Richtungen ein. Aber mit der Zeit – ja, Zeit – werden die meisten von uns alleinstehende Freunde haben, sowohl geschiedene als auch verwitwete. Sie werden kaum noch darauf achten, und es wird kaum noch eine Rolle spielen. Man kann dabei von Glück sprechen, weil die wieder alleinstehenden und die alleinstehenden Frauen so viele Freunde brauchen, wie sie kriegen können.

Sprich lauter, ich hör' dich nicht

Sollten Sie zufällig zwei Frauen in einem Restaurant sehen, die mit Bestimmtheit einen Tisch in der Nähe des Küchenausgangs zurückweisen und dabei auf einen netten Tisch für zwei am Fenster hindeuten, könnten Sie meinen, die beiden Frauen wären entweder so geboren oder aber dies gehöre zu ihrem Selbstbehauptungskurs. Schauen Sie noch einmal hin: höchstwahrscheinlich sind die beiden Frauen Witwen, die, nachdem sie sich mit Rechtsanwälten, Bankangestellten und Bürokraten herumgeschlagen haben, erkannt haben, daß Schweigen nicht immer Gold ist und daß nur Aktion eine Reaktion hervorruft.

Im allgemeinen sind Männer selbstsicherer als Frauen. Dazu kommt, daß die früheren Arbeitsgesetze für Frauen dazu führten, daß Männer das Sagen hatten und Frauen sie am Ärmel zupften und versuchten, sie zu beruhigen. Aber auch die heutige Frau und all diejenigen verheirateten Frauen, die in ihrer Ehe vieles mit Zuversicht und Kompetenz alleine erledigen, bringen immer wieder zum Ausdruck, daß sie sich ohne den männlichen Beistand vom System eingeschüchtert, verletzbarer und sogar ein wenig paranoid fühlen.

Die meisten Witwen lernen irgendwann durch Erfahrung, Versuch und Irrtum, daß sie sehr wohl für sich selbst sorgen können, wenn sie einmal gelernt haben, sich klar, angemessen und mit Autorität auszudrücken. Seien Sie guten Mutes, es dauert nur ein Jahr. Vielleicht auch zwei, wenn Sie leicht zum Weinen zu bringen sind oder wie ich annehmen, daß, nur weil Ihr Mann Sie wie eine intelligente und fähige Frau behandelt hat, alle anderen dies ebenso tun müßten. Oder daß Logik und Vernunft das tägliche Leben regieren.

Sie sollten sich bereits von Anfang an darüber klar sein, daß es sehr wohl Situationen gibt, in denen sich alles und alle gegen Sie verschworen zu haben scheinen: wenn nichts mehr funktioniert. Wenn Sie geduldig in der Schlange warten, ist es die falsche Schlange; wenn Sie zu lange darauf warten, verbunden zu werden, führt das nur dazu, daß Sie aus der Leitung geworfen werden; wenn Sie gehorsam auf den »Ich rufe Sie gleich zurück«-Anruf warten, bekommen Sie Senkfüße; Zimmernummern sind in Amtsgebäuden nicht fortlaufend, und als Sie nach rechts gegangen sind, hätten Sie doch nach links abbiegen müssen.

Um ohne die männliche Stimme der Autorität zu überleben – oder mindestens die Stimme, die Ihnen geholfen hat, über das Absurde zu lachen –, müssen Sie listig und schlau werden. Nur selten hilft Ihnen die Geschichte von der »armen Witwe« mehr als einmal bei der gleichen Person; Sie müssen sich ein vollkommen neues Vokabular aneignen. Untertänige Worte sind nicht mehr angesagt, sondern Befehlsworte – höflich, aber bestimmt. Machen Sie deshalb aus »Wäre es möglich, daß Mr. Jones mich heute morgen zurückruft?« ein »Bitte richten Sie Mr. Jones aus, er möge mich heute morgen zurückrufen. Es ist wichtig.« Werfen Sie die demütigen »Kann ich bitte ...« und »Ich verstehe nicht ganz, warum ...« über Bord, und gewöhnen Sie sich ab sofort Sätze wie »Es betrifft ..., bitte schicken Sie mir ...« an, je nachdem, welches »Tun«wort paßt. Achten Sie auf das Wort *tun*.

Wenn Sie wieder einmal mit den Telefondrachen zu tun haben, die das Schloß so scharf bewachen, daß Sie niemals an den »Boß« herankommen – manche Ärzte scheinen einen besonderen Vorrat davon zu haben –, stellen Sie sich den Drachen vor, wie er (meist eine Sie) sagt: »Jane Wooman möchte Sie sprechen« anstatt: »Diese schreckliche Mrs. Wooman ist schon wieder am Apparat.« Achten Sie diesbezüglich ganz besonders auf Ihre Wortwahl. Sie ersetzen Ihre normalerweise nutzlos vorgetragene Bitte, die damit verbunden war, Grund und Zweck Ihres Anrufs zu nennen, dadurch, daß Sie ruhig und bestimmt sagen: »Sagen Sie Ihrem Chef bitte, daß ich ihn sprechen möchte.« Ich versichere Ihnen, daß Sie damit sehr viel öfter zum Ziel kommen; wenn Sie sich selbst für wichtig halten, werden vielleicht auch die anderen Sie für wichtig halten.

Witwen beißen sich an Renten, Steuern, Ämtern und all dem anderen scheinbar unendlichen Behördenkram sowie an Handwerkern oft die Zähne aus. Es empfiehlt sich im Umgang mit dem amtlichen Bürokratismus, so oft wie möglich auf das Telefon zurückzugreifen; rufen Sie jedoch nicht zu den geschäftigsten Zeiten an. Wenn Sie anrufen, achten Sie darauf, daß Sie Ihre Informationen bestimmt und in einfachen, knappen Sätzen vorbringen. Vermeiden Sie alle unwesentlichen Informationen, die ein zehnjähriges Kind verwirren könnten, beispielsweise wie lange Sie verheiratet waren, wie glücklich oder unglücklich Sie derzeit sind oder in welcher geistigen Verfassung Sie sich befinden. Finden Sie am Anfang der Unterhaltung heraus, ob Sie mit der richtigen Person sprechen, und notieren Sie sich ihren Namen – benutzen Sie den Namen im Laufe des Gesprächs mindestens einmal. Lassen Sie Ihren Gesprächspartner wissen, wenn Sie Fragen haben: »Ich habe drei Fragen bezüglich ...«, und haken Sie die beantworteten Fragen ab. Vermeiden Sie Schwafelei und unnötiges

Geplauder; versuchen Sie positiv und geschäftlich zu klingen. Wenn Sie mit negativen Äußerungen wie beispielsweise »Das sind die Vorschriften«, »Dafür bin ich nicht zuständig« oder »Er ist nicht an seinem Schreibtisch« u.a. überhäuft werden, bitten Sie darum, mit der zuständigen Person verbunden zu werden, oder lassen Sie sich den Namen und die Durchwahl geben und rufen später direkt an. Es ist wichtig, daß Sie sich selbst als Geschäftsfrau sehen, wenn möglich nur mit Leuten in höchster Stellung reden und gleichwertige Aussagen machen: »Ich danke Ihnen, Mr. Mann; das heißt also, daß Sie sich persönlich um diese Angelegenheiten kümmern werden.« (Sie sollten sich diesen Satz neben das Telefon schreiben und so lange üben, bis Sie ihn überzeugend vortragen können.) Schreiben Sie alle Einzelheiten in Ihr Buch, und wenn Mr. Mann nicht hält, was er versprochen hat, rufen Sie ihn zurück und erinnern ihn daran.

Die meisten der unter Tränen hervorgebrachten Klagen von Witwen beziehen sich auf Mitarbeiter von Maklerbüros und Nachlaßgerichten. Die Witwe hat tausend Fragen, und der Anwalt ist nur sehr schwer zu erreichen, die Ausführungen des Steuerberaters sind böhmische Dörfer für Sie, und das Büro des Arztes schickt trotz der getroffenen Vereinbarung immer wieder die gleiche Rechnung. Manchmal sind es dieselben Menschen, von denen wir – und unsere Männer – Beistand erhofft hatten. Häufig erhalten wir ihn auch, aber in Fällen, in denen der Betreffende »ein alter Freund« ist, fällt es uns äußerst schwer, seinen Rat, seine Leistung oder seine Rechnung in Frage zu stellen. Traurig müssen wir einsehen, daß es klüger gewesen wäre, die Sache direkt anzugehen, wie die Witwe, die erzählte: »Ich ging immer mit jedem Problem zu ihm; er war 17 Jahre lang der Anwalt meines Mannes gewesen. ›Sie können mich jederzeit anrufen‹, hat er gesagt. Sie hätten die Rechnung sehen sollen. Dieser Mistkerl hat mir jede Minute in Rechnung gestellt, sogar als ich ihn bloß nach dem Namen seines Installateurs gefragt habe.« Natürlich fragt man den Rechtsanwalt nicht nach einem Installateur, aber wenn Sie's trotzdem tun, sollten Sie sich vorher nach seinen Gebühren erkundigen.

Egal, ob es sich um einen großen, kleinen, freundschaftlichen oder unpersönlichen Dienst handelt, fragen Sie immer nach dem »Wieviel« und »Wann«. Wenn die Dienstleistung auf Stundenbasis abgerechnet wird, bitten Sie um den günstigsten Preis. Lassen Sie sich nicht in eine unnötig lange Warteposition drängen; bitten Sie um einen Termin, zu dem Sie sich wieder erkundigen oder die Sache als erledigt betrachten können. Auf diese Weise verhindern Sie, daß Ihre Aufgabe zuletzt bearbeitet wird. Seien Sie höflich, aber bestimmt, auch wenn es sich um den Bruder Ihres Vaters handelt. Ich bekomme häufig Klagen zu hören über Rechtsanwälte und Notare, die furchtbar lange brauchen, um die rechtlichen Dinge zu regeln. Es stimmt natürlich, daß sich, zumindest in Amerika, die Nachlaßgerichte häufig sehr lange Zeit lassen, aber Rechtsanwälte sind, genau wie andere Spezialisten auch, der Meinung, sie seien mitfühlend, wenn sie der Witwe mitteilen: »Es eilt nicht, wir werden schon alles in Ordnung bringen.« Sie geben Ihnen Zeit für die angebliche Genesung. Aber natürlich führt dies in manchen Fällen zum genauen Gegenteil, wie das Beispiel dieser Witwe belegt: »Ich glaube, daß der ganze Nachlaß und die rechtlichen Angelegenheiten einfach Dinge waren, die ich zu bewältigen hatte; aber jedesmal, wenn ich einen Scheck für das Haus ausstellte, versetzte es mir einen Stoß, und wenn ich um Zusendung einer weiteren Kopie der Todesurkunde bat, habe ich mich davor gefürchtet, den Briefkasten zu öffnen. So ging das ganze 19 Monate lang; niemand hatte es besonders eilig. Und ich war zu schwach, um mich dagegen aufzulehnen.« Ich glaube, daß wir in dieser Hinsicht Anwälten, Steuerberatern und den Finanzämtern noch etwas beibringen müssen; Witwen können sich nicht nach vorne orientieren, wenn sie ständig zurückschauen müssen.

Schüchternheit, die Angst davor, dumm zu klingen, die Gefühle der anderen zu verletzen, Ärger hervorzurufen, und die Unfähigkeit, zur richtigen Zeit die richtigen Worte zu finden, sind einige der Gründe, warum Witwen schweigen oder ja sagen, wenn sie nein meinen. Während die ungewohnten Anforderungen, denen sich jede Witwe im ersten Jahr gegenüber sieht, auch die sicherste Frau verunsichern können, sehen sich viele Frauen nur mit einem alten Problem konfrontiert. Sie waren stets die »braven Mädchen« und gehorsamen Ehefrauen und haben jetzt, nach dem Tode ihres Mannes, drei Möglichkeiten zur Auswahl: sie können von einem anderen Menschen abhängig werden, weiterhin faule Kompromisse schließen oder sich ändern.

Vielleicht werden Sie nicht einmal erkennen, daß eine Veränderung – wir wollen uns mit den ersten beiden Möglichkeiten überhaupt erst gar nicht befassen – möglich ist, weil Sie schon so sehr an Ihre besondere Leidensmarke gewöhnt sind. Frauen berichten immer wieder davon, wie ihnen erst dann ein Licht aufging, als sich andere für ihre Rechte und Bedürfnisse eingesetzt haben. Dadurch inspiriert und ermutigt, stellen sie fest, daß sie mit einigem Üben sehr wohl nein sagen können und es ihnen mit wenigen Generalproben auch gelingt, positive Aussagen zu machen. In den meisten Städten gibt es Kurse zur Stärkung des Selbstbewußtseins. Der Kurs wird Sie zwar nicht in die Königin von England verwandeln, aber ich bin sicher, daß es Augenblicke geben wird, in denen Sie sich wie die Königin von England *fühlen.*

In einem Kurs habe ich gelernt, nein zu sagen, ohne das Gefühl zu haben, »aber« oder »weil« hinzufügen zu müssen, oder zu sagen »Darum geht es gar nicht«, wenn jemand versucht, mich mit ungehörigen und Schuld provozierenden Argumenten zu erpressen. Wenn auch Sie es noch nie versucht haben, sagen Sie einfach bei nächster Gelegenheit »Nein danke«, ohne sich dafür zu entschuldigen.

Wenn Sie jetzt fragen, wie Sie denn sicher sein können, daß auch Sie aus solch einem Kurs Nutzen ziehen werden, lautet die Antwort: Jeder zieht einen Nutzen daraus – die Sanftmütigen ebenso wie die Dreisten. Es ist klar, daß Selbstbehauptung und Aggressivität zwei verschiedene Dinge sind und die anmaßende, unhöfliche Person ebensoviel zu lernen hat wie das blasse Mauerblümchen. Vielleicht sieht sie sich selbst nicht als solches. Die meisten Menschen kennen ihre eigenen Schwächen, aber wenn Sie Hilfestellung brauchen, nützt es, wenn Sie sich Ihre Antworten auf die folgenden Fragen betrachten.

Stimmt es, daß

- Sie ein Nein nicht als Antwort akzeptieren?
- Sie das Gefühl haben, daß Sie immer für Ihre Rechte kämpfen müssen?
- Sie leicht wütend werden, Ihre Stimme erheben und es später bereuen?
- Sie zu Recht feindselig gesinnt sind und keine Freunde in Ihrem Kielwasser zurücklassen?

Wenn Sie alle Fragen mit Ja beantwortet haben, sollten Sie sich für den Kurs anmelden; es ist nötig, daß Sie lernen, anders mit Menschen umzugehen. Wenn Sie die Fragen mit Nein beantwortet haben, fahren Sie fort.

Können Sie

- nein sagen, wenn ein Freund Sie um Geld bittet?
- Freunde darum bitten, Ihnen Geborgtes (einschließlich Geld) zurückzugeben?

- einem Kauf widerstehen, wenn die Verkäuferin Sie lange beraten hat?
- ohne Erklärung nein sagen?
- nein sagen, obwohl Sie annehmen, daß die anderen Sie dann nicht mögen?
- einem anderen Menschen zu verstehen geben, daß er Ihre Gefühle verletzt hat?
- einer Autoritätsperson widersprechen?
- das Essen im Restaurant zurückgehen lassen, wenn Sie Grund dazu haben?
- Kritik akzeptieren?
- Ihre eigene Meinung zum Ausdruck bringen, ohne sich dafür zu entschuldigen?
- Komplimente unbefangen entgegennehmen?
- ein Gespräch mit einem fremden Menschen anknüpfen?

Wenn Sie alle Fragen mit Ja beantwortet haben, sollten Sie den Kurs trotzdem belegen. Es wird sich höchstwahrscheinlich lohnen, Spaß machen und nicht lange dauern. Solche Kurse finden Sie in den Programmen der meisten Volkshochschulen.

Sie können jedoch genausogut jetzt sofort damit anfangen, indem Sie sich selbst, Ihre verdrängten Blockaden und unausgesprochenen Ziele objektiver betrachten. Stellen Sie sich direkt vor den Spiegel, und sagen Sie laut zu sich selbst, was Sie sich wünschen.

Die Kunst der Selbstbehauptung fängt damit an, daß Sie sich Ihr Recht, ein eigenständiger Mensch zu sein, eingestehen; sie hilft Ihnen, sich an fast Vergessenes zu erinnern, die Stimme zu erheben und lang gehegte Träume zu verwirklichen. Sie können lernen, Aussagen mit dem Wort »ich« zu beginnen, anstatt zu versuchen, andere Menschen – und sich selbst – mit Schuldgefühlen oder Selbstmitleid zu manipulieren.

Versuchen Sie jetzt ohne Spiegel, in der Wirklichkeit. Fangen Sie Sätze wie »Wäre es möglich, daß ...«, »Was immer Sie meinen ...« nun mit »Ich möchte ...«, »Ich hätte gern ...« an. Versuchen Sie, einen Tag lang direkt, höflich, ehrlich und gleichzeitig davon überzeugt zu sein, daß andere Menschen ebensowenig Ihre Gedanken lesen können wie Sie die Gedanken der anderen, und schauen Sie, ob sich die Welt nicht vor Ihnen entfaltet.

Eine der Haupttechniken des Selbstbehauptungstrainings besteht darin, daß der einzelne im Klassenzimmer verschiedene Rollen durchspielt und sich mit Absicht unangenehme Situationen außerhalb des Klassenzimmers schafft. Vielleicht besteht Ihre Aufgabe darin, einen Liter Benzin mit einem 500-Mark-Schein zu bezahlen oder sich irgendeine andere Aufgabe zu stellen, die Sie nur mit Überwindung durchführen können. Sie betrachten sich die äußeren Grenzen, die Sie sich selbst gesetzt haben, und entscheiden dann, ob und wie Sie diese Grenzen erweitern wollen. Die Übungen dienen in erster Linie dazu, Sie durch Erfolgserlebnisse selbstsicherer zu machen. Probieren Sie es aus, nur so zum Spaß.

Meine Aufgabe bestand darin, in einem Restaurant den Kellner, der alle Hände voll zu tun hatte, darum zu bitten, die Rechnung in drei Teile aufzuteilen und die einzelnen Beträge per Kreditkarten abzurechnen. Zu unserem Erstaunen verzog der Kellner keine Miene, und als wir ihn daraufhin ansprachen, erklärte er uns, daß diese Bitte bei seinen männlichen Gästen nichts Ungewöhnliches sei. Wie sich herausstellte, ist die Selbstbehauptung für den einen, was der andere als sein Geburtsrecht ansieht.

Nehmen Sie Bleistift und Papier zur Hand, und notieren Sie Menschen und Situationen, die bei Ihnen zu einem flauen Gefühl im Magen führen. Würden Sie sagen, daß Sie es vermeiden, Problembereiche anzugehen, und dies in der Konsequenz zur Beeinträchtigung Ihres Lebensstils und Ihrer Beziehungen zu anderen führt? Wir alle wissen, daß es Situationen gibt, in denen es klüger ist, die Zähne zusammenzubeißen und zu lächeln, und wir alle kennen die klugen Menschen, die nachgeben und sagen: »Sie könnten recht haben« oder »Natürlich ...« – wobei beides für beide Seiten am befriedigendsten sein kann. Aber die Mehrheit der Witwen wird eine Liste aufweisen können, die unverzüglich einen neuen Ansatz erfordert. Keiner von uns ist so perfekt, daß ihm die richtigen Worte im richtigen Moment nur so aus dem Munde strömen anstatt in der darauffolgenden Nacht. Aber auch dann ist noch nicht alles verloren; man kann immer wieder einen Versuch wagen, anstatt über Vergangenes zu grübeln.

Wir können anscheinend nicht aufhören, uns die Probleme anderer Menschen zu eigen zu machen, um uns dann irgendwann ausgenutzt zu fühlen, weil wir uns selbst zu einem Teil der Lösung gemacht haben. Verantwortlichkeiten legt man am besten dadurch fest, indem man sich fragt, um wessen Problem es sich handelt. Auch heikle Probleme – wie beispielsweise den Kindern Geld zu leihen oder darum gebeten zu werden, genau an dem Wochenende Babysitter zu spielen, an dem man mit Freunden zum Fischen verabredet ist – können mit dieser Methode ergründet werden. Eine Frau mußte sich mit einem Dachdecker auseinandersetzen, der mehr Geld in Rechnung stellte, als er veranschlagt hatte; er hatte sich angeblich beim Zusammenzählen verrechnet. War das nun sein Problem oder ihr Problem? Sollte sie ihre Entscheidung bezüglich des neu festgesetzten Preises von der erbrachten Leistung oder ihrem Schuldgefühl abhängig machen? Wäre ihr Mann mit der gleichen Geschichte konfrontiert worden? Ich beschreibe hier keine alltägliche Situation, aber sie beschreibt ein klassisches Problem in vergleichbaren Situationen. Das Beste, was Sie tun können, ist, daß Sie die Lage fair abwägen, und wenn Sie dabei zu dem Entschluß kommen, daß Sie keine Verantwortung für das Problem tragen, werden Sie ohne Schwierigkeiten in der Lage sein, die passenden Worte zu finden. »Es tut mir leid, Herr Dachdecker, aber ich habe mit Ihrem Kostenvoranschlag gerechnet« oder »Ich bin dafür, daß wir uns die Differenz teilen« oder aber Sie bezahlen, ohne aufzumucken. Den Kindern können Sie mitteilen, daß Sie gern am übernächsten Wochenende babysitten, weil Sie für das kommende Wochenende bereits Pläne gemacht haben; oder erklären Sie ihnen einfach, daß Sie im Moment kein Geld besitzen, das Sie ihnen leihen können. Sie geben es ihnen nur dann, wenn Sie dies wirklich wollen, und nicht, weil Sie nicht nein sagen können.

Wenn Ihr süßes Lächeln und Ihr zustimmendes Nicken nur aufgesetzt sind und Sie im Innersten Angst davor haben, zu mißfallen oder sich der Wut anderer auszusetzen, müssen Sie sich schnellstens mit dem Gedanken vertraut machen, daß nicht jeder Sie zu jeder Zeit mögen wird. Schließlich mögen auch Sie nicht alle Menschen. Legen Sie sich deshalb ein paar Sätze zurecht, die keinen verletzen und keinem weh tun, bis Sie in der Lage sind, genau das auszusprechen, was Sie meinen: »Laß mich darüber nachdenken«, »Dem kann ich nicht ganz zustimmen« oder »Danke, ich werde den Termin überprüfen und Ihnen Bescheid geben«.

Sich selbst zu behaupten ist einfach eine Art, das zum Ausdruck zu bringen, was in Ihnen vorgeht. Wenn Sie unentschlossen sind, können die anderen ruhig davon erfahren. Sie kommunizieren damit nicht nur ehrlich, sondern wahren auch Ihre Rechte. Mit der Zeit werden Sie sich immer weniger unentschlossen fühlen, und zwar deshalb, weil Sie die Stärke und Überzeugungskraft besitzen, das, was Sie fühlen, auszusprechen.

Neue Beziehungen

Sich verabreden! Witwen über fünfzig kichern, wenn irgend jemand diesen Ausdruck mit ihnen in Verbindung bringt.

»Dieser Mann ist bestimmt 65«, erzählte eine attraktive 60jährige, »und da fragt er mich nicht, ob ich mit ihm ausgehen will, sondern ob ich daran interessiert wäre, mich mit ihm zu verabreden. Es klang so lachhaft, daß ich nicht mehr an mich halten konnte.«

Drei Monate später hatten die beiden eine Beziehung, doch die Frau zog es vor, weiterhin davon zu sprechen, daß sie »jemanden traf«. Sie war der Meinung, es klänge reifer. Es geht nicht darum, daß ein Wort einen großen Unterschied bewirkt, sondern um den sozialen Wandel, der in unserem Erwachsenenleben stattgefunden hat. Bis vor ungefähr zehn Jahren haben Frauen eine Veränderung und ihr eigenes kleines soziales Netz immer unter dem Aspekt betrachtet, daß sie möglicherweise einen geeigneten Ehemann finden. Heute verfügen wir nicht nur über ein größeres Netz, sondern sind von geeigneten Ehemännern zu Partnern übergegangen. Sich verabreden, oder wie immer Sie es nennen wollen und wie alt Sie auch sind, bedeutet immer noch »Junge trifft Mädchen«, und wenn ein Junge ein Mädchen trifft, hat einer oder der andere eine Ehe im Sinn.

Wenn es sich im Fall des »Jungen« um einen Witwer handelt, ist er ganz sicher mehr auf Heirat eingestellt, weil in der Bundesrepublik Deutschland über 70% der über 65jährigen Männer verheiratet sind – verglichen mit knappen 30% der Frauen. Für die Vereinigten Staaten wurde anhand der letzten Volkszählung ermittelt, daß Witwer innerhalb von drei Jahren und Witwen innerhalb von fünf Jahren wieder heiraten, obwohl zuverlässigen Quellen zufolge die Wartezeit für Männer rapide abnimmt und Männer immer öfter innerhalb eines Jahres wieder heiraten. Der dieser Statistik zugrundeliegende Grund wird durch die treffende Aussage von Altersheimbewohnern von Florida bis Kalifornien wiedergegeben: »Wenn ein Mann stirbt, schickt alle Welt Karten; wenn eine Frau stirbt, bringt fast jeder irgend etwas für das leibliche Wohl.«

Und das trifft genau den Kern der Sache, zwei Kerne, um genau zu sein. Frauen sind, wie wir alle wissen, zahlreicher als Männer und konsequenterweise verfügbarer; sie stellen fest, daß sie sehr viel offener sein müssen, wenn sie sich verabreden wollen. Während Sie sehr wohl auf das leibliche Wohl verzichten können, erwartet man von Ihnen, daß Sie wissen, was Sie wollen. Ob Sie nun die aktive Angreiferin oder die passive Beobachterin sind, hängt von Ihrem persönlichen Stil und Ihrer Neigung ab.

Vielleicht sind Sie an einer Beziehung zu einem Mann überhaupt nicht interessiert. Ihr Leben ist möglicherweise ausgefüllt mit Ihren Freundinnen, befreundeten Ehepaaren, Familie und sonstigen Interessen; einen Mann wollen Sie nicht. Sie *brauchen* keinen Mann. In diesem Fall wäre es töricht, sich vom Verhalten der anderen beeinflussen zu lassen, aber Sie wären genauso töricht, wollten Sie die Vorstellung aus Schuldgefühlen oder Angst heraus ablehnen. Jeder, der eine lange intime Beziehung gehabt hat, ist in bezug auf das Neue und Unbekannte scheu und unsicher. Es ist deshalb unerläßlich, daß Sie, was Ihre endgültigen Wünsche anbetrifft, ehrlich mit sich selbst sind. Was Schuldgefühle anbetrifft, möchte ich noch anfügen, daß Sie sich nur dann schuldig fühlen sollen, wenn Sie sich dadurch besser fühlen.

Das konventionelle Trauerjahr wird auch heute noch von den meisten eingehalten, aber viele Witwen berichten, daß sie viel länger gebraucht haben, bevor sie irgendein Interesse an einer Partnerschaft mit einem Mann entwickelt haben oder überhaupt in Erwägung gezogen haben. Trotzdem ist es in keiner Weise ungewöhnlich, sündhaft oder verfrüht, wenn eine Witwe vor Ablauf dieser Zeit eine Partnerschaft eingeht. Sie wäre jedoch verrückt, würde sie sich wieder verheiraten, während sie noch trauert oder nur, weil sie Angst hat vor dem Alleinsein. »Es ist immer noch besser, einen Fehler zu machen, als einen zu heiraten«, sagte eine Witwe, die nach einer anfänglich aufregenden Verliebtheit feststellte, daß sie ihre Sicherheit für einen Alkoholiker aufs Spiel gesetzt hatte.

Jede Frau kann nur für sich selbst entscheiden, ob es das wert ist. *No vale la pena* (»Es ist den Ärger nicht wert«), lautet ein altes spanisches Sprichwort; es ist auch das Sprichwort vieler Witwen, die jeder neuen Beziehung aus dem Wege gehen. Eine sagte dazu: »Ich könnte nie wieder die Hausfrau spielen, und es gibt wenige Männer, die das mitmachen würden.« Eine andere sagte über die Ehepaare in ihrer Nachbarschaft: »Ich beneide die Frauen nicht, die wieder geheiratet haben. Sie glauben zwar, sie bekämen einen Partner, aber in Wirklichkeit haben sie einen alten Mann bekommen.« Das ist eine sehr große Verallgemeinerung, aber es trägt dem ständig wachsenden Altersunterschied zwischen Mann und Frau in zweiter und dritter Ehe Rechnung. Keiner zuckt mehr mit der Wimper, wenn ein 80jähriger Mann eine 20 Jahre jüngere Frau heiratet. Auf jeden Fall gibt es Frauen, die ihre Unabhängigkeit genießen und sie nicht aufgeben wollen, Frauen, die nicht um jeden Preis einen Mann haben wollen, und Frauen, die bekennen: »Nur wenn ein ganz besonderer Mann des Weges käme.« Diese Frauen können nicht als Beziehungskandidatinnen angesehen werden, und sie übermitteln diese Botschaft sowohl in ihrem Auftreten wie in ihrem Verhalten gegenüber Männern. Männer behaupten, sie könnten, ohne daß die Frau dies verbal zum Ausdruck bringt, erkennen, wenn eine Frau »interessiert« ist.

Andere Witwen, die man als ernsthafte Beziehungskandidatinnen bezeichnen kann, schauen sich vielleicht gerade in diesem Moment ganz unbefangen nach einem Mann um oder senden unbewußte Signale aus; man kann es nennen, wie man will. Wieder andere würden es vielleicht gerne tun, scheuen sich aber vor dem Bild, das sie damit vermitteln, während eine andere Gruppe die Hoffnung nicht aufgibt, daß ihnen ihr Schutzengel den richtigen Partner schon zuschicken wird. Natürlich gibt es solche Fälle, aber es passiert nur den anderen, niemals Ihnen. Wenn Ihnen romantische Träume im Kopf herumschwirren, können Sie ebensogut Ihre Wirklichkeit erkunden und es einfach versuchen.

Am einfachsten trifft man einen geeigneten Mann durch Freunde. Obwohl alleinstehende Männer auf Parties die willkommensten Gäste sind, können auch Sie sich eine Einladung einheimsen, wenn Sie Ihren Freunden mitteilen, daß Sie bereit sind, eine neue Beziehung einzugehen. Versuchen Sie jedoch, ihnen geheime Arrangements und voreilige Treffen auszureden. Ein befreundetes Ehepaar lud mich einmal zum Abendessen in seinen Golfclub ein, und am Tisch saßen nicht weniger als drei geeignete Heiratskandidaten – in jedem Golfclub gibt es viele Witwer. Sobald ich ahnte, was gespielt wurde, bekam ich die erste und einzige Allergie in meinem Leben; meine Augen tränten, meine Nase war vollkommen zu, und alles, was ich sagte, klang fürchterlich. Bis zum heutigen Tag kann ich nicht mit Sicherheit sagen, ob ich aus Panik oder Desinteresse so reagiert habe, aber ich kann Ihnen versichern, daß keiner der Männer auch nur im entferntesten daran interessiert war, den Grund herauszufinden; nichts ist der Geselligkeit so abträglich wie eine Erkältung.

Sobald Sie Ihren Freunden Bescheid geben, sollten Sie nicht versäumen, auch Ihre Familie davon zu unterrichten, daß Sie eine neue Beziehung eingehen wollen. Holen Sie sich das, was Sie für ihren Segen halten, aber vermeiden Sie auf alle Fälle jede Art von Heimlichtuerei und Schuldgefühlen. Beides würde Ihnen nur schaden. Eine Frau erzählte mir, daß sie jedesmal, wenn ihr männlicher Freund zu Besuch kam, das Bild ihres Mannes, das auf dem Tisch im Wohnzimmer stand, entfernte und es wieder dorthin stellte, wenn die Kinder zu Besuch kamen. Ich könnte mir vorstellen, daß sie ganz schön beschäftigt war.

Soziale Kontakte können Sie auch überall dort knüpfen, wo sich Gruppen für Alleinstehende bilden, z.B. in Kirchen, Gemeinden, Sportvereinen und ähnlichen Organisationen. Jeder kommt aus dem gleichen Grund dorthin: jeder will Gleichgesinnte treffen. Von Anhängern der Single-Organisationen hört man immer wieder, daß man dort mehr interessante Frauen als Männer trifft, aber das kann ja auch nicht schaden. Ich habe einmal einen Abendkurs besucht, wo eine Frau stöhnte, als sie zur Tür hereinkam und sah, daß die Hälfte der Teilnehmer aus Frauen bestand: »Und ich war fest davon überzeugt, daß ich die einzige Frau sein würde.«

Es gibt in den Vereinigten Staaten eine wachsende Zahl von Single-Vereinigungen für ältere Menschen, deren Zusammenkünfte man nur mit Einladung besuchen kann. Who's Who ist eine davon, die im ganzen Land vertreten ist; jeder bezahlt einen Jahresbeitrag und kann damit an zwanglosen Zusammenkünften, bei denen u.a. getanzt wird, teilnehmen, wenn er oder sie eine Einladung erhält. Das Verhältnis von Männern und Frauen wird dadurch im Gleichgewicht gehalten, daß weniger Frauen als Männer eingeladen werden. Eine Witwe, die mehreren solchen Einladungen Folge geleistet hatte, berichtete, daß die Frauen »schmissig« und die Männer »trotz Toupet proper und durch die Bank schwerhörig« gewesen seien. Single-Vereinigungen für jüngere Menschen sind oft genauso selektiv und gewähren nicht allen Frauen Zutritt; machen Sie sich nichts daraus; es liegt nicht an Ihnen, sondern am Gesetz von Angebot und Nachfrage. Eine Rechtsanwältin in den Vierzigern, die einer Vereinigung beigetreten war, deren Mitglieder nicht über fünfzig sein durften, berichtete, daß nach einem Jahr nur noch für Frauen diese Regel bestand, und obwohl sie kurz vor der Heirat mit einem 58jährigen Autoverkäufer stand, den sie dort kennengelernt hatte, regte sie sich immer noch über diese Ungleichheit auf.

Wenn Sie gerne tanzen, können Sie dies in einigen der älteren Hotels in den größeren Städten tun, die die Teetanzstunde wieder eingeführt haben, wo sich niemand etwas dabei denkt, wenn eine alleinstehende Dame mit einem ihr unbekannten Herrn tanzt. Im schlimmsten Fall haben Sie einige schöne Melodien gehört und sich an einer guten Tasse Tee erfreut. Kontertanzgruppen begrüßen neuerdings auch alleinstehende Frauen. Anzeigen in Zeitungen sind immer noch ein oftmals gewählter Weg, und obwohl wir immer wieder die gleichen Geschichten hören – ein älterer Mann erhält zehnmal so viele Antworten wie eine ältere Frau (ein Mann erzählte mir, er hätte auf seine Anzeige, in der er nach einer interessanten, reifen Frau gesucht hatte, hundert Antworten bekommen) –, könnte sich auf diese Weise zumindest eine reizvolle Korrespondenz ergeben. Ihre Kinder werden höchstwahrscheinlich aus dem Häuschen geraten und sich um Ihre Sicherheit Sorgen machen.

Und schließlich und endlich gibt es immer noch die uralten Wege, sich die Zeit zu vertreiben – Kreuzfahrten, Kurse und Unterricht und Kartenspielgruppen, die genau auf Ihre Altersgruppe, Interessen und Ihren Familienstand ausgerichtet sind. Aber, und das ist das Entscheidende an der Sache, Sie dürfen niemandem seine ungezügelte Entschlossenheit verübeln. Um Ihnen zu verdeutlichen, was ich meine, möchte ich Ihnen von einer Frau erzählen, die ich in der Volkshochschule kennengelernt habe; diese Frau riß gleich zu Anfang die Namensliste an sich, notierte sich die Namen aller alleinstehenden Männer und setzte sich dann, so oft ihr dies möglich war, neben einen dieser Männer. Man nannte sie bald die Verfolgerin, und die Männer, die sie im Visier hatte, versuchten ihr aus dem Weg zu gehen.

Ich hörte eine Frau sagen, der beste Platz, um einen Mann zu treffen, sei der Supermarkt um sechs Uhr abends, wenn alle Alleinstehenden auf dem Weg nach Hause sind. »Ergibt sogar Sinn«, sagte sie, »aber ich möchte wissen, um welche Zeit pensionierte Herren einkaufen.« Ich würde sagen um die gleiche Zeit, weil die Unterschiede zwischen alten und jungen Männern immer kleiner werden. Junge Witwen haben in bezug auf Männer so ziemlich die gleichen Probleme wie ältere Witwen; sie zögern ebensosehr, sich dem Risiko und der möglichen Ablehnung auszusetzen. Ich kann so gut wie nichts über Treffen im Supermarkt sagen, aber keine Frau hat es nötig, sich in Single-Bars oder auf der Straße herumzutreiben; es gibt würdigere Gelegenheiten, die Sie im Laufe der Zeit von selbst und durch das Gespräch mit anderen Frauen, die gleichfalls aktiv sind, entdecken werden. Erkundigen Sie sich einfach. Die meisten Frauen sind ziemlich vorsichtig und zu klug, um mit einem Fremden mitzugehen, den sie gerade in einer Bar kennengelernt haben, aber es ist genausowenig ratsam, einen Mann zu einer Tasse Kaffee zu sich nach Hause einzuladen – auch wenn Sie ihn während einer kirchlichen Veranstaltung kennengelernt haben –, wenn Sie nichts über ihn wissen. Schlimmstenfalls sieht er in Ihrer Einladung mehr, als damit gemeint war, und am zweitschlimmsten ist, wenn Sie einen Bagger brauchen, um ihn wieder hinauszubefördern. Solange Sie den Mann nicht kennen und ihn nicht im Freundeskreis getroffen haben, sollten Sie ihn nicht zum Abendessen einladen, ohne gleichzeitig ein anderes Paar einzuladen.

Wie Sie unschwer erkennen können, ist das Begegnen und Kennenlernen nur der Anfang, und es ist deshalb nicht verwunderlich, daß manche Frauen schon allein bei dem Gedanken zusammenzucken. Sie erinnern sich nur allzugut an die Verwirrungen und peinlichen Situationen in ihrer Jugend. »Das werde ich auf keinen Fall noch einmal durchmachen; es war damals schon schlimm, aber heute kann man es ja nur noch als Fleischmarkt bezeichnen«, sagen sie. Frauen, die eine glückliche Beziehung haben, halten dies allerdings für eine völlig falsche Vorstellung. »Männer machen sich genau die gleichen Gedanken«, erklären sie und weisen darauf hin, daß mit fortgeschrittenem Alter der gesunde Menschenverstand und die Erfahrung zunehmen. Nach den ersten bangen Minuten ist die Unterhaltung mit einem Mann einfach nur eine Unterhaltung mit einem Mann, aber der Rest ist wie Fahrradfahren: man vergißt es nie. Die entschlossene Verfolgerin verscheucht möglicherweise mehr Partner, als sie anzieht, d.h., daß Sie, wenn Sie ehrlich mit sich selbst sind, sich mögen werden und auch allein Freude haben können. Es stimmt nicht, auch wenn Sie oft das Gegenteil hören, daß zu jeder Beziehung Sex gehört; es gehört nur dann dazu, wenn Sie gleichwertige Partner werden wollen. Der Mann, der anderes im Sinn hat, wird Ihnen seine Absichten früh genug mitteilen, und Sie können ihm Ihre klarlegen.

Auch wenn all dies jetzt in Ihren Ohren kompliziert und vorausschauend klingt, hat sich doch das Abc der Verabredungen und Beziehungen seit Ihrer Jugend wenig verändert, wenn es das ist, was Sie beunruhigt. Als alleinstehende Frau haben Sie mehrere Möglichkeiten; unsere Gesellschaft räumt Ihnen die Freiheit der Wahl und die Möglichkeit, sich entsprechend Ihrer eigenen Moral und Interessen zu verhalten, ein. Frauen sind couragierter als früher, meinen Männer. Frauen sind ehrlicher als früher, meinen Frauen.

Sex

Ich vermute, daß alle sechs Minuten irgendwo auf der Welt eine Witwe erklärt: »Ich hab' kein Interesse daran, wieder zu heiraten. Alles, was ich möchte, ist, ab und zu mit einem Mann zum Essen auszugehen.« Das ist das Lied der Witwen!

Mit dieser Litanei drücken die meisten Witwen ihr Äußerstes an sinnlicher Begierde aus. Sie haben eine gute Ehe geführt mit einem befriedigenden (oder weniger befriedigenden) Sexleben und wollen sich nicht noch einmal »um einen Mann kümmern«. Laut Statistik stehen in der Bundesrepublik Deutschland den über acht Millionen Männern über fünfzig fast zwölf Millionen Frauen über fünfzig gegenüber, und wenn man die Männer in Gefängnissen, eingefleischte Misanthropen und Homosexuelle mit einbezieht, sind die Chancen einer Frau, einen Mann zu finden, ziemlich gering. Sex bietet sich ihr überall, doch die durchschnittliche Witwe, die nur über wenig sexuelle Erfahrung verfügt und deren Figur nicht mehr die knackigste ist, scheut sich davor, auf dem Markt zu konkurrieren. Sie hegt immer noch ihre Jungmädchenträume vom richtigen Mann, der eines Tages vor ihrer Tür steht.

Und oftmals tritt genau das ein. Aber was macht die Witwe, bis es soweit ist? Wie geht sie mit ihrem Bedürfnis nach Zärtlichkeit, Umarmung und sexueller Stimulation um?

Die Möglichkeiten sind in der Tat begrenzt. Sie kann sich entweder einen Mann suchen, eine andere Frau oder sich selbst genügen, wobei jede dieser Möglichkeiten Sex einschließen kann oder auch nicht. Es ist eine ganz persönliche Entscheidung und in den meisten Fällen eine sehr einsame. Wann immer in einer unserer Selbsthilfegruppen das Thema Sex angeschnitten wird, findet sich eine Frau, die zwitschert: »Wer erinnert sich denn daran?« Darauf folgt meist ein allgemeines Gekicher. Meist scheuen sich die Frauen davor, das Thema wirklich offen anzusprechen. Sobald jedoch das Eis gebrochen ist, hat jede etwas Wichtiges dazu zu sagen. Die Reaktionen sind, wie zu erwarten, sehr unterschiedlich; ich möchte, um dies zu belegen, die folgenden beiden wahren Geschichten wiedergeben.

Als erstes die Reaktion einer Dame Anfang siebzig, die an einer Diskussion teilnahm, in der es darum ging, ob Frauen eher den Sex als Zärtlichkeit vermissen. »Sie können sich nicht vorstellen«, sagte sie, »wie meine Freundinnen mich beneiden. Ihre Männer versuchen die ganze Nacht, zum Höhepunkt zu kommen, und schaffen es doch nie. Sie können keine Nacht durchschlafen. Diese Männer können es einfach nicht lassen.«

Als zweites möchte ich eine Begebenheit schildern, die sich während einer landesweiten Zusammenkunft von Witwen und Witwern ergab, in der es u.a. um das Thema Sex ging. Die Vortragende, die regelmäßig Workshops zum Thema Sexualität veranstaltete, hatte sich Gott sei Dank mit ihrem Vortrag nicht auf »ältere zerbrechliche Damen« eingestellt. Sie sprach ganz offen über Möglichkeiten für alleinstehende Frauen, angefangen von Enthaltsamkeit über Single-Bars, Zusammenleben mit einem Mann bis hin zu lesbischen Beziehungen und Masturbation. Letzteres vertiefte sie durch eine Beschreibung und eine kleine Betriebsanleitung für Vibratoren. Sie klärte die Zuhörerschaft darüber auf, daß überhaupt keine Notwendigkeit bestehe, in einen Sexshop zu gehen oder sich ein teures Gerät anzuschaffen. »Von Hitachi beispielsweise gibt es einen ganz passablen Vibrator für 25 Dollar.« Unverzüglich schoß ein Finger in die Höhe, und eine großmütterlich anmutende Frau, die ziemlich aufgeregt schien, stand auf. Ich machte mich auf eine Moralpredigt gefaßt. Die Frage, die laut und deutlich gestellt wurde, lautete allerdings: »Können Sie mir bitte sagen, wie man *Hitachi* schreibt?«

Die beiden Aussagen entfalten das ganze Spektrum, von der Witwe, die dankbar dafür ist, daß keiner sie bedrängt, bis zu der anderen Witwe, die immer noch neugierig und interessiert daran ist, ihre sexuellen Gefühle zu erforschen. Sie müssen sich auch darüber im klaren sein, daß Gefühle sich ändern können: die meisten frisch verwitweten Frauen bekunden ein völliges Desinteresse an Sex und sind dann später überrascht, erfreut oder entsetzt – was wiederum von ihren eigenen Moralvorstellungen und ihren persönlichen Schuldgefühlen abhängt –, wenn ihr sexuelles Interesse wieder erwacht.

Frauen um die Fünfzig sprechen viel offener als ältere Witwen darüber, obwohl es in Wirklichkeit keine Altersbegrenzung gibt, daß das Nichtvorhandensein von Sex hauptsächlich ein körperliches Problem ist. Ironischerweise gibt es gerade für Frauen, die auf dem Höhepunkt ihrer sexuellen Reife angelangt sind, nur begrenzte Möglichkeiten, sie zu leben. Eine Frau erklärte dazu: »Als ich keine Angst mehr davor haben mußte, schwanger zu werden, oder davor, daß eines der Kinder plötzlich im Zimmer stehen könnte, und Sex mir wirklich Spaß gemacht hat, war plötzlich alles zu Ende.« Viele Frauen berichten davon, daß manche Männer diese Situation nur allzu bereitwillig ausnutzen, und die Geschichten von sittlichen und unsittlichen Anträgen bestehen bereits seit Anbeginn aller Zeiten.

Nachdem ich Witwe geworden war, erhielt ich ebenso viele

Ratschläge in bezug auf wollüstige Männer – von Frauen und Männern wohlgemerkt – wie Ratschläge über mein sonstiges Verhalten. Eines Abends, als ich bei Freunden zum Abendessen eingeladen war, legte doch mein Tischnachbar tatsächlich seine Hand unter dem Tisch auf mein Knie und flüsterte: »Ich gehe andauernd an Ihrem Haus vorbei; wenn Sie Lust haben, mich mit meiner Frau zu teilen, brauchen Sie es nur zu sagen.« Dieser Mann war ein angesehener Bürger unserer Stadt, und seine Frau saß direkt gegenüber und unterhielt sich höflich mit einem Mann, dessen eine Hand die Gabel und die andere das Messer hielt. Obwohl ich ja gewarnt worden war, war ich schockiert. Es war typisch, daß ich diesen aufgeblasenen Kerl nicht bloßstellen oder das ganze Essen verderben wollte; statt dessen legte ich seine Hand auf den Tisch, lächelte ihn spröde an und antwortete vielleicht eine Spur zu laut: »Es tut mir leid, aber ich teile nicht gern.« Das ist meine einzige diesbezügliche Erfahrung, aber ich erfahre immer wieder von Frauen, daß sie Anträge erhalten von Nachbarn, den Ehemännern guter Freundinnen und einer ganzen Reihe von bis dahin unverdächtigen Männern, die alle der Meinung sind, daß es Witwen nach einer gewissen Zeit ohne Mann nicht mehr aushalten. Auch Witwer berichten von zahlreichen Erfahrungen, die auf die sexuelle Aggressivität von Frauen hindeuten.

Männer und Frauen haben die gleichen Veranlagungen, wenn es darum geht, eine Beziehung aus rein sexuellen Gründen einzugehen. Wir hören es von den Familien: der Vater, der sich Hals über Kopf verliebt hat und sich jetzt wie ein Pennäler benimmt, und die Mutter, die nicht nur ihren gesunden Menschenverstand, sondern auch ihr Bankkonto an einen jüngeren Mann abgetreten hat. Aber Kinder ärgern sich auch dann über ihre Mütter, mehr als über ihre Väter, wenn diese ihre sexuelle Befriedigung in einer Beziehung suchen, die die Kinder für unwürdig halten. »Er ist Lastwagenfahrer und hat wahrscheinlich nicht einmal einen Schulabschluß«, berichtete mir ein aufgeregter Sohn am Telefon. »Meine Mutter hat Chemie studiert, und mein Vater war Arzt.« Ich habe seine Mutter nicht gekannt, aber Witwen – und ganz besonders Frauen, die in zweiter und dritter Ehe verheiratet sind – geben zugunsten eines jetzigen Vorteils bereitwillig etwas auf, worauf sie früher Wert gelegt haben; meist funktioniert es. Wenn die Partner sich lieben und mit Respekt begegnen, spielen unterschiedliche Bildungsgrade, sozialer Status, Alter und Einkommen keine so große Rolle mehr.

Die weibliche Libido ist schwer zu beschreiben. Manchen Frauen fällt der Verzicht auf Sex schwerer, weil sie eine gute und befriedigende sexuelle Beziehung gehabt haben, aber ganz sicher trifft das nicht auf alle zu. Für viele Witwen hat der reine Sex, unabhängig von vergangenen Erfahrungen, nichts Anziehendes. Sie schalten diesen Gedanken ganz einfach entweder für gewisse Zeit oder für immer aus. Es kommt jedoch auch vor, daß eine Frau, die nie Spaß am Sex und zwanzig Jahre lang »Kopfschmerzen« hatte, plötzlich Gefallen daran findet, das zu erkunden, was sie all die Jahre entbehrt hat. Unter diesen Umständen wäre es töricht, würde irgend jemand das, was er gelesen oder gehört hat, zu seinem Evangelium machen.

Es ist wichtig, daß Sie lernen, das, was Sie fühlen, als normal zu akzeptieren. Hören Sie nicht auf andere, die Ihnen einreden wollen, »es entweder zu tun oder zu lassen«, oder Ihnen Moralpredigten halten. Witwen empfinden oft Schuldgefühle, wenn sie mit einem anderen Mann ins Bett gehen, aber sehr viel mehr in bezug auf die Menschen, mit denen sie leben und Umgang haben, als bezüglich ihrer verstorbenen Männer. Sie fühlen sich unbehaglich in Gegenwart ihrer Kinder und ihrer Familie, und die Kinder selbst sind ebenso auf der Hut. Es ist ganz charakteristisch, daß Mütter nicht als sexuelle Wesen angesehen werden. Es wäre peinlich – sogar in unserer heutigen Zeit.

Möglicherweise sind Sie noch nicht bereit, über das Thema Sex auch nur nachzudenken. Vielleicht haben Sie im Moment überhaupt kein Gefühl für Ihren Körper. Bevor Sie jedoch nein sagen, wenn Sie ja meinen, aber ja, wenn Sie nein meinen, sollten Sie versuchen, die Begriffe Sünde, Schuld und Moral für sich selbst zu klären. Ich möchte noch einmal betonen, daß es keinen allgemeingültigen Zeitrahmen gibt. Und Sex ist ewig.

Geld, Geld, Geld

Man liest immer wieder, daß Frauen über die Hälfte aller Besitztümer in der Vereinigten Staaten verfügen, und gleichzeitig gehören Frauen zu den Ärmsten der Gesellschaft. Ich würde meinen, daß letzteres eher zutrifft – der größte Teil der ärmsten Bevölkerung besteht aus Frauen über 65 –, wobei der Tod des Ehemannes oder eine Scheidung die Hauptursachen dafür sind. Dazu kommt, daß viele Frauen jeden Alters sich in bezug auf Geld auf ihre Männer verlassen und deshalb als Witwen häufig nicht in der Lage sind, ihre finanziellen Dinge zu ihrem eigenen Besten zu regeln.

Auch Sie könnten sagen: »Mein Mann hat zwar immer über unsere finanziellen Verhältnisse gesprochen und versucht, mir Dinge zu erklären, aber ich habe mich nie wirklich dafür interessiert.« Oder: »Wir haben darüber gesprochen und entschieden, daß meine Interessen am besten durch einen Treuhänder gewahrt werden, dabei habe ich gerade herausgefunden, daß ich nur 3 % Zins bekomme.« Oder noch schlimmer: »Mir bleibt nur das Geld von der Versicherung; ich bin zu jung für eine Rente und zu alt, um eine anständige Arbeit zu finden.« Das sind nur einige der finanziellen Mißgeschicke, die Witwen widerfahren. Ich müßte ein ganzes Buch schreiben, wollte ich alle Probleme und vor allen Dingen die damit verbundenen Lösungen aufzeigen, und ich möchte mich deshalb auf einige allgemeine Ratschläge beschränken. Der erste stammt von einer Witwe, die mit Hilfe ihres Schwiegersohnes 50000 Dollar in den Sand gesetzt hat. »Befolgen Sie niemals den Ratschlag eines anderen, wenn Sie nicht ganz genau wissen, was Sie tun.«

Obwohl die leichtsinnige Witwe, die ihr ganzes Vermögen für Tanzunterricht ausgibt, oder die ungestüme Mutter, die ihr Versicherungsgeld zu gleichen Teilen an ihre Kinder verteilt und schließlich selbst ohne einen Pfennig dasteht, bereits zur Legende geworden sind, denken Witwen insgesamt an »Armsein«, wenn sie alleine zurückbleiben. Am Anfang geraten Witwen, ungeachtet ihres tatsächlichen Einkommens, im großen und ganzen in Panik, weil sie sich begrenzten finanziellen Mitteln gegenübersehen. Die durchschnittliche Witwe hat im Gegensatz zu den meisten jüngeren Frauen heutzutage keine Arbeit, mit der sie ihren Lebensstandard halten könnte, und wenn sie einer Arbeit nachgeht, ist diese in vielen Fällen nur schlecht bezahlt. Sie macht sich verständlicherweise Sorgen darum, daß sie ihre Ersparnisse aufbrauchen muß oder verlieren könnte. Wenn sie älter als 65 ist und neben ihrer Rente auch noch Ersparnisse hat, spricht man von »stillem« Kapital. Sogar wenn die Witwe über Haus- und Grundbesitz verfügt, wodurch sie natürlich finanziell abgesichert ist, und ihr Steuerberater ihr jede einzelne Null erklärt hat, wird sie unsicher bleiben und sich noch lange, nachdem die Erbschafts- und Steuerdinge geregelt sind, arm verhalten. Sie ist in Gelddingen unerfahren. Die Versuchung, den ganzen Krempel einfach einem Mann – Sohn, Bruder, Treuhänder oder Anlageberater – zu übertragen, ist traditionsgemäß sehr groß.

Ich rate Ihnen zu warten. Legen Sie Ihre Ersparnisse auf einem Konto bei einer sicheren Bank so lange an, bis Sie wenigstens die Grundlagen des Anlagengeschäftes verstehen und mit dem Fachvokabular vertraut sind, das bisher alles so rätselhaft und kompliziert erscheinen ließ. Wenn Sie auch danach zu der gleichen Meinung kommen, können Sie immer noch einen oder mehrere Männer oder Frauen beauftragen, sich um Ihr Geld zu kümmern; es ist dann Ihre bewußte Entscheidung, und Sie tun es nicht, weil Sie sich hilflos fühlen. Als erstes müssen Sie sich selbst davon überzeugen, daß Sie mit Geld umgehen können: »Ich bin kein Dummkopf, ich bin kein Dummkopf.« Sagen Sie es sich so lange, bis Sie es glauben.

Begehen Sie auf keinen Fall den Fehler, irgendwelche Entscheidungen zu treffen, während Sie immer noch unter Schock stehen; Rechnungen und Zahlen sind in diesem Stadium zu nebulös, und Ihr Selbstvertrauen ist sowieso auf dem Nullpunkt. Aber sobald Sie das Gefühl haben, sich konzentrieren zu können – vielleicht hilft es Ihnen sogar, Ihre Sorgen zeitweise zu vergessen –, sollten Sie zuerst alle Papiere und Akten zusammensuchen und sich dann einen genauen Überblick über Vermögen und Schulden verschaffen. Lassen Sie die Arzt- und Krankenhausrechnungen zunächst beiseite, bis Sie genau wissen, wieviel von der Krankenversicherung übernommen wird und innerhalb welcher Zeit Ihr Anteil zu begleichen ist. Astronomisch hohe Krankenhausrechnungen haben schon so manche Witwe völlig aus der Fassung gebracht, weil sie immer der Meinung war, Rechnungen müßten sofort und ohne Abzug beglichen werden.

Die Auflistung des vorhandenen Vermögens und der zu begleichenden Forderungen ist weit weniger schwierig, als viele Witwen annehmen. Lassen Sie sich von einem Familienmitglied oder Freund helfen, aber schieben Sie es nicht auf. Sie könnten ansonsten die ungeöffnete Post in die gute alte Schuhschachtel legen, Schecks ausstellen, obwohl Ihr Konto nicht gedeckt ist, oder mit Hilfe von Valium in die ewigen

Jagdgründe eingehen – das hat es alles schon gegeben; aber nichts ist so empfehlenswert wie ein wenig Wissen und Organisation. Wenn Sie Ihr eigener »Herr« sein wollen, müssen Sie Ihr Leben wieder ins Gleichgewicht bringen, und Sie fangen am besten mit den Zahlen an. Natürlich können Sie Ihre Tochter bitten, Ihnen einmal im Monat bei der Buchführung zu helfen, doch dann können Sie nicht mehr sagen: »Ich bin kein Dummkopf, ich bin kein Dummkopf.«

Ihr Vermögen besteht aus Einkommen, Bargeld, Ersparnissen, Aktien und Anlagen, Grundbesitz sowie Wertgegenständen. Bitten Sie Ihren Bankfilialleiter oder eine andere vertrauenswürdige Person, Ihnen bei der Schätzung zu helfen. Viele sind erstaunt darüber, wieviel die Dinge wert sind, und fühlen sich gleich viel sicherer, wenn sie sich darüber klarwerden, daß sich der Wert von Haus, Auto und möglichen Aktien im Verlauf der letzten zehn Jahre ständig erhöht hat.

Machen Sie sich anschließend eine Liste Ihrer Schulden (wobei Sie auf die großen Krankenhausrechnungen vorerst verzichten) und Ihrer laufenden Kosten. Durch eine einfache Subtraktion erfahren Sie zweierlei: zum einen, wieviel Sie wert sind, und zum zweiten das Verhältnis Ihrer Ausgaben zu Ihren Einnahmen. Aha! sagen Sie jetzt, darin besteht genau das Problem. Ich kann über das Erbe noch nicht verfügen, also weiß ich nicht genau, was ich habe. Oder Sie sagen: Ich besitze x DM und meine Rente; aber woher soll ich wissen, wie lange ich mit den x DM auskommen muß? Nicht einmal ein Computer schafft diese Rechnung, meinen Sie.

Was das Erbe anbetrifft, sollten Sie als erstes fragen, fragen und nochmals fragen und sich von Rechtsanwälten und anderen, die Sie immer wieder zu beruhigen versuchen, nicht einschüchtern lassen. Anwälte können die diversen Gelder verfügbar machen, auch wenn sich die Mühlen der Gerichte nur langsam drehen, aber sie verstehen nicht, daß die Witwe bis zum Jahr 2001 vorausplanen möchte. Sie sollten deshalb auf einer gründlichen Schätzung Ihres Vermögens bestehen; drängen Sie darauf, daß auch die Steuern und Gebühren geschätzt werden. Schreiben Sie sich alles auf. Nur in seltenen Fällen werden der Witwe diese Zahlen absichtlich vorenthalten. Es passiert sehr viel häufiger, daß die Witwe in ihrer anfänglichen Phase der Desorientierung das Gesagte nicht versteht. Später ist es ihr peinlich, um eine zweite Erklärung zu bitten, weil sie Angst davor hat, für gewinnsüchtig oder dumm gehalten zu werden. Trotzdem ist das immer noch besser, als ein ganzes Jahr damit zu verbringen, an den Fingernägeln zu kauen, an Armsein zu denken oder fünf Pfennig Trinkgeld zu geben.

Als nächstes müssen Sie sich überlegen, wie Sie Ihre Geldmittel gleichmäßig bis an Ihr Lebensende verteilen. Sie könnten die Formel einer Frau benutzen, die ihr Alter von hundert abzog, ihre Ersparnisse durch die Anzahl der verbleibenden Jahre teilte und sich somit den Betrag errechnete, der ihr jährlich zusätzlich zu ihrer Rente zur Verfügung stand. »Wer kann denn«, sagte sie, »wenn er die Hundert überschritten hat, noch Fleisch kauen?« Ich bin ziemlich sicher, daß hundert ein guter Schätzwert ist, wenn Sie sich entschließen, diesem Ansatz zu folgen.

Eine anerkanntere Methode besteht darin, daß Sie sich einen möglichst genauen Überblick über Ihre Lebenshaltungskosten verschaffen – jeder Mensch sollte sich diesen Überblick verschaffen –, damit Sie wissen, wieviel Geld Sie jeden Monat brauchen. Mit Hilfe dieser Rechnung können Sie erkennen, wieviel Geld Ihnen übrigbleibt, das Sie beispielsweise anlegen, d.h. investieren können. Investieren klingt möglicherweise großspurig, aber es kann alles vom Sparbuch bis zur Goldmine in Mexiko umfassen. Darüber reden wir später noch.

Sie sollten sich sobald als irgend möglich – damit Sie wieder ruhig schlafen können – anhand der Ausgaben des vergangenen Jahres einen Überblick über Ihre laufenden Kosten verschaffen, die sich zwar in diesem Jahr ändern werden, Ihnen aber mindestens einen Anhaltspunkt bieten. Wenn Sie nicht auf Unterlagen vom letzten Jahr zurückgreifen können, sollten Sie sich als erstes ein Buchführungsbuch, das es überall zu kaufen gibt, anschaffen und alle Ausgaben dort eintragen. Wohnung und Essen, und in besonderen Fällen Arztrechnungen, sind die Hauptausgaben, aber auch Kleidung, Freizeit und die Erhaltung Ihres gewohnten Lebensstandards im allgemeinen sind für Ihre geistige und seelische Gesundheit unerläßliche Faktoren.

Wenn Sie dann Ihre Ausgaben mit Ihren Einnahmen verglichen haben, können Sie solche Fragen wie »Kann ich mir mein Haus oder mein Auto weiterhin leisten?«, »Reicht meine Rente aus, oder muß ich mir eine Arbeit suchen oder meine Kinder oder den Staat um Hilfe bitten?« sehr viel leichter beantworten. Mindestens die Hälfte der Frauen, die sofort nach dem Tod ihres Mannes ihre Häuser verkauft haben und ihre gewohnte Umgebung verlassen oder ihre Lebensqualität irgendwie verschlechtert haben, haben ein Jahr später keine Ahnung mehr, warum sie so voreilig gehandelt haben. Es besteht kein Grund, ans Armsein zu denken, wenn Sie es nicht schwarz auf weiß vor sich liegen haben.

In jeglichen Geldangelegenheiten halte ich es für das Wichtigste, daß Sie über alles Buch führen, egal, ob es sich um Ihre Haushaltsplanung, Ihre Einkommenssteuer, Geldanlagen oder Rechnungen handelt. Fangen Sie damit an, daß Sie bei allen Schecks, die Sie ausstellen, genau festhalten, wann und wofür Sie sie ausgestellt haben. Natürlich heften Sie alle Kontoauszüge gewissenhaft ab, und zwar nachdem Sie hinter jedem Eintrag den genauen Zweck vermerkt haben, soweit die Bank dies nicht schon getan hat. Alle Ein- und Ausgaben laufen über dieses Konto. Sobald Sie Geld übrig haben, überweisen Sie es auf Ihr Sparbuch, wo Sie entsprechend höhere Zinsen bekommen. Voilà, da sind sie also, die Einnahmen und Ausgaben, die Aktiva und Passiva, um es in der Banksprache auszudrücken.

Doch auch bei Banken ist Vorsicht angebracht: das Bankgeschäft hat sich in den letzten Jahren verändert und ändert sich auch weiterhin. Obwohl sich die Banken bezüglich Zinsen und Leistungen bei Privatkunden nur geringfügig unterscheiden (der Zinssatz wird von der Bundesbank für alle Banken einheitlich festgelegt und kann sich von einem Tag auf den anderen ändern), ist es nicht ratsam, Ihre Entscheidung vom jeweiligen Zinssatz abhängig zu machen. Ich habe festgestellt, daß der Kundendienst der Bank, bei der mein Mann und ich unser Konto hatten, eine weitaus größere Rolle spielt. Vielleicht sind Sie der gleichen Meinung. Es war mir das halbe Prozent Zins wert, denn auf der anderen Seite hat die Bank den Scheck, den ich für das Finanzamt ausgestellt habe, eingelöst, obwohl ich damit ein Konto belastet habe, das nicht gedeckt war. Es war überaus beruhigend, als der Bankangestellte sagte: »Es passiert jedem einmal.« Banken sind zu ihren besonderen Kunden immer zuvorkommend, und ein besonderer Kunde zu sein heißt nicht, daß man eine Million Mark auf dem Konto haben muß; es reicht aus, wenn man seinerseits den Bankangestellten freundlich und höflich begegnet. Mein Rat lautet: Lassen Sie die Maschinen und Automaten links liegen, und sprechen Sie statt dessen mit den Bankangestellten. Mir gefällt die Geschichte einer Frau, die im Begriff war, sich nach einer Bank umzusehen, in der es einen »persönlichen Ansprechpartner« gab, so wie sie ihn in ihrer alten Bank gehabt hatte, bevor sie in ein anderes Bundesland umgezogen war. Irgendwann wurde sie von einem Bankangestellten gefragt, was sie denn genau suche. Sie antwortete: »Eine Person mit einem Schreibtisch und einem Stuhl für mich, wo ich mich hinsetzen und eine Frage stellen kann, wenn ich etwas zu fragen habe.« Wie Sie sich unschwer vorstellen können, dauerte es gar nicht lange, und sie hatte ihren persönlichen Ansprechpartner.

Zurück zur Buchhaltung. Sollten Ihre Einkünfte und Ausgaben etwas komplizierter sein – und wer fühlt sich hier nicht angesprochen –, empfiehlt es sich, daß Sie jeden Monat abrechnen, und zwar nach Einnahmen und Ausgaben, die in verschiedene Kategorien unterteilt werden. Diese Buchführung verschafft nicht nur Ihnen den nötigen Überblick, sondern Sie sammeln die Informationen sozusagen monatlich für den Steuerberater. Viele tragen ihre Einnahmen mit einem roten Stift ein; das hat den Vorteil, daß sie auch in der Eile und ohne Brille sehen können, wie flüssig sie sind.

Egal, welches System Sie benutzen, das Wichtigste ist die Einfachheit. Ich kann Ihnen sagen, daß manche Witwen auf so komplizierte Systeme verfallen, daß selbst ihr Steuerberater Schwierigkeiten hätte, ihnen zu folgen. Es gibt ein Gesetz, das besagt, daß Papiere um so häufiger verschwinden, je häufiger sie in die Hand genommen werden; ähnliches gilt für Zahlen; sie verändern sich um so mehr, je häufiger sie abgeschrieben werden. Man sollte es sich merken, dieses Gesetz. Zusätzlich zu Ihrem Hauptordner sind zwei Ordner, der eine für unbezahlte und der andere für bezahlte Rechnungen, völlig ausreichend. Machen Sie es sich zur Gewohnheit, alle Rechnungen einmal pro Monat (höchstens zweimal monatlich) zu begleichen. Auch hier hilft Ihnen die Bank, indem Sie den oder die von Ihnen eingerichteten Daueraufträge pünktlich ausführt. Wichtig ist hier, daß Sie den Überblick über Ihre eingerichteten Daueraufträge behalten.

Zum Thema Kredit und Kreditkarten sollten Sie sich nicht von Leuten ins Bockshorn jagen lassen, die Ihnen einreden wollen, Sie müßten den Empfang der Kreditkarte sofort durch einen Einkauf bestätigen. Unsinn! Wenn Sie nicht gerade ein Haus kaufen wollen, reicht normalerweise Ihr Dispositionskredit aus. Sie werden feststellen, daß jeder Kredit davon abhängt, ob Sie bezahlen können. Per Gesetz wurden diskriminierende Einstellungen geändert, und Frauen können heute ebenso wie Männer Kreditkartenbesitzer sein. Wenn Ihr Mann zu Lebzeiten der Besitzer der Hauptkarte war, genügt jetzt vielleicht schon ein Telefonanruf, um die Hauptkarte auf Sie umzuschreiben – das hängt ganz von den Vorschriften der Kreditkartengesellschaft ab –, oder aber Sie gehen zu Ihrer Bank, wenn Sie die Karte ursprünglich dort beantragt haben. Es kann allerdings auch sein, daß Sie die Karte ganz neu beantragen müssen; in diesem Fall sollten Sie sich nach den günstigsten Bedingungen umsehen.

Niemand braucht Ihnen zu sagen, daß Sie nur das kaufen sollen, was Sie sich auch leisten können. Kredite können sehr verführerisch sein; bevor Sie sich in eine lange finanzielle Abhängigkeit begeben, sollten Sie genauestens zwischen Folgekosten für Kredit und Bargeld abwägen. Ein impulsiver Gedanke ist mit Hilfe eines simplen Rechenvorgangs schon oft wieder ad acta gelegt worden. Wenn die Kosten für den Kredit die Zinsen, die Sie für Ihr angelegtes Geld bekommen, bei weitem übersteigen, sollten Sie, vorausgesetzt, Sie haben die nötigen Mittel, auf jeden Fall bar bezahlen.

Wenden wir uns wieder dem Umgang mit Geld zu: den Investitionen, den Sicherheiten und all den anderen rätselhaften Wörtern. Ihr »Kapital« besteht aus Bargeld und Vermögen, nach Abzug Ihrer monatlichen Ausgaben. Dieses Geld sollten Sie anlegen, denn wenn Sie es zu Hause in der Zuckerdose aufbewahren, können Sie niemals mit der Inflationsrate mithalten. Ihr Geld wird immer weniger Wert haben; aber Sie wollen, daß mehr daraus wird. Die meisten Witwen erhalten aus ihrem Kapitalvermögen Zinsen. Das heißt, daß sie ihre Ersparnisse auf die verschiedensten Arten anlegen, beispielsweise in Form von Sparguthaben, Anleihen, Pfandbriefen, Obligationen etc. Lassen Sie sich hier von Ihrer Bank beraten. Durch Aktien- und Spekulationsgeschäfte können Sie natürlich sehr viel schneller sehr viel mehr Geld verdienen, aber Sie können auch sehr viel schneller sehr viel mehr Geld *verlieren*. Ihre beste Strategie ist keine Strategie, wenn Ihr Vermögen nicht wenigstens 50000 Dollar oder 100000 DM beträgt.

Selbst wenn Ihre Ersparnisse den eben genannten Betrag übersteigen, müssen noch andere Faktoren berücksichtigt werden. Eine junge Witwe kann beispielsweise ein größeres Risiko eingehen, da sie ihre möglichen Verluste durch ihr Gehalt abdecken kann, während die Witwe, die die 65 bereits überschritten hat, den Verlust nicht ausgleichen könnte; desgleichen kann eine Mutter mit minderjährigen Kindern weniger Risiken eingehen als jemand, der nur für sich selbst die Verantwortung trägt usw. Natürlich müssen Sie an sich selbst denken und daran, mit wieviel oder wie wenig Sie auskommen können, und Sie sollten sich diese Frage möglichst bald beantworten.

Ich möchte an dieser Stelle von zwei Witwen berichten: Elaine erhöht die Hypothek auf ihr beinahe abbezahltes Haus und investiert dieses Geld sowie das Geld aus der Lebensversicherung ihres Mannes in teure, gewinnträchtige Aktien. Sie rechnet damit, daß sie mit dem Gewinn ihre Hypotheken zurückbezahlen kann und insgesamt mit einem besseren Ertrag als bei der Bank. Aufs Spiel setzt sie ihr Haus und ihre Ersparnisse in der Hoffnung auf ein höheres Einkommen und einen Kapitalgewinn. Die andere Witwe, Helen, zahlt mit einem Teil des Versicherungsgeldes ihre Hypothek zurück und ist erleichtert, daß auf ihrem Haus keine Schulden mehr lasten. Den anderen Teil legt sie als Sparguthaben bei der Bank an. Sie erreicht das, was ihr am wichtigsten ist – ein ruhiges Gewissen – und verliert dabei eine Reise nach Paris. Dies ist, in einfachen Worten, die Geschichte vom Investieren. Auf der einen Seite die »reich« denkende Witwe und auf der anderen die »arm« denkende Witwe; beide sind im Recht, keine hat unrecht. Es kommt nur darauf an, womit Sie leben – und gut schlafen können.

Als Faustregel würde ich folgendes aufstellen: Breiten Sie Ihre Geldflügel nur dann aus, wenn Sie über eine sechsstellige Bargeldsumme verfügen. Wenn Sie in der glücklichen Lage sind, 100000 Dollar zu besitzen, ist es verständlich, wenn Sie sich nach allen Möglichkeiten, die sich Ihnen bieten, erkundigen wollen. Während Sie sich erkundigen, unternehmen Sie am besten gar nichts weiter. Sehen Sie sich weder nach einem Anlageberater noch nach einem Börsenmakler um, außer in dem Fall, daß Sie sich bereits in dem Geschäft auskennen, sozusagen ein alter Hase sind. Nur wenn Sie eine Aktie von einem Genußschein unterscheiden und die Börsenkurse lesen können und nur wenn Sie genau wissen, ob Sie Dividenden oder Tantiemen vorziehen, können Sie anfangen, sich nach dem für Sie richtigen Börsenmakler oder Anlageberater umzusehen. Ich sage das deshalb, weil nur allzuoft gutgläubige Witwen sämtliche finanziellen Angelegenheiten dem erstbesten Menschen, der sie durch sein Wissen beeindruckt, übertragen, weil sie selbst vor einem scheinbar unüberwindbaren Berg von Fakten und unmöglichen Entscheidungen stehen; es ist die alte Angst vor der Mathematik, nur eine Stufe höher. Sie können ebenso wie jeder andere zuhören und unterscheiden, wenn Sie wissen, wovon Sie reden.

Um genau zu sein, kauft der Börsenmakler Aktien und Anleihen und berechnet dafür eine Gebühr, während der Anlageberater nur berät, aber für seine Dienstleistung ebenfalls eine Gebühr berechnet. Manchmal überlagern sich die Bereiche der beiden, so daß es auf jeden Fall empfehlenswert ist, sich vorher genau zu informieren. Obwohl in den Vereinigten Staaten Anlagefirmen kostenlose Seminare veranstalten, wollen auch sie natürlich ihre Dienstleistungen an den Mann bzw. die Frau bringen, und wenn diese durch kostenlose Abendessen und Champagner schmackhaft gemacht werden, trüben sie möglicherweise gleichzeitig Ihr Urteilsvermögen. Wenn Sie an einem solchen Seminar teilnehmen, sollten Sie Scheckbuch und Scheckkarte auf jeden Fall zu Hause lassen und jede Entscheidung noch einmal überschlafen. Sie können entweder an mehreren und unterschiedlichen Anlageseminaren teilnehmen, um sich einen umfassenden Überblick über die möglichen Arten der Geldanlage zu verschaffen, oder Sie belegen einen Kurs, in dem Sie lernen, wie Sie Ihr Geld am besten anlegen. Ich könnte mir vorstellen, daß jede Volkshochschule solche Kurse anbietet. Es gibt außerdem zahlreiche ausgezeichnete Bücher zu diesem Thema – Sie sollten sich wenigstens eines davon zulegen –, und für das Buch spricht, daß Sie es immer und immer wieder lesen können.

Innerhalb der letzten zehn Jahre haben Anlagefirmen erkannt, daß die heutige Witwe gebildeter ist als die Witwe in früheren Zeiten und daß sie über einen erheblichen Teil des Anlagekapitals verfügt. Um diesen Markt zu erschließen, beschäftigen diese Firmen immer mehr weibliche Börsenmakler und sonstige Angestellte. Auch wenn Sie möglicherweise lieber mit einer Frau zusammenarbeiten, sollten Sie sich davor hüten, sich vom Geschlecht Ihres Gegenübers beeinflussen zu lassen. Ich würde sogar so weit gehen zu sagen, daß man niemals Vermutungen über irgendeinen Menschen anstellen sollte, der versucht, einem etwas zu verkaufen. Ein Börsenmakler verkauft; jeder, der Ihnen seine Dienste in Rechnung stellt – Berater, Bank oder Wirtschaftszeitschrift –, verkauft ein Produkt. Ratschläge, Charisma oder Bestätigung besitzen keinen Wiederverkaufswert. Prüfen Sie das Produkt genau. Viele Menschen machen sich die Dienste verschiedener Börsenmakler und Anlagefirmen zunutze, um gegebenenfalls Empfehlungen und Nachforschungsergebnisse vergleichen zu können. Wenn Ihnen irgend jemand den doppelten Zinssatz, eine hundertprozentige Wertsteigerung oder eine außergewöhnlich hohe Dividende verspricht, sollten Sie auf der Hut sein. Rufen Sie sich immer wieder das Gesetz der hohen Finanz ins Gedächtnis zurück: Nichts ist umsonst. Wenn Sie über all die Witwen nachdenken, die ihr Geld durch schlechte Berater und Börsenmakler, die über die gesamten Mittel verfügen konnten, verloren haben, denken Sie an das zweite alte Gesetz: Setze nie dein ganzes Geld auf ein einziges Pferd.

Bisher haben wir Versicherungsgesellschaften als Anlagemöglichkeit ausgespart; oftmals kommen sie als erste auf Sie zu und bieten ihre Dienste an. Versicherungsgesellschaften offerieren der durch die abgeschlossene Versicherung begünstigten Witwe mehrere Möglichkeiten und konfrontieren sie dadurch mit ihrem ersten Dilemma. Sie werden gefragt, ob Sie es vorziehen, sich die Versicherungssumme auf einmal oder in jährlichen Raten auszahlen zu lassen, ob Sie eine Lebensversicherung für sich selbst oder Ihre Kinder abschließen wollen usw. Eine Möglichkeit wird fast immer außer acht gelassen. Die Witwe kann, wenn sie will, die Versicherungsgesellschaft bitten, das Geld zinsbringend anzulegen, bis sie sich entschieden hat. Ich glaube, daß dies besonders für junge Witwen eine Hilfe ist. Jede Möglichkeit sollte sorgfältig geprüft und mit anderen Anlagemöglichkeiten auf dem Markt verglichen werden; es kann nicht schaden, wenn Sie einen Freund oder eine Freundin, die sich in diesen Dingen auskennen, um Rat bitten. Viele Witwen schließen Versicherungen ab, die sie gar nicht brauchen, und treffen Entscheidungen, die sie noch gar nicht treffen müßten.

Wenn Sie sich entschließen, auch der steuerlichen Verantwortung nicht mehr länger aus dem Weg zu gehen, ist hier möglicherweise wiederum der Gedanke daran schlimmer als die Wirklichkeit. Als Witwe haben Sie höchstwahrscheinlich ein niedrigeres Einkommen und sind gezwungen, Ihren Lebensstil den veränderten Verhältnissen anzupassen. Sie werden feststellen, daß es mehrere Möglichkeiten gibt, die Situation zu handhaben, wobei keine der Möglichkeiten Sie zwingt, an Armut zu denken. Wenn Sie allerdings feststellen, daß sich Ihr Einkommen im Gegenteil erhöht hat, müssen Sie mehr Möglichkeiten prüfen und noch mehr Entscheidungen fällen. In beiden Fällen kann Ihnen nur Ihre eigene Unwissenheit schaden.

Versuchen Sie sich nicht durch das, was Ihr Mann gesagt oder getan hätte, hindern oder hemmen zu lassen. Die Welt ändert sich schnell, und Sie sind diejenige, die darin lebt. Ich kann mir gut vorstellen, daß es Zeiten gibt, in denen Sie sich nichts sehnlicher wünschen, als daß die Gesellschaft wieder zum einfachen Tauschhandel mit Glasperlen zurückkehren würde, aber wenn Sie erst einmal angefangen haben zu lernen, wie Sie mit Ihrem Geld umgehen müssen, werden Sie das Ganze nur als weitere Herausforderung betrachten.

Ist das die fröhliche Weihnachtszeit?

Feiertage sind der große Test. Es sind zweischneidige Tage: auf der einen Seite möchte man mit den anderen fröhlich sein und feiern, und gleichzeitig würde man am liebsten die Bettdecke über den Kopf ziehen, bis alles vorbei ist. Ganz besonders die frisch verwitwete Frau möchte die Feiertage von Anfang Dezember bis Neujahr am liebsten aus dem Kalender streichen.

»Laden Sie auch zu diesem Weihnachtsfest einen einsamen Menschen ein« heißt es so schön. Die Medien verkünden es, der Pfarrer predigt es von der Kanzel, der Rotary Club schreibt es vor jedem Fest in seinen Mitgliedsbrief. Diese Worte sorgen dafür, daß jede Frau, die gerade Witwe geworden ist, zu einem Bild des Jammers wird. Die ganzen festtäglichen wohlgemeinten Gesten der guten Menschen, die nach Bedürftigen suchen, die sie mit ihrer Nächstenliebe überschütten können, spenden kaum Trost für die Witwe. Sie würde während der Feiertage viel lieber neben ihrem Mann sitzen und nach *ihrem* bedürftigen Menschen Ausschau halten.

Nichts funktioniert, und alles verletzt. Sie fühlt sich einsam, auch wenn sie mit befreundeten Ehepaaren Weihnachten feiert. Es tut zwar gut, sich im Kreis fröhlicher Menschen aufzuhalten, aber selbst im Schoße der Familie fühlt sie sich verlassen.

Auch das Feiern im Kreis der eigenen Familie im eigenen Haus hat seine Nachteile. Die Kinder, die sich um Mutters erstes Weihnachtsfest ohne Vater sorgen, kommen alle zusammen, wie sie es immer getan haben, damit Mutter sich nicht einsam fühlt. Einsam ist sie dabei bestimmt nicht. Sie ist zu sehr damit beschäftigt, das Haus auf Hochglanz zu bringen, zusammenklappbare Kinderbettchen zu besorgen, Lebensmittel und Geschenke einzukaufen und zu üben, wie man nicht weint. Die Enkel rennen in ihren Festtagskleidchen unablässig im Kreis durchs ganze Haus. Man hat ihnen sorgfältig eingetrichtert, nicht nach Großvater zu fragen. Irgendwann werden entweder alle Kinder gemeinsam, wie geplant, oder aber jedes einzeln die Mutter beiseite nehmen und ihr raten, das Haus zu verkaufen, es nicht zu verkaufen, eine Urlaubsreise zu machen, nach Florida zu ziehen, oder sie bitten: »Komm, zieh zu uns; die Kinder brauchen dich; Brenda geht demnächst wieder arbeiten.« Schließlich verabschieden sich alle, und Mutter weint, wenn sie gehen, aber sie ist viel weniger einsam als – wie war doch gleich das Wort? – *erschöpft!*

Vielleicht ist Mutter während der Feiertage auch bei einem der Kinder eingeladen. Auch hier bemüht sie sich, nicht zu weinen, und gleichzeitig, sich in nichts einzumischen. Alle sind besorgt und liebevoll: »Ich weiß, ich sollte dankbar sein, daß ich eine so wunderbare Familie habe«, sagt sie sich. Die Wahrheit ist, daß die Reise schrecklich war, das Flugzeug mit mehreren Stunden Verspätung ankam und sie jetzt, zwei Wochen später, sehr viel mehr unter Billys Erkältung leidet als dieser selbst. Jeder hat sein Bestes versucht, aber keiner war wirklich froh.

Auch wenn Ihre Feiertagsgeschichte sich von der eben erzählten unterscheidet, haben die meisten Ähnliches bereits erlebt oder erleben es jetzt. In den ersten Jahren der Witwenschaft ist das Bedürfnis besonders groß, vergangene Bräuche und Gewohnheiten wiederaufleben zu lassen und sie fortzusetzen. Wir waren immer der Meinung, die meisten einsamen Menschen begingen Selbstmord in der Weihnachtszeit, doch die Statistik widerlegt diese Annahme. In Wahrheit wursteln sich die meisten von uns viel besser durch, als wir angenommen haben.

Eine fröhliche Feiertagsstimmung ist dieses Jahr nicht Ihre Sache. Es ist auch nichts dagegen vorzubringen, daß Sie weder begeistert noch dankbar dafür sind, die Festtagsgewohnheiten anderer Menschen zu teilen (auch wenn es die Ihrer Kinder sind). Es ist einfach so, daß wir keine Lust haben, Teil der Gewohnheiten anderer Menschen zu sein. Wenn wir auf unsere eigenen verzichten müssen, wollen wir gar nicht erst feiern. Vergießen Sie ein paar Tränen, und geben Sie sich ein Weilchen dem Selbstmitleid hin, aber denken Sie daran, daß die Weihnachtszeit die Zeit der schönen Erinnerungen ist und die Zeit, in der alte Türen leise geschlossen und vor uns liegende geöffnet werden.

Machen Sie es so, wie es für Sie am besten ist. Sagen Sie nein, wenn Ihnen danach zumute ist. Sagen Sie ja, wenn Ihnen danach zumute ist. Laden Sie Freunde in Ihr Haus ein, wenn Sie möchten, oder werden Sie aus vollstem Herzen zornig, weil Sie das nicht haben können, was Sie sich am meisten wünschen. Auch wenn es jetzt noch unmöglich erscheint, kann ich Ihnen versichern, daß Sie im Laufe der Zeit eine andere Rolle im Festtagsgeschehen spielen werden.

Brief an Martin: Ein Tagebucheintrag

Lieber Martin,

Loslassen. Dieses Wort habe ich heute zum ersten Mal gebraucht, als ich mit einer Frau sprach, der es sehr schwerfällt, mit ihrer Scheidung klarzukommen, und das Wort ging mir den ganzen Tag nicht mehr aus dem Sinn, wie an anderen Tagen eine Melodie. Ich glaube, daß ich das gleiche durchmache.

Es fing vor nicht allzu langer Zeit an, als das Baby geboren wurde. Er heißt Peter Martin, und als ich ihn zum ersten Mal sah, habe ich ihn mir ganz genau angeschaut, weil ich nach Spuren von Dir gesucht habe. Ah, genau, Deine Hände, Deine große Zehe, hat er nicht auch Dein Kinn? Aber er ist ja nur ein kleines Neugeborenes, und wer weiß? Wenn er etwas von Dir erbt, dann soll er sein wie Du – er soll ein eigenständiger Mensch werden.

Ich war in Kalifornien, als er geboren wurde. Paul kam spät aus dem Krankenhaus zurück und floß fast über vor Freude, weil er Teil dieses Wunders geworden war; er konnte nicht genug berichten, wie wunderbar Marcia gewesen war und wie bemerkenswert dieses Kind sei, das sich einfach nur ruhig umgesehen und das Zimmer selbstsicher abgeschätzt habe – ein kleiner Beobachter.

Obwohl es spät war, konnte ich noch nicht einschlafen – Pauls Aufregung hing in der Luft –, und während ich so im Bett lag, wartete ich auf die Traurigkeit, die ich als Deine Abwesenheit zu erkennen glaubte. Doch statt dessen wurde mir warm, und ich war froh, am Leben zu sein, und freute mich darauf, unser Baby im Arm zu halten. Und ganz plötzlich wußte ich, was nicht stimmte: Ich trauerte für *Dich und um das, was Du versäumen würdest.* Ich war glücklich – einseitig, wie man sagt – für mich selbst.

Ich glaube, ich fange allmählich an, Dir auf Wiedersehen zu sagen, obwohl ich es nie für möglich gehalten hätte. Vor einer Woche, als ich meine Ernennung als Mitglied einer Landeskommission erhielt, hatte ich noch einmal das Gefühl, Dich zurückzulassen. In meiner ersten Eingebung wollte ich in Dein Büro eilen und sagen: »Nimm deinen Hut, wir müssen feiern.« Ich habe nicht gefeiert, sondern war traurig für Dich; Du hast keine Gelegenheit, zu feiern und eine gute Flasche Wein zu trinken, ungenutzt verstreichen lassen.

Als ich mir heute abend die lokalen Nachrichten ansah und der Kommunalpolitiker, den Du am wenigsten leiden konntest, ins Fettnäpfchen getreten ist, habe ich laut gelacht und ganz laut gesagt – ich nehme an, zum Hund –: »Das hätte Martin gefallen.«

Und jetzt habe ich auf einmal ohne Grund angefangen – aber natürlich, es ist die geschiedene Frau, deren Mann sie hat sitzenlassen – nachzudenken. Was wäre gewesen, wenn ich gestorben wäre – was würdest Du jetzt machen? Ich wette, Du würdest eine große Brünette zum Essen ausführen. Natürlich dürfte sie nicht zu jung sein; Du hast immer reife, intelligente und stilvolle Frauen gemocht; das Telefon würde sich zu Tode klingeln. All die Frauen, die immer so niedergeschlagen aussahen, wenn Du mich auf Parties mit »Das ist meine Frau« vorgestellt hast, würden Dich jetzt anrufen.

Was sonst noch? Vielleicht wärst Du auf einem Segelboot davongesegelt, wie Du es immer vorgehabt hast, oder würdest Jura studieren – noch einer dieser unerfüllten Träume – oder Gedichte schreiben. (Wie denkst Du darüber, daß Du Dein bestes Sonett im Bad geschrieben hast?) Es ist schwer zu sagen; wenn ich tot wäre und Du lebendig wärst, wärst Du ein anderer Mensch. Und genau das, mein Liebster, ist mir heute den ganzen Tag lang im Kopf herumgegangen. *Ich* verwandle mich langsam in einen anderen Menschen – loslassen.

Ein Zitat aus einem Stück von Cyrano de Bergerac kommt mir in den Sinn. Mein Gott, wie Du dieses Stück geliebt hast. Du hast es mir bestimmt mindestens hundertmal vorgelesen – jede einzelne Rolle; ich mußte mich immer mit Dir anlegen, damit ich die dumme Roxanne spielen durfte. War es die große Frustration Deines Lebens, daß Du nie den Cyrano gespielt hast? Ich habe ein Bild von Dir, mit Perücke und Schnurrbart, als Graf de Guiche, als unsere Laiengruppe das Stück kurz vor Deinem Tod aufgeführt hat. Du wurdest im ersten Akt ermordet. Ich möchte Deine Gefühle nicht verletzen, aber Du hast die Rolle bekommen, weil Du verrückt genug warst, der erste Vorsitzende der Laiengruppe zu werden, als sie noch kein Geld, keine Bühne, kein Publikum, sondern nur Schauspieler besaß. Erinnerst Du Dich an die erste Zeile im langen Monolog von Cyrano, mit dem er seine Lebensphilosophie zusammenfaßt: Er wird sich niemals einem Menschen unterwerfen noch Zugeständnisse machen – Sandy hat diese Zeile bei Deiner Beerdigung vorgelesen –, und ich höre Deine Stimme: »Manchen genügt ein einziges Sonett für das ganze Leben. Mir aber nicht.«

Nein, Dir hat es nicht genügt. Und mir, mein Lieber, genügt es auch nicht.

In Liebe
ich

Teil 3

Aus dem Witwensein in das erfüllte Menschsein

Die folgenden Seiten sollen Ihnen zu einem besseren Verständnis in bezug auf das Alleinsein verhelfen. Sie besitzen, wie Sie vielleicht schon vermuten, die Fähigkeit zur Veränderung, aber manchmal passiert es, daß Frauen vergessen, daß sie das *Recht* zur Veränderung haben. Dabei ist es Ihr Recht, weil Sie leben.

Möglicherweise denken Sie darüber nach, wie Sie Ihr Leben einrichten wollen: ob Sie neue Menschen in Ihr Leben integrieren sollten; ob Sie möglicherweise wieder heiraten wollen. Oder vielleicht erforschen Sie gar Ihre eigenen inneren Grenzen und finden es spannend, neue Erfahrungen zu machen – noch ganz vorsichtig und mit einigem Herzklopfen. Vielleicht sehen Sie sich eines Tages um die Ecke biegen und erkennen sich selbst kaum wieder und fragen: »Bin das wirklich ich?« Vielleicht nicht, denn Sie werden nie wieder die gleiche sein; nicht wenn Sie den Schritt aus dem Witwensein in das Alleinsein getan haben.

Wenn Sie erst einmal soweit sind, wissen Sie, daß Sie, während Sie Ihr Leben neu gestalten, ein klein wenig mehr neugierig und ein bißchen weniger traurig darüber sind, daß Sie nicht genau wissen, wer Sie sind. Aber auch wenn Sie nicht genau wissen, wer Sie sind, ist eines ganz sicher: Sie sind ein

Mensch, der sich verändert. Als alleinstehende Frau führen Sie ein anderes Leben; es kann sowohl aufregend als auch befriedigend oder glücklich sein. Sie wissen bereits, daß Sie in mehr als eine Richtung gehen und viele Wege wählen können, um Sie selbst zu werden. Der Unterschied besteht nur darin, daß Sie allein die volle Verantwortung tragen. Das ist wahrlich eine neue Art von »allein«, oder nicht?

Wir alle ermutigen Sie und spornen Sie an und erinnern Sie, auch wenn Sie straucheln und müde werden, daran, daß Frausein – mit und ohne Mann – ein unzerstörbarer menschlicher Zustand ist.

Loslassen

In der Bibel steht, daß keinem alleinstehenden Tier der Zutritt zur Arche Noahs gestattet war; nur Paare wurden aufgenommen. Es hat ihn schon immer gegeben, und es gibt ihn auch heute noch, den Makel, der mit dem Alleinsein verbunden ist. Wenn Sie im Wörterbuch nachschlagen, finden Sie *Fräulein, alte Jungfer, Junggesellin, spätes Mädchen, unverheiratet, ledig*: alles herabsetzend und auf einen Mangel bzw. Makel hindeutend. Die Witwe fühlt sich also nicht nur aus Selbstmitleid und Paranoia als Einzelgängerin; es gibt nichts daran zu rütteln, daß die Hälfte eines Paares kein Paar ausmacht, sondern eben nur 50% eines Paares. Wir leben in einer Welt der Paare, und keiner, der das paarweise Leben auch nur zeitweise als befriedigend erlebt hat, kann sich in ein nicht paarweises Leben hineinversetzen.

Wir können versuchen uns vorzustellen, wie es wäre, das Leben alleine zu leben, wie es die meisten von uns hin und wieder tun, und mit der soeben Witwe gewordenen Frau ehrlich mitfühlen, wie dies die meisten von uns in der Vergangenheit ebenfalls getan haben, aber wir sind nicht vorbereitet auf die kleinen, verletzenden Momente: das Betreten eines leeren Hauses und die Erkenntnis, daß es möglicherweise immer leer bleiben wird. Wir sind nicht vorbereitet auf das

Schweigen unserer Stimme und das erste kratzige »Guten Morgen«, mit dem wir den ersten Anrufer begrüßen. Noch vernichtender sind jedoch die sozialen Unterschiede, die uns mehr und mehr bewußt werden, wenn wir uns wieder ins Leben wagen.

Es ist ganz sicher niederschmetternd, wenn wir den ersten mutigen Schritt als Single auf großen, unpersönlichen Cocktailparties, Zusammenkünften der Kirchengemeinde, Urlaubsfesten oder bei anderer Gelegenheit tun, wo Menschen scheinbar nur paarweise auftreten. Natürlich sind wir nicht allein, wir halten uns ja an einem Glas fest und klammern uns daran, als ginge es um unser Leben. Wir benehmen uns wie richtige Menschen, dabei sind wir uns der Straffheit dieser Bitte-immer-schön-lächeln-Maske auf unserem Gesicht eigentümlich bewußt. Ab und zu treffen wir Bekannte, die uns versichern, wie gut wir doch aussehen, und weil eine angemessene Trauerzeit (drei Monate) bereits verstrichen ist, erwähnt nicht ein einziger *seinen* Namen. Sie können sich nicht mehr einfach zu Ihrem besten Freund umdrehen und sagen: »Komm, laß uns hier verschwinden«, und über Susis falsch aufgeklebte Wimpern oder Joes schiefsitzendes Toupet lachen. Sie kommen allein, und Sie gehen allein, ganz gleich, wie viele Menschen zusammengekommen sind.

Anfänglich versuchen wir der Welt tapfer ins Auge zu sehen, und das heißt auch, daß wir tapfer versuchen, unser altes Leben weiterzuleben. Aber es funktioniert nicht. Nach einer gewissen Zeit weiß die erfahrene Witwe, was ihr wo blüht, und vermeidet deshalb Situationen, die sie traurig stimmen, sofern nicht ausgleichende Vorteile dafür geboten werden – wunderbares Essen oder interessante Gesprächspartner –, die es lohnend machen. Sie lernt außerdem, ohne daß es ihr irgend jemand beigebracht hätte, wie man einen Raum betritt und wieder verläßt, und sie lernt, was noch schwieriger ist, wie sie um Hilfe bitten muß, ohne ihr empfindliches Gleichgewicht aus Unabhängigkeit und Abhängigkeit zu stören. Wir werden geplagt vom Image der lästigen alten Dame, die ständig an unserem Rockzipfel hängt; doch auch die Starken unter uns, die über Erfahrung verfügen, erkennen ihre eigenen persönlichen Begrenzungen.

Ich muß dabei an einen schrecklichen Abend zurückdenken, an dem ich an einer Wohltätigkeitsveranstaltung zugunsten des städtischen Theaters teilnahm, die wir, mein Mann und ich, immer gemeinsam besucht hatten, weil mein Mann einer der Gründer dieser Organisation gewesen war. »Mach weiter«, sagte ich zu mir selbst. »Augen zu und durch«, lautete der Rat einer anderen Witwe. Da war ich also nun – in Schale und allein. Bedauerlicherweise hatte mir niemand davon Mitteilung gemacht, daß der Abend u.a. meinem Mann gewidmet sein sollte – und ich war darauf ungefähr genausosehr vorbereitet, wie meine siamesische Katze darauf vorbereitet war, sieben Junge zu werfen. Ein bewegendes Ereignis, aber was kommt dann? Ich hatte genügend geübt, um den restlichen Abend mit erhobenem Kopf und gesenkten Augen durchzustehen, aber nicht, um mit der Welle des Selbstmitleids fertig zu werden, die mich überschwemmte. Allein inmitten von Freunden (waren sie das wirklich?) und mit dem Gerippe des tränengetränkten Huhns als einzigem Kamerad, überlegte ich mir, wie ich einen Abgang schaffen sollte, ohne das allergrößte Mitleid für die arme Frau zu erregen – die einzige alleinstehende Frau auf der Welt –, wenn sie sich ganz allein in die Nacht hinauswagt. Ich haßte sie alle, jeden einzelnen Teil eines jeden Paares.

Heute wäre ich klüger und würde deshalb entweder mit befreundeten Ehepaaren oder einer meiner alleinstehenden Freundinnen hingehen. Wie wir alle wissen, sind erst zwei ein Paar. Ich kenne eine Frau, auf deren Einladung zu einer formellen Hochzeitstagsfeier »... und Partner« stand; sie nahm eine Freundin mit und fand die unterschiedlichen Reaktionen sehr amüsant.

Die Dinnerparties der alten befreundeten Ehepaare sind gleichfalls deprimierend. Eine Zeitlang haben meine Freunde und ich diese alte Sitte weiterleben lassen. Jeder tut sein Möglichstes, um die Witwe mit einzubeziehen, und die Witwe wiederum versucht sich zu revanchieren, indem sie sich zusammennimmt. Von einigen kleinen Ausnahmen abgesehen, leidet der Abend jedoch unter einem Übermaß an Nettigkeit, zu viel Lächeln, zu viel Hilfsbereitschaft und erzwungener Anteilnahme. Nach gewisser Zeit allerdings, man könnte fast sagen in gegenseitigem Einvernehmen, und nachdem jeder der Witwe versichert hat, daß sie immer ein Teil der alten Clique, des alten Clubs, der alten Diskussionsrunde, der alten Tanzgruppe, des alten unzertrennlichen Sechserteams bleiben wird, schließen sich die Lücken, und die Gesichter werden ersetzt. Die Witwe wird von der alten Gruppe vielleicht deshalb fallengelassen, weil sie eine sexuelle Bedrohung darstellt oder das jeden erwartende Ende personifiziert, wie man so schön sagt, aber die meisten Witwen erklären, ihre alten verheirateten Freunde seien einfach – ja – ein bißchen langweilig geworden. Die Frauen geben sich in der Regel irgendwelchem Weibergeschwätz hin, was die Witwe gegenwärtig überhaupt nicht mehr interessiert, und die Männer sitzen in der anderen Ecke des Zimmers und führen ihre Männergespräche; beide Alternativen sind so unbefriedigend, daß sich der Aufwand nicht mehr lohnt.

Mit der Zeit wird es einfacher, die Art von Beziehungen, die Sie schätzen, aufrechtzuerhalten. Es kann sein, daß Sie all Ihre Überzeugungskraft aufbieten müssen, um Ihre verheirateten Freunde davon zu überzeugen, daß Sie für sich selbst bezahlen wollen, aber wenn Ihnen dies erst einmal gelungen ist, kann das gemeinsame Ausgehen zu einer akzeptablen und erfreulichen Angelegenheit werden. Ich habe jedoch Frauen sagen hören, daß weder sie noch ihre Freunde diese Regelung gutheißen; diese Witwen ziehen es vor, sich mit einer Einladung in ihrem Haus oder in einem Restaurant zu revanchieren. Ich bin der Meinung, daß dadurch spontane und zwanglose Zusammenkünfte verhindert werden, aber jeder kann es natürlich so halten, wie er will.

Ich habe herausgefunden, daß zwanglose Feste oder Parties, wie beispielsweise ein jährlicher Tag der offenen Tür, eine Cocktail- oder Grillparty oder ähnliches, wo jeder mit jedem redet und jeder jeden unterhält, die Gäste einander helfen und man selbst überall und nirgends sein kann, ohne sich als fünftes Rad am Wagen vorzukommen, sich als die beste Art von Festen für verheiratete Freunde erwiesen haben. Das ist meine Art, um mit alten sowie neuen Freunden Kontakt zu halten. Wenn alle gegangen sind, genieße ich das Gefühl, gesellschaftlich erfolgreich zu sein, und bin normalerweise zu müde, um den Mann zu vermissen, der immer den Gastgeber an der Seite der Gastgeberin gespielt hat. Erstaunlicherweise hat sich meine jährliche Silvesterparty zu einem solchen Renner entwickelt, daß viele meiner Gäste ihre Zusagen schicken, noch bevor ich meine Einladungen verschickt habe. »Bei dir trifft man immer so viele interessante Leute«, bekomme ich zu hören. Und das stimmt auch, weil ich nämlich nicht nur interessante Paare, sondern ebenfalls interessante und faszinierende alleinstehende Frauen – darunter viele Witwen – einlade, die ich kennengelernt habe, seit ich eine von ihnen geworden bin.

Es ist ganz offensichtlich, daß sich das gesellschaftliche Leben einer alleinstehenden Frau von dem einer verheirateten drastisch unterscheidet. Zweifellos werden Sie auf Dinge verzichten, sie vermissen und sich nach vielen Dingen sehnen, die

Sie immer besonders gern getan haben. Manche Frauen vermissen Tanzen am meisten; sie haben das Tanzen ganz aufgegeben. Oder sie vermissen einen schönen Abend in der Stadt: Theaterbesuch, danach in einem gediegenen Restaurant zu speisen – das typische Spiel eines verliebten Paares. Dann heißt es: »They are singing songs of love, but not for me« (»Not for me«, aus »Girl Crazy« von George und Ira Gershwin). Aber nicht für mich. Das stimmt, wenigstens manches ist nicht für mich. Das ganze Geheimnis besteht darin, unterscheiden zu lernen zwischen Dingen, die Sie traurig machen, und denen, die Sie fröhlich machen. Warum sollten Sie, wenn keine wirkliche Notwendigkeit besteht, zum jährlichen Wohltätigkeitsball gehen und darauf warten, daß irgendein barmherziger Partner einmal mit Ihnen einen Walzer tanzt? Warum sollten Sie sich das Fußballspiel ansehen, für das Sie sowieso nie viel übrig hatten, nur weil Sie und Ihr Mann und die anderen vier Paare seit Ihrer Schulzeit kein Spiel ausgelassen haben? Sie sollten diese Dinge in Zukunft unterlassen.

Andererseits besteht kein Grund dafür, sich in ein Schnekkenhaus zurückzuziehen, und noch weniger Grund für eine totale Passivität, die nur dann durchbrochen wird, wenn Freunde oder Familienmitglieder Sie irgendwo hinfahren und wieder abholen. Solche Witwen lassen alle anderen Witwen in einem schlechten Licht erscheinen und überschatten all die unerschrockenen und tapferen Witwen, wie beispielsweise die Frau, die im Alter von achtzig Jahren den Führerschein für einen Bus machte und lernte, ihr Leben und ihre Freizeit in die Hand zu nehmen. Wir, das heißt sowohl die entthronte Ehefrau-Königin wie auch alle die armen Leibeigenen, entdeckten früher oder später, daß wir unser Glück nicht in alten Liebesliedern finden.

Es gibt sehr vieles, was Sie alleine unternehmen können oder für das Sie einen geeigneten Partner finden können. Ich gehe beispielsweise gern allein ins Autokino. Ich parke meinen Wagen in der Nähe einer Laterne, schließe von innen zu und esse in aller Ruhe mein Popcorn. Manche Frauen besuchen Kurse oder bilden sich fort, ersetzen Tanzen durch Jazzgymnastik und gehen auch den Dingen von früher nach, die ihnen angebracht und angenehm erscheinen. Die dringlichste Aufgabe scheint mir jedoch, daß Sie sich einen Freundeskreis aufbauen, zu dem alleinstehende Personen wie auch Paare gehören, mit denen Sie Dinge gemeinsam unternehmen. Sie können andere alleinstehende Frauen, die ebenfalls neue Freundschaften und Partner suchen, mit denen sie das Theater, ein Konzert oder Pferderennen besuchen können – um nur einige Aktivitäten zu nennen, auf die Sie keineswegs verzichten müssen – in Fortbildungs- und sonstigen Kursen, in Vereinen und am Arbeitsplatz kennenlernen. Auch die Selbsthilfegruppen für Witwen bieten eine reiche Auswahl an neuen Freundinnen und neuen Unternehmungen; eine Gruppe kam regelmäßig zum Kartenspiel zusammen und traf sich außerdem, um in einem »schönen« Restaurant zu Abend zu essen, in das die einzelnen Frauen allein wahrscheinlich nicht gegangen wären und in das sie, wie sie zugaben, auch nicht von ihren Männern eingeladen worden wären.

Wie Sie sehen, ist also doch noch nicht alles verloren. Viele Frauen sind der Meinung, daß eine Gruppe von Frauen sehr viel interessanter sei als eine Gruppe von Männern. Von älteren alleinstehenden Frauen hört man immer wieder: »Wenn ich die Wahl habe, verbringe ich viel lieber einen Abend mit Frauen; Männer können ja so langweilig und fad sein.« Und die meisten meinen es wirklich ernst. Diejenigen Frauen, die ihr Alleinsein akzeptiert haben, schreiben dies dem Umstand zu, daß sie zum einen die alten gesellschaftlichen Bindungen aufgegeben und zum anderen engere Beziehungen zu Frauen geknüpft haben. »Und wenn ich mir wieder einmal selbst leid tue, wenn ich mit Ehepaaren zusammen bin«, sagte eine Witwe, »sehe ich mir einfach jeden Mann im Raum ganz genau an und denke mir im stillen: ›Gott sei gedankt, daß ich heute abend mit keinem von denen nach Hause gehen muß.‹«

Ein eigenes Leben

Die Witwe spricht sehr viel über ihre verlorengegangene Identität. »Wer bin ich?« fragt sie. Sie fühlt sich aus dem Gleichgewicht geworfen – nicht mehr in der Mitte –, sowohl nach außen als auch nach innen. Weil sie sich nicht mehr als Ehefrau definieren kann, ist ihre Identität gespalten. »Als Beruf habe ich, wenn es irgendwelche Fragen zu beantworten galt, immer Hausfrau angegeben, doch jetzt fühle ich mich nicht mehr als Hausfrau. Es ist ja niemand mehr da, den ich versorgen könnte«, jammerte eine Witwe. »Fragt man einen Mann, wer oder was er ist, gibt er an ›Ingenieur‹, ›Geschäftsmann‹ oder ›Pensionär‹. Aber wir, wir sind niemand.«

Selbst wenn man das als düstere Selbsteinschätzung ansieht, bleibt doch die Tatsache bestehen, daß sich viele Frauen nach dem Tode ihres Mannes ihrer Identität beraubt sehen. Vielleicht fühlen sich junge Witwen heutzutage weniger leer und verloren, weil sie beruflich erfolgreicher und im Alltagsleben unabhängiger sind, doch wenn ich mir die jungen Superfrauen so ansehe – Rechtsanwältinnen, Ärztinnen, Mütter, Ehefrauen – und sehe, wer auf dem Nachhauseweg noch schnell die Zitronen einkauft, bin ich mir nicht mehr so sicher. Nichtsdestotrotz befindet sich unsere Gesellschaft in einem ständigen Wandel. Ganz sicher hatte es die Witwe vor hundert

Jahren ungleich schwerer. Die Pionierswitwe hat entweder Gäste beherbergt, ein Bordell geleitet, anderer Leute Wäsche gewaschen, den Hof weitergeführt, Kinder unterrichtet oder wieder geheiratet. Wichtiger als die Identität war das nackte Überleben. Die Witwe an der Ostküste hat meist in ihr mit schwarzen Spitzen umrandetes Taschentuch geweint und ist dann zu ihren Verwandten gezogen. Armes Ding. (Dem Himmel sei Dank, daß noch niemand auf die Idee gekommen ist, schwarze Tempotaschentücher herzustellen.)

Warum also fühlen sich Frauen – trotz der feministischen Errungenschaften der letzten drei Jahrzehnte – so unvollkommen und sehen sich als Witwen hauptsächlich als Ehefrauen ohne Männer? (Ich selbst hätte mir nie träumen lassen, daß ich mich von einem Tag auf den anderen weniger wichtig und hilfloser fühlen würde, aber genau so war es.) Psychologen vertreten die Meinung, daß Beziehungen für Frauen eine wichtigere Rolle spielen, weil sie von Natur aus »gebend« sind, und daß Frauen ihren eigenen Selbstwert daran messen, wie sehr sich Männer für sie interessieren. Das führt dazu, daß sich eine Witwe ohne Mann als zweitklassiges Wesen sieht.

Unabhängig davon, ob weibliche Eigenschaften angeboren sind oder nicht – die Diskussion darüber ist immerwährend –, definieren sich Frauen anhand ihrer Rollen. Die Identität eines Mannes wird durch seine Rolle als »Ehemann« kaum beeinflußt, auch wenn seine Beziehung zu einer Frau noch so eng ist. Frauen allerdings definieren ihre Rollen sehr viel mehr durch ihr Verhalten und ihre gefühlsmäßigen Beziehungen. In ihrem mehr oder weniger natürlichen Werdegang von der Tochter zur Ehefrau und Mutter bietet ihnen ihre Rolle Form und Sinn. Obwohl sich die individuellen Vorstellungen und Erwartungen verschiedener Frauen in bezug auf ihre Rollen sehr wohl unterscheiden, werden ihr Ego und ihre Identität durch ihre gegenwärtige Rolle mitbestimmt. Sie ist *Mutter,*

Ehefrau; sie weiß, wer sie ist. Aber als Witwe fehlt ihr jeder Bezugspunkt. Sie ist eine *Witwe*! Und was ist das? Eine Witwe ist jemand anderer. Es ist kein Beruf, kein Status, und ich will es nicht. Sie können es behalten.

So fängt also die Witwenschaft mit einem verminderten »Ich« an und kann deshalb nur in einer Verstärkung enden, wenn die Witwe ihr Dasein als die Ehefrau ihres Mannes aufgibt und eine eigenständige Identität entwickelt. Manche rümpfen über die Vorstellung, daß sich die Frau ihren Status und ihre Identität über ihren Mann holt, die Nase. Wir leben doch nicht im Mittelalter, belehrte mich eine Freundin. Und doch hat sie, als ihr Mann starb, die Arbeit an ihrer Promotion unterbrochen, um das unvollständige Theaterstück ihres Mannes zu vollenden. Sie ist beileibe nicht die einzige Frau, die ihre eigene Arbeit aufgibt, um die ihres Mannes fortzuführen, und somit nicht ihn, sondern sich selbst begräbt. Man sieht es in der Politik und auf dem Land und daran, wenn Frauen Reden halten, Lieder singen und sich hingebungsvoll opfern, um ihn fortbestehen zu lassen, als wäre er die Substanz und sie der Schatten.

Aber die meisten Frauen entwickeln im Lauf der Zeit eine unbegrenzte Fähigkeit, sich selbst wieder aufzubauen. Die loyale Frau stellt letztendlich fest, daß sie, sofern sie dies anstrebt, auch als sie selbst kandidieren, ihre eigenen Reden halten und sich ihre eigenen Lorbeeren verdienen kann. Auf anderer Ebene kommen die meisten von uns zu der gleichen Erkenntnis und fangen an, sich ein neues Leben aufzubauen, auch wenn es noch so bescheiden ist. Zwei Jahre! Viele Frauen berichten, daß sie zwei Jahre gebraucht haben, um sich von dem Witwenimage zu lösen und zu erkennen, daß *Witwe* nur ein Wort und kein Zustand ist. Königin Viktoria hat länger gebraucht, und die 80jährige Frau, die den Führerschein gemacht hat, hat nicht einmal zwei Jahre gebraucht.

Ich gebe zu, daß es Frauen gibt, die nie eine neue Identität finden und die für immer Witwen bleiben; sie sind hilflos und verzagt und Grund zur Sorge für die, die sie lieben. Sie scheinen in irgendeiner Weise Freude daraus abzuleiten, daß sie sich in das Unglück gefügt haben. Am liebsten würden wir sie an den Schultern packen, sie schütteln und sagen: »Du, du bist jemand«, aber sie sind noch nicht soweit. Wenn wir Frauen, die ihre symbolische Witwenkleidung abgelegt haben, danach fragen, wie sie sich selber sehen, entnimmt man ihren Antworten Stolz und ein wieder aufgeblühtes Selbstwertgefühl. Es erfreut das Herz, ihnen zuzuhören.

»Ich bin eine Frau, die das Schlimmste, was passieren kann, durchgemacht hat, und ich könnte ein Buch darüber schreiben.«

»Ich bin dadurch ein anderer Mensch geworden. Ich habe viel verloren, aber ich habe gelernt, meine eigenen Fähigkeiten zu schätzen.«

»Wer bin ich? Ich bin ein Mensch, ich bin ich. Ich denke und handle jetzt eigenständig. Das habe ich in meinem ganzen bisherigen Leben nicht getan.«

»Ich bin Judith, die gleiche. Mein Leben hat sich verändert, doch ich bin stolz auf das, was ich erreicht habe, und es geht mir gut.«

»Ich bin eine alleinstehende Frau. Vielleicht heirate ich eines Tages wieder, aber ich werde mich auf keinen Fall mit weniger zufriedengeben, als ich verdiene.«

Wenige von uns haben so viel Selbstvertrauen, daß sie, ohne traurig zu sein, das Sehnen nach einer engen Bindung zurückstellen können. Frauen haben jedoch die bemerkenswerte Fähigkeit, andere befriedigende Beziehungen zu knüpfen. Diese Eigenschaft versetzt sie in die Lage, diese Phase ihres Lebens – die Zeit nach der Witwenschaft – zu einer bereichernden Phase zu machen. Sie geben, gehen auf andere zu, und obwohl sie vielleicht mehr allein sind als andere, fühlen sie sich nicht mehr einsam. In Selbsthilfegruppen helfen Frauen offensichtlich sich selbst, indem sie anderen helfen, genauso wie andere sich selbst helfen, indem sie eine ehrenamtliche oder sonstige Tätigkeit übernehmen. Während Witwen ihr Leben neu gestalten, arbeiten sie gleichzeitig an der Identitätsfindung. Sie werden zur Großmutter, die mit den Kindern ins Zeltlager geht, die Assistentin des Lehrers, die den Viertkläßlern Schlangen mitbringt, und die Frau, die das Essen auf Rädern bringt und immer Zeit zum Zuhören hat. Ich kannte eine Dame, die bereits die 70 überschritten hatte und als Aushilfsbuchhalterin eines kleinen Einpersonenunternehmens sehr gefragt war. Sie hatte in ihrem »vergangenen« Leben ihrem Mann die Bücher geführt. Und eine andere, die mit ihrem inspirierenden Yogaunterricht älteren entmutigten Menschen eine große Freude bereitete. Auch sie haben das Gefühl gebraucht, geliebt und geschätzt zu werden. Wenn Sie diese Frauen fragen, wer sie sind, werden sie ganz sicher nicht antworten: »Nur eine Witwe ... ein Niemand.«

Die nüchternen Zahlen der Statistik besagen, daß in den Vereinigten Staaten fast die Hälfte aller Frauen über 65 Witwen sind, in der Bundesrepublik Deutschland sind es fast 60%; zudem haben Frauen eine um sieben Jahre höhere Lebenserwartung als Männer. Das gibt einen ganz schönen Haufen Witwen für einen beträchtlichen Teil des Lebens. Wir sollten deshalb besser nicht von einem »Niemand« sprechen.

Arbeit, unentgeltliche Tätigkeit oder Spiel

Manchen Witwen bleibt gar nichts anderes übrig, als einer bezahlten Arbeit nachzugehen; sie haben keine andere Wahl. Für andere bedeutet Berufstätigkeit Prestige, Status oder »etwas, das sie davon abhält, verrückt zu werden«. Was immer Sie dazu bewegen mag, sich nach einer Arbeit umzusehen – sei es, daß Sie Ihre Rente aufbessern wollen, daß Sie sich und Ihre Kinder alleine versorgen müssen oder Ihr Selbstwertgefühl stärken wollen –, die Aussichten sind, wenn Sie noch nie gearbeitet haben oder nach einer langen Pause wieder einsteigen wollen, ungefähr so abschreckend wie der erste Tag im Kindergarten.

Möglicherweise sind Sie bereits berufstätig (und über die Hälfte aller Frauen mit schulpflichtigen Kindern ist es), und Ihre Arbeit entspricht in bezug auf Gehalt und Arbeitszeit auch Ihren Vorstellungen. Dann sind Sie zu beneiden. Viel öfter hört man von Frauen, daß ihr Gehalt während ihrer Ehe nur ein zusätzliches Einkommen war und keines, von dem man hätte leben können; jetzt stecken sie in einer Sackgasse und fürchten sich davor, sich eine neue Arbeit zu suchen.

Wenn von Arbeit die Rede ist, bleibt es bei vielen Witwen, egal, ob jung oder alt, leider oftmals beim Reden. Sie fürchten sich davor zu handeln. Ich gebe zu, daß Reden für eine gewisse

Zeitspanne sehr gut sein kann, denn eine Witwe, die nicht in der Lage ist, sich zu konzentrieren, die ihren Humor noch nicht wiedergefunden hat und ihre Umwelt nur verschwommen wahrnimmt, kann keine gute Arbeitskraft sein. Seien Sie sich jedoch im klaren über den Unterschied zwischen aufschieben und noch nicht bereit sein; manchmal müssen Sie sich selbst überlisten, indem Sie einen Termin vereinbaren, zum Friseur gehen oder mit einer Freundin ein mögliches Vorstellungsgespräch durchspielen.

Wenn Sie mit dem Gedanken an Arbeit spielen, werden Sie über kurz oder lang feststellen, daß sich ein ganzer Industriezweig auf Sie und Ihresgleichen spezialisiert hat: private Berufsberatungsinstitute, Eignungstestinstitute, unzählige Zeitschriften und Bücher. Manche Publikationen scheinen Ihnen möglicherweise lesenswert, andere nicht; jeder, der verspricht, Sie innerhalb kürzester Zeit auf eine Topstellung in der Geschäftsleitung vorzubereiten, sorgt zwar für seine eigene Beschäftigung, aber nicht für Ihre. Genausowenig sollten Sie Ihr Geld an eine ganze Reihe von Tests verschwenden, weil typischerweise bei diesen Tests nur das herauskommt, was man hineintut (Sie wissen ja bereits, ob Sie mit Menschen oder Dingen arbeiten wollen und ob Sie lieber Chirurgin oder Pilotin werden wollen), und Eignungstests liefern in der Hauptsache nur allgemeine und wenig spezifische Information. Wenn Sie sich allerdings gern einigen Tests unterziehen wollen, sollten Sie sich zuallererst bei Ihrem zuständigen Arbeitsamt erkundigen und möglicherweise bei Wirtschafts- und Berufsverbänden. Schauen Sie sich also, bevor Sie viel Geld hinblättern, genau um. Das gilt auch für Stellenvermittlungsbüros, deren kleingedruckte Bedingungen Sie sorgfältig durchlesen sollten, bevor Sie einen Vertrag unterschreiben. Und informieren Sie sich auf jeden Fall über interessante Bücher auf diesem Gebiet.

Trotz allem läuft die Arbeitssuche darauf hinaus, daß das meiste von Ihrer Initiative und Ihrem Einsatz abhängt; ganz gleich, wie Sie an die Sache herangehen, Sie müssen wissen, welche Anforderungen an Sie gestellt werden und welche Gegenleistungen Sie erwarten können. Gehalt, Sozialleistungen, Kündigungsfristen, allgemeine Arbeitsbedingungen, Arbeitszeiten und persönliche Befriedigung sind Punkte, die bedacht werden wollen. Manchmal kann man nicht alles haben. Vielleicht gelingt es Ihnen anfänglich nur, einen Teil dieser Bedingungen zu Ihrer Zufriedenheit zu erfüllen, obwohl Sie natürlich damit rechnen können, im Laufe der Zeit auch hier Änderungen vorzunehmen, die Ihren Wünschen entgegenkommen. Eine berufstätige Mutter bildete sich intellektuell und beruflich weiter, während sie eine niedrige Arbeit verrichtete, die ihr jedoch gestattete, ihre Arbeitszeit so einzuteilen, daß sie ebenfalls zu Hause sein konnte, wenn ihr Kind von der Schule nach Hause kam. Sie war zufrieden, während eine andere, die keine besonderen Zukunftspläne hegte, frustriert und verbittert war. Die beiden Frauen waren zufälligerweise Kolleginnen. Gerade aus diesem Grund ist es hilfreich, zielgerichtet zu planen; ein Kompromiß ist erträglicher, wenn er selbst gewählt ist.

In manchen Fällen ist der Stellenanzeigenteil der Zeitung nicht der beste Weg, um eine Arbeit zu finden, ausgenommen den Fall, Sie verfügen über besondere Vorkenntnisse, Berufserfahrung und Zeugnisse. Der Konkurrenzkampf ist hart – teilweise bewerben sich bis zu achtzig Personen auf eine Stelle – und kann sowohl zeitaufwendig als auch entmutigend sein. Ihre Chancen verbessern sich in erster Linie, wenn Sie genau wissen, welche Art von Arbeit Sie suchen, und Sie dann den Markt auf direktem Wege angehen; am allerbesten sind natürlich persönliche Beziehungen. Sprechen Sie deshalb mit Freunden und Bekannten, und bitten Sie sie, Augen und

Ohren offenzuhalten und Ihnen möglicherweise Kontaktadressen zu geben. »Ich suche einen Job als Empfangsdame. Kannst du mir vielleicht weiterhelfen?« »Ich will demnächst in einer anderen Anwaltskanzlei arbeiten. Weißt du zufällig eine, die jemanden wie mich sucht?« Ganz besonders älteren Frauen, die sich als nicht mehr konkurrenzfähig betrachten, ist es peinlich, Freunde ihres verstorbenen Mannes um Rat und Hilfe zu bitten, obwohl dies oft der beste Weg wäre. Fragen Sie sie nach Firmen und Ansprechpartnern, die möglicherweise eine Stelle in der Art, wie Sie sie suchen, zu vergeben haben, und Sie werden feststellen, wie hilfsbereit die Freunde sind. Erst als zweite Möglichkeit sollten Sie sich auf dem freien Markt umsehen und sich bei Firmen schriftlich bewerben, von denen Sie dann möglicherweise zu einem Bewerbungsgespräch eingeladen werden.

Wenn Sie keine Berufsausbildung haben und sich fragen, was Sie denn bloß tun sollen, können Sie es sich zur Aufgabe machen, andere Menschen bei ihrer Arbeit zu beobachten und sie nach den Anforderungen zu fragen – betrachten Sie diese Aufgabe als Forschungsprojekt. Eine Witwe mittleren Alters, die von einer Reise nach Hause kam, beobachtete auf dem Flughafen die Person am Informationsschalter und dachte: »Das könnte ich auch.« Sie sprach mit der betreffenden Dame, die von ihrem Vorschlag sehr angetan war und ihr mitteilte, daß zufällig eine Aushilfskraft eingestellt werden sollte. Die Witwe marschierte also samt Gepäck ins Personalbüro und nahm bereits am nächsten Tag ihre Arbeit auf.

Kümmern Sie sich nur dann um Zeugnisse, wenn Sie sich um eine qualifizierte Arbeit bewerben wollen, für die natürlich entsprechende Nachweise erbracht werden müssen. Die Witwe, die zum ersten Mal in ihrem Leben einer Arbeit außer Haus nachgehen will, würde ziemlich lächerlich wirken, wollte sie die Anforderungen der Arbeitsstelle durch ein

Zeugnis über ihre Hausfrauentätigkeit belegen. Manche privaten Institute arbeiten zwar mit dieser Methode, doch es fällt nicht schwer, sich vorzustellen, daß Sie ganz schön frustriert sein werden, wenn Sie feststellen, daß Sie damit einen Arbeitgeber keineswegs beeindrucken, obwohl Sie Ihren Haushalt wirtschaftlich gut führten und auch rechnen können. Am besten klären Sie diese Dinge während des Vorstellungsgespräches; sofern Sie keine langjährige und bis in die jüngste Zeit ausgeübte Berufstätigkeit nachweisen können, reicht es aus, wenn Sie vorher Ihren Lebenslauf mit persönlichen Angaben sowie Angaben zu Schulbildung und Berufsausbildung sauber auf ein Blatt Papier tippen und vorlegen.

Für das Vorstellungsgespräch selbst kleiden Sie sich bitte konservativ, tragen möglichst wenig Schmuck und sparsames Make-up. Viele Frauen, die lange Zeit nicht mehr im Berufsleben waren, begehen den Fehler, daß sie sich nach der neuesten Mode kleiden, mit dem neuesten Duft besprühen und die modernsten Farben für ihr Augen-Make-up auftragen – was allerdings ganz sicher nicht nur unvorteilhaft, sondern in der Situation in höchstem Maße unangebracht ist.

Manchmal ist es vorteilhaft, wenn Sie nach dem Vorstellungsgespräch Ihrem Gesprächspartner oder Ihrer Gesprächspartnerin einen kurzen Brief schreiben, in dem Sie sich für das Gespräch bedanken und nochmals Ihr Interesse an der Mitarbeit in der Firma bekunden. Sollte während des Vorstellungsgesprächs allerdings ausdrücklich vereinbart worden sein, daß die Firma sich bei Ihnen meldet, erübrigt sich dieser Vorgang.

Viele Frauen besitzen Talente und Begabungen, mit denen Sie sich auch ohne großes Startkapital selbständig machen können und in der Lage sind, diese Tätigkeit außerdem zu Hause auszuüben – Schreibarbeiten, Kochservice, Privatunterricht, um nur einige zu nennen. (In meiner Nachbarschaft gibt es drei Leute, die sich erfolgreich als Soßenzubereitungsunternehmen selbständig gemacht haben.) Denjenigen, die über ausreichende finanzielle Mittel verfügen, stehen natürlich noch weitere Möglichkeiten zur Verfügung, sich selbständig zu machen. 30% der Alleinunternehmer in den Vereinigten Staaten sind Frauen; es gibt staatliche Hilfen und günstige Bankkredite für Leute, die sich selbständig machen wollen, sowie spezielle Organisationen, die Frauen in dieser Hinsicht beraten. Möglicherweise kann Ihnen hier die Handelskammer mit Informationen dienen.

Ein anderer Weg in die Berufstätigkeit und in den Arbeitsmarkt führt über die unentgeltliche Tätigkeit. Jede unentgeltlich Arbeitende ist eine potentielle Arbeitnehmerin; sie ist vor Ort und hat Erfahrung, wenn eine Stelle frei wird. Allerdings strebt nicht jede unentgeltlich Arbeitende eine feste Anstellung an, und wenn Sie in der glücklichen Lage sind zu arbeiten, um beschäftigt zu sein und einen sinnvollen Beitrag zu leisten, sind Sie voll ausgelastet.

Wir wollen uns nun mit unentgeltlichen Tätigkeiten näher befassen. Bei den meisten Menschen erzeugt dieser Begriff Assoziationen von grau- oder blaugekleideten Krankenschwestern, und vielllleicht geht es auch Ihnen nicht anders. Um ehrlich zu sein, möchte ich diese Tätigkeit keiner Witwe vorschlagen, die gerade Monate oder Jahre damit zugebracht hat, ihren kranken Mann zu pflegen, und auch keiner Frau, die sich gerne im größeren Rahmen engagieren möchte. Wenn Sie daran interessiert sind, Neues zu lernen und Herausforderungen anzunehmen, bieten sich viele Bereiche an, in denen freiwillige Helferinnen wichtige und interessante Tätigkeiten ausführen, wie zum Beispiel als Beraterin für Opfer von Gewaltverbrechen oder Sprecherin für Kinder bei Gericht oder Ämtern, als Hausaufgabenbetreuerin, Büchereigehilfin, Museumsführerin (hier erhöhen sich Ihre Chancen, wenn Sie

Vorkenntnisse in Kunst- oder Naturgeschichte besitzen), indem Sie in Parks oder Freizeitanlagen aushelfen, Seniorenkurse leiten usw. Eine siebzigjährige Dame hat den größten Spaß ihres Lebens, seit sie im Zoo arbeitet. Fast in jeder Stadt oder Gemeinde gibt es einen Verband oder eine Organisation, die Ihre Interessen mit denen der Stadt oder Gemeinde koordiniert – natürlich mit angemessener Probezeit. Sollte es in Ihrer Stadt oder Gemeinde dergleichen nicht geben, wäre es doch eine interessante Beschäftigung, eine solche ins Leben zu rufen.

Zusammengefaßt kann man sagen, daß die Arbeit, die Sie verrichten, Sie auf irgendeine Art und Weise »belohnen« sollte: durch persönliches Wachstum, Befriedigung und Gelegenheit, mit anderen Menschen zusammenzusein. Das ist Ihre Bezahlung. Nur gut und hilfsbereit zu sein wird auf die Dauer langweilig. Wenn Sie das Gefühl haben, Sie müßten sich an irgendwelchen Routinearbeiten beteiligen, sollten Sie die Dauer Ihrer Mithilfe von vornherein festlegen, damit Sie kein schlechtes Gewissen haben, wenn Sie aufhören. Andernfalls sitzen Sie möglicherweise jeden Montag für den Rest Ihres Lebens in dem kleinen Kirchenbüro und bedienen das Telefon wie die Frau, die unfähig war zu sagen: »Ich höre auf.« Seien Sie in der Auswahl Ihrer freiwilligen Arbeit wählerisch, aber seien Sie gleichzeitig zuverlässig; man muß etwas geben, um dafür belohnt zu werden.

Als letztes will ich auf das Spiel eingehen; ich meine damit Erholung, Fortbildung, Reisen und Zeithaben für sich selbst und die Menschen, die einem etwas bedeuten. Merkwürdigerweise halten viele Witwen Spielen für das Gegenteil von Trauern und stürzen sich deshalb oft in sinnlose Aktivitäten. »Es wird Zeit, daß ich etwas für mich selbst tue«, meinen sie. Freizeitaktivitäten sollten in der Tat etwas *für* Sie tun und Ihnen nicht etwas *an*tun. Zu häufige Restaurantbesuche, Einkaufsbummel, Kino- und Fernsehabende bereichern sehr viel mehr Ihre Taille als Ihre Seele, aber viele Witwen machen diese Phase durch und – bitte – lassen sie hinter sich. Es ist fast so frustrierend, wie den ganzen Tag herumzusitzen und darauf zu warten, daß die Welt untergeht.

Jeder benötigt ein ausgewogenes Verhältnis zwischen Arbeit und Spiel, Geben und Nehmen, Aktivität und Ruhe. Niemand ist zu alt, zu reich, zu arm oder zu dumm, um sich sinnvoll zu beschäftigen. Eine Neunzigjährige rief mich eines Tages an, um mir vorzuschlagen, einen Notdienst für alleinstehende Menschen einzurichten, der, wie sie glaubte, ganz besonders Witwen zugute kommen würde. Ich hatte ihren Namen schon einmal gehört und erinnerte mich, daß sie Geld gesammelt hatte, um bedürftige Heimpatienten mit Sauerstoff versorgen zu können. Ich fragte sie, ob sie in dieser Sache immer noch aktiv sei. Sie verneinte, denn sie sei jetzt blind und ans Haus gebunden, so daß sie nur noch das Telefon habe, um anderen Menschen zu helfen und so die Verbindung zur Welt aufrechtzuerhalten.

Wenn Sie noch rüstig sind, gibt es mehr als genug zu tun. Viele Freizeitbeschäftigungen werden kostenlos angeboten; Sie finden sie in der Zeitung, Büchereien, Gemeindezentren, Seniorenclubs und bei der Stadtverwaltung. Universitäten halten immer mehr Vorlesungen für ältere interessierte Mitbürger ab, die sich auf allen möglichen Gebieten weiterbilden möchten. Und die Zahl der Frauen, die aus Spaß am Lernen sogar einen Studiengang mit einem Diplom abschließen, wird ständig größer. Sie können genausogut einem Chor beitreten, wenn Sie gerne singen, einem Orchester, wenn Sie gerne musizieren; Sie können sich Diskussionsgruppen anschließen, wenn Sie sich für Politik interessieren, und einer schier endlosen Zahl von Hobbygruppen, deren Teilnehmer alles sammeln, angefangen von Streichholzschachteln bis hin zu wertvollen Tassen. Sie können, sofern es dies in Ihrer Gemeinde noch nicht gibt, ein Willkommenskomitee für neu zugezogene Mitbürger gründen. Wenn Sie an Ihr Haus oder Ihre Wohnung gebunden sind, können Sie Strick- oder Sticknachmittage organisieren oder, wie eine andere Frau, Nachmittage, an denen über Bücher diskutiert wird. Dabei sollten Sie nicht vergessen, immer und immer wieder die Freuden des Alleinseins zu genießen: lesen, denken, spazierengehen und tagträumen.

Wenn Sie sich Ihre Tage und Ihr Leben ansehen und glauben, sie seien leer, ist die Zeit Ihr ärgster Feind. (Was sagt Richard bei Shakespeare? »Nachdem ich die Zeit vergeudet habe, vergeudet die Zeit jetzt mich.«) Wenn Sie die Zeit allerdings als etwas Neues und Kostbares ansehen, gibt es zahlreiche Möglichkeiten, sie zu verbringen. Sie können für Geld oder aus Liebe arbeiten, sie können meditieren, kommunizieren, beraten, unterrichten, teilnehmen – und keines schließt das andere aus –, dem untätigen Däumchendrehen ist auf jeden Fall alles vorzuziehen.

Ein neues Heim

»Mach erst mal ein Jahr lang *überhaupt nichts.*« Sofern Sie nicht auf dem Mond gelebt haben, sind Sie wiederholt davor gewarnt worden, im ersten Jahr Ihrer Witwenschaft große Veränderungen vorzunehmen. Es stimmt natürlich, daß viele frisch verwitwete Frauen dazu neigen, um es milde auszudrücken, wie besessen und einseitig orientiert zu handeln.

Ich kann Ihnen dazu die Geschichte der Frau erzählen, die eines Tages all ihre Aktien und Wertpapiere verkaufte, ohne auf den Marktpreis zu achten, weil sie ihr ganzes Geld auf die Bank tragen wollte, um genau zu wissen, wieviel sie hatte. Jene Frau, die sieben Wochen nach dem Tod ihres Mannes das Geschäft verkaufte, das sie und ihr Mann gemeinsam erfolgreich geführt hatten (und das sie ohne weiteres alleine hätte weiterführen können), war genauso kurzsichtig. »Das Leben ist für mich zu Ende«, sagte sie fälschlicherweise voraus.

Viele von uns machen sich in einem Anfall von Verwirrung und Verrücktheit mit der Kraft einer Dampfwalze an die Arbeit. Unsere Rechnungen sind sortiert, werden bezahlt und ein zweites Mal bezahlt, die Pflanzen regelmäßig durch zuviel Gießen ertränkt und die Dinge auf dem Speicher, die jahrelang dort oben geruht haben, rigoros weggeworfen. Mein Mann besaß eine Pistolensammlung; die Pistolen lagen lose in einer verschlossenen Kiste, die sich seit dem Ende des Zweiten Weltkrieges in einem verschlossenen Schrank befand. »Pistolen verkaufen« stand auf einer meiner ersten Listen noch vor »Milch kaufen«. Ich verstehe die trügerische Logik dieser Tat immer noch nicht, aber ich habe die Pistolen trotzdem verkauft. Vielleicht hatte es damit zu tun, daß ich mein neues Heim überlebensfähig machen wollte.

Weil Gewohnheiten einer der großen Veränderungsbereiche sind, begehen Witwen hier die meisten Fehler. In diesem ersten Jahr gibt es keine Entscheidung, die wichtiger und schwieriger wäre als die, wo man leben will. Das traute Heim ganz allein und ohne Mann ist die erste Lektion, die eine Witwe zu lernen hat. Selbst wenn Kinder im Haus leben oder andere Erwachsene, bezeichnet sich die Witwe als »allein«. Weil sich jedoch Ihre Einstellung zum Alleinsein ändern wird und deshalb die Entscheidungen von heute die Fehler von morgen sein können, können Sie hier nicht vorsichtig genug sein. Bevor Sie deshalb verkaufen, kaufen, umziehen oder Besitz verschenken (was sehr häufig später bereut wird), setzen Sie sich ruhig hin und zählen bis 10000. Lassen Sie bei jedem Plan Raum für mögliche Konflikte, für Unentschiedenheit und Ihr unerschöpfliches Potential für persönliches Wachstum. Frauen, die noch keine Nacht in ihrem Leben allein verbracht haben, waren äußerst überrascht, daß sie nach einiger Zeit ganz von selbst aufhörten, ängstlich zu sein. Sie sind ebenfalls überrascht, wenn sie feststellen, wie sich ihr Lebensstil und ihre Ansprüche verändern. Eine Frau, die eine überzeugte Stadtbewohnerin war, veränderte durch ihre Mitgliedschaft in einem ornithologischen Verein ihre Einstellung dermaßen, daß sie sich ein kleines Haus auf dem Land kaufte, um ihrer neuen Leidenschaft, der Vogelbestimmung, nachgehen zu können. Sofern Sie nicht gezwungen sind, eine schnelle Entscheidung zu treffen, ist es wichtig, daß Sie sich selbst nicht überfordern, sondern innerlich erst ruhig werden. In der Zwischenzeit können Sie sich selbst einige Fragen beantworten. Sie sind jetzt vernünftiger als zu Anfang und können sich auf Ihr eigenes Urteil verlassen.

Können Sie es sich leisten, auch weiterhin in Ihrem Haus oder in ihrer Wohnung zu bleiben? Wenn Ihr Haus beispielsweise durch eine hohe Hypothek belastet ist oder die monatlichen Abzahlungsraten für Ihre Wohnung sie finanziell ausbluten lassen, wäre es zu überlegen, das Haus zu verkaufen oder zu vermieten oder aus der Wohnung auszuziehen – und zwar so bald als möglich. Es wäre sinnlos, 365 Tage lang in dem großen Haus zu sitzen, den Swimmingpool und die gefüllte Bar anzustarren und dabei das Versicherungsgeld aufzubrauchen, nur um das Ende des Jahres abzuwarten. Klingt traurig, nicht wahr, aber es ist schon vorgekommen. Gleichfalls macht es keinen Sinn, an einem Ort zu bleiben, an dem Sie keine starken freundschaftlichen oder familiären Bindungen haben und sich nicht wohl fühlen. Das ist oft der Fall, wenn Paare umgezogen sind, nachdem der Mann aufgehört hat zu arbeiten. »Ich wollte nie so weit von den Mädchen weg sein, aber er hat darauf bestanden, und vielleicht sollte ich ja ihm zuliebe hierbleiben.« Noch eine traurige Geschichte. Hingegen hat die Frau, die wegen ihrer Arthritis trotz Warnungen aus aller Munde noch vor Ablauf der Jahresfrist aus dem Staate New York nach Florida zog, diesen Schritt nicht bereut.

Wenn Sie umziehen würden, wo würden Sie hinziehen? Was würden Sie dort machen? Schließen Sie Ihre Augen, und stellen Sie sich einen Tag in der neuen Umgebung vor. Wie gut ist das öffentliche Verkehrssystem? Wie mobil sind Sie dort? Wie steht's mit Lärm und Luftverschmutzung? Klima? Freunden? Manche Dinge können ausprobiert und getestet werden. Ich habe mir beispielsweise während eines Sommers einen Monat lang eine Wohnung in San Francisco gemietet, weil ich in der Nähe meines Sohnes und seiner Familie sein wollte, und betrachtete diesen Monat als Experiment in bezug auf Umzug: Ich habe dabei festgestellt, daß ich weniger meine gewohnte Umgebung vermißte als mein Gefühl der Identität. Obwohl meine Identität zu der Zeit sehr angeschlagen war, hatte ich das Gefühl, in der neuen Umgebung noch weniger ich selbst zu sein, und das Großmutterdasein konnte einfach die Lücken nicht ausfüllen – nicht einmal in der schönen Stadt San Francisco.

Sie können sich sehr viel Schmerz und Gewissensbisse ersparen, wenn Sie, bevor Sie kaufen oder verkaufen, die neue Umgebung genau kennenlernen. Viele leidende Witwen wären heute glücklicher, hätten sie vor dem endgültigen Entschluß, näher zu ihren Kindern zu ziehen, ihr Haus in Kansas City zunächst nur gemietet oder das Wasser in Dallas gekostet. Das gleiche gilt, wenn Sie mit dem Gedanken spielen, ein Haus in einer anderen Stadt oder Gegend zu kaufen: Sie sollten auf jeden Fall zuerst mieten.

Sollten Sie einen Wohnungswechsel in Erwägung ziehen, vergessen Sie nicht, sich genauestens über die finanziellen Folgen sowie die äußeren Umstände zu informieren. Lassen Sie sich beraten, und entscheiden Sie erst dann, ob Sie kaufen oder mieten wollen. Informieren Sie sich ebenfalls über Altenwohnungen, Altenwohnheime und Altenheime und die wesentlichen Unterschiede.

Da natürlich niemand im voraus sagen kann, was letztendlich das Beste sein wird, sollten Sie sich nur auf Ihre Intuition und Ihre innere Stimme verlassen. Ich kenne viele Witwen, die in ihrer neuen Umgebung sehr glücklich sind, aber ich habe genauso viele klagen hören: »Ich hätte nie wegziehen sollen.« Durch einen Umzug können niemals alle negativen Dinge im Leben beseitigt werden; wenn Sie also abwägen, müssen Sie sich fragen, ob Sie nicht nahe dran sind, das Kind mit dem Bade auszuschütten. Vielleicht ist es auf lange Sicht gesehen doch besser, dort zu bleiben, wo Sie jetzt sind, und zu versuchen, sich Ihr Leben und Ihr Heim nach Ihren Wünschen einzurichten.

Es existieren keine Erhebungen darüber, wie viele Witwen nach dem Tod ihres Mannes in ihrem Heim bleiben, aber ich wette, es sind die meisten. Es ist einfacher, kostensparender, erfordert keine entscheidungsträchtigen Taten und hält weniger Unvorhergesehenes bereit. Wenn es einen weisen Rat gibt, den ich denen, die in ihrem Heim bleiben, geben möchte, lautet er: Versuchen Sie ernsthaft, neue und dauerhafte Beziehungen zu Installateuren, Elektrikern, Malern und einem handwerklich rundherum begabten Mann aufzubauen. Wenn Sie ein Auto besitzen, müssen Sie einen ehrlichen und zuverlässigen Automechaniker haben. Sie können, wenn Sie sich alleine unsicher fühlen, eine Alarmanlage, eine automatische Garagentür, Sicherheitsschlösser und andere Sicherheitsvorrichtungen einbauen lassen. Ein Alarmsystem ist zwar teuer, aber die Investition lohnt sich; ich habe dies festgestellt, nachdem zweimal bei mir eingebrochen wurde.

Sie werden erkennen, daß es darauf ankommt, daß Ihr Zuhause dort ist, wo Sie sind, daß Sie Ihr Heim zu Ihrem Zuhause machen, daß Sie sich darin wohl fühlen und auf keinen Fall ein Jahr lang warten, um damit anzufangen. Bedauerlicherweise fühlen sich viele Witwen innerlich verpflichtet, das Andenken ihrer Männer durch unzählige Bilder, Auszeichnungen, Plaketten und andere Andenken sichtbar zu machen. Ihre Heime werden zu Schreinen und sie selbst in einer Umgebung voller Bilder und Erinnerungen zu Hüterinnen der Vergangenheit. Wenn es Sie froh und nicht traurig macht, erfüllt anstatt leer läßt, leben Sie ruhig so weiter, aber bedenken Sie auch, daß es andere Möglichkeiten gibt, die Vergangenheit zu ehren, und bessere, die Zukunft zu leben.

Ich bin auch eine hundertprozentige Befürworterin, wenn es darum geht, Zimmer und Räume von Grund auf zu verändern, wenn sie keinen sinnvollen Zweck mehr erfüllen. Das Studier- oder Arbeitszimmer, die Werkstatt mit den vielen unbenutzten Werkzeugen und der alte Lieferwagen können sicher umfunktioniert werden; natürlich können Sie unbenutzte Dinge immer verkaufen. Eine Frau, die das Arbeitszimmer ihres Mannes in ein Gewächshaus verwandelt hat und seither eine erfolgreiche Kakteenzucht betreibt, hat damit nicht zu verachtende Einnahmen erzielt. Vielleicht sind Sie der Meinung, es sei leichter, die Tür eines Zimmers zuzumachen und nicht mehr daran zu denken; falsch gedacht, denn die Tür, die zugemacht werden soll, hat einen größeren symbolischen als realen Wert. Vergessen Sie nicht, daß nichts ewig währt.

Nicht jede Frau kann es sich leisten, solch drastische Veränderungen vorzunehmen, wie die Frau, die die gesamte Einrichtung ihres Hauses verkauft und sich vollkommen neu eingerichtet hat. Viele ihrer verwitweten Freundinnen beäugten sie argwöhnisch; obwohl ihre Handlungsweise zum Teil positiv bewertet wurde, wunderten sich einige darüber, daß sie so vieles aufgeben konnte. Aber man muß im Leben immer Kompromisse schließen, und unabhängig davon, ob Sie im gleichen Haus oder in der gleichen Wohnung bleiben oder aber umziehen, werden Sie sich wohler fühlen, wenn Sie Ihr Heim nach Ihren Vorstellungen gestalten. Der alte Sessel Ihres Mannes, den nur er bequem fand, könnte durch einen neuen ersetzt werden, Farben, die Sie gerne um sich haben, oder irgend etwas Kleines, das das Auge erfreut, können ein Zimmer verschönern und Ihre Stimmung heben, und selbst einige umgestellte Möbelstücke können Ihnen neue Lebenskraft geben.

Manchmal bieten ältere Damen Zimmer in ihrem Haus im Austausch zur Mithilfe in Haus und Garten an: sie suchen einen hilfsbereiten Studenten oder eine andere ältere Dame, die beim Kochen und bei der Hausarbeit helfen – oder möglicherweise den alten Buick fahren, der schon lange unbenutzt in der Garage steht. Aber wie nett dieser Student auch sein mag, er ist ein Fremder, und die Idee wird bald aufgegeben oder von den Kindern abgelehnt. Und die älteren hilfsbereiten Witwen sind so gut wie ausgestorben; sie haben sich zu berufsmäßigen Gesellschafterinnen entwickelt, die für ihre Dienste bezahlt werden wollen. Ich erhalte etwa hundert Telefonanrufe pro Monat von älteren Witwen oder ihren Kindern, die »jemandem, der ein Dach über dem Kopf sucht, ein schönes Heim anbieten«, aber ich habe noch keine Anfrage bezüglich der anderen Hälfte dieses Arrangements bekommen. Es kann unter bestimmten Voraussetzungen sehr wohl eine Überlegung wert sein, ein Zimmer oder einen Teil eines großen Hauses an jemanden zu vermieten, den man bereits kennt, um auf diese Weise die Kosten zu minimieren.

Jüngere alleinstehende Frauen tun besser daran, vor allem, wenn sie Kinder haben, eine Wohngemeinschaft zu gründen. Wenn es darum geht, die Kinder zu beaufsichtigen, Ausgaben zu reduzieren und andere Aufgaben zu teilen, bietet sich ein Haushalt, in dem zwei oder mehr Alleinerziehende dies tun, als gute Lösung an. In vielen Fällen ist es allerdings nur eine vorübergehende Lösung und auch als solche geplant.

In den letzten zehn Jahren allerdings haben Frauen mit einer ganzen Reihe von stabilen und kreativen Formen des Zusammenlebens experimentiert. Sich verändernde moralische Einstellungen und, zumindest in den Vereinigten Staaten, großzügigeres Kreditverhalten der Banken haben es Frauen ermöglicht, gemeinsam Häuser zu kaufen oder zu mieten. Kleine Wohneinheiten, die mehr Privatsphäre ermöglichen als große und trotzdem gemeinsame Möglichkeiten der Freizeitgestaltung bieten, werden immer öfter als Alternative für Frauen angeboten, die zwar zusammenleben möchten, aber gleichzeitig Wert auf ihren persönlichen Bereich legen. Es hängt von der Entscheidung der einzelnen ab, ob zum Beispiel Mahlzeiten gemeinsam oder separat eingenommen werden. Im Gegensatz zu den Kommunen der sechziger Jahre ist die neue Art des Zusammenlebens auf konventionelle Frauen abgestimmt. Ich habe Freundinnen in ihrem Haus besucht, in dem jede der drei Besitzerinnen – zwei Witwen und eine geschiedene Frau – ein eigenes Schlafzimmer hatte. Die Küche und ein weiterer Raum wurden gemeinsam benutzt, aber das Eß- und Wohnzimmer konnte von jeder der drei Frauen für sich und ihre Gäste benutzt werden.

Es gibt viele Möglichkeiten: Sie können kaufen, verkaufen, teilen oder, was in den Vereinigten Staaten nichts Ungewöhnliches ist, im Wohnmobil von Ort zu Ort fahren. Alle sind es wert, in Erwägung gezogen und vielleicht ausprobiert zu werden. Das einzige, was zählt, ist, daß Sie ein Heim haben.

Urlaub allein

Das zweite Märchen, das man sich über Witwen erzählt, ist, daß sie eine Reise machen, einen Mann treffen und wieder heiraten (das erste Märchen ist, daß der alte Verehrer der Kindertage plötzlich verwitwet wieder auftaucht). Es ist das logische Happy-End, wenn man davon ausgeht, daß das einzige Happy-End für eine Witwe in einer neuen Ehe liegt. Wenn man jedoch die Witwenschaft als den Anfang eines neuen Lebensabschnitts sieht, gibt es vielleicht 1001 Möglichkeiten für ein Happy-End, die mindestens ebensogut, wenn nicht gar besser sind, was wiederum von der Einstellung der einzelnen Witwe abhängt.

Keine Witwe sollte sich auf eine Reise begeben, bevor sie nicht die sichtbaren Geister aus dem Weg geräumt hat. Wohlmeinende Freunde und Verwandte raten fast immer zu einer Reise. Doch eine zu frühe Reise kann die Rückkehr ungleich erschweren. Verschieben Sie die Reise bis zu dem Zeitpunkt, da seine Pfeife nicht mehr im Aschenbecher liegt und sein Mantel nicht mehr im Garderobenschrank hängt.

Die meisten Witwen entschließen sich, ihre erste Soloreise direkt in den Schoß der Familie oder Freunde zu machen. Das eigene Zuhause und der Besuch bei den Kindern ist das, was am wenigsten Überraschungen bereithält. Man kennt es ja schon, nur daß man vorher mit dem Ehemann dort war. Es ist kaum vorherzusehen, ob solch ein Besuch eine erfreuliche oder unerfreuliche Angelegenheit werden wird.

Oftmals ist ein Besuch tröstlich; noch ein Abschied, den man nehmen mußte. Hinzu kommt, daß die alleinstehende Frau sich in den Armen der liebenden Familie geborgen fühlt und sich in ihrem Alleinsein bestätigt sieht: »Sie lieben wirklich *mich*, auch wenn ich nicht *wir* bin.« Eine frisch verwitwete Frau sprach vielen Witwen aus dem Herzen, als sie davon erzählte, daß ihr ihre Heimatstadt und ihre Familie, die ihre Tränen und Erinnerungen mit ihr geteilt haben, geholfen haben, »ihn endgültig zur letzten Ruhe zu betten«.

Für andere bedeutet die Rückkehr in den Schoß der Familie jedoch eine Enttäuschung. »Ich habe meine Schwiegereltern besucht«, erzählte eine berufstätige Frau, nachdem sie von ihrer Reise zurückgekehrt war, »die schließlich Charlie genauso geliebt haben wie ich. Aber der Besuch war deprimierend. Wir haben uns wirklich nie sehr nahegestanden. Ich weiß eigentlich gar nicht, warum ich hingefahren bin. Ich glaube, ich hatte das Gefühl, ich sei es ihnen schuldig.«

Eine andere ältere Witwe erinnerte sich: »Ich bin zu meiner Tochter gefahren. Es hat mir gutgetan, die Kinder wiederzusehen, und mein Schwiegersohn war wirklich rührend. Er hat sich zwei Tage frei genommen, damit wir gemeinsame Dinge unternehmen konnten, aber ich weiß jetzt, daß sie halt ihr eigenes Leben führen. Das nächste Mal werde ich nicht so lange bleiben; eine Woche hätte wirklich ausgereicht. Ich war, als ich wieder nach Hause kam, froh, meinen Frieden und meine Ruhe zu haben.«

Es hat sich immer wieder gezeigt, daß die Besuche bei Kindern und Verwandten nach einer gewissen Zeit ihre tröstliche Wirkung verlieren, und auch die Verzagtesten ziehen Reisen in Betracht, die ein klein wenig mehr Mut erfordern.

Wie wir alle wissen, gibt es Zeiten, in denen die Möglichkeiten mehr als begrenzt scheinen: man rührt sich entweder nicht von der Stelle und fühlt sich sicher, oder aber man wagt sich in die Welt hinaus und fürchtet sich. Ihr ganz persönlicher Mut (und ihre finanzielle Belastbarkeit) sind letztendlich ausschlaggebend dafür, ob Sie mit einer Seniorengruppe einen Museumsbesuch machen, eine Reise nach Übersee mit einem älteren Enkelkind, eine Bildungsreise, eine Busfahrt aufs Land oder den Himalaja besteigen; ich halte es auf jeden Fall für besser, sich ein wenig zu fürchten, als durch zuviel Sicherheit gelähmt zu sein.

Reisen im eigenen Land, entweder allein oder mit Freunden, sind ein guter Anfang: Sie kommen nicht in die Verlegenheit, andere Sprachen beherrschen zu müssen, und die meisten von uns haben irgendwo unterwegs einen Freund oder Verwandte, bei denen sie kurz verschnaufen können. Es werden großartige sowohl eintägige als auch mehrtägige Bus- und Bahnreisen angeboten, über die Sie sich ohne viel Aufwand bei Seniorenclubs, auf Bahnhöfen oder in Reisebüros informieren können. Ich möchte Expeditionen und Abenteuerreisen nicht unerwähnt lassen für diejenigen, die aufregende Ferien erleben möchten. Sie müssen für solche Reisen nicht, wie Sie vielleicht fälschlicherweise angenommen haben, ein junger Rucksacktyp sein; sie können Ihr Gepäck ebensogut von einem Lama oder einem Esel tragen lassen und ansonsten die Gesellschaft der anderen Neulinge, die ebenso ängstlich sind wie Sie, genießen. Ich habe eine unvergeßliche Reise nach China unternommen, während der die Gruppenteilnehmer, deren Alter irgendwo zwischen 16 und 66 lag, in buddhistischen Klöstern entlang des Weges geschlafen haben.

Wenn Sie allerdings Irene ähneln, die jeden Sommer zuerst ihre Mutter in Kansas und dann ihre Tochter in Omaha besuchte und die gleiche Rundreise noch einmal zu Weihnachten und Ostern machte, ist daran auch nichts auszusetzen. Ich habe einmal ausgerechnet, daß sie sich mit dem Geld, das sie für Flug, Taxi und Geschenke ausgab, eine wunderschöne Reise nach Casablanca hätte leisten können, und obwohl ihre Freunde sie immer wieder zu überreden versuchten, erklärte Irene, sie interessiere sich nicht für andere Städte und Länder. William und sie hatten jährlich diese Reise gemacht, und vielleicht, eines Tages ... Ich habe widerwillig einsehen müssen, daß niemand in der Lage ist, die Risikobereitschaft und den Punkt, an dem die Neugier eines anderen Menschen befriedigt ist, wirklich zu ermessen.

Wenn ich jetzt an meine erste Soloreise zurückdenke, muß ich zugeben, daß ich nicht sehr überlegt gehandelt habe. Typisch war natürlich, daß alles falsch lief, und zwar nicht nur etwas, sondern gleich in dreifacher Weise. Um es unverblümt zu sagen: meine Reise war eine einzige Katastrophe. Der Flug, den ich nach Oaxaca, Mexiko, gebucht hatte, war überbucht, und das Hotel, für das ich keine Reservierung hatte (weil es mehr Spaß macht, an Ort und Stelle zu suchen), konnte leider nur »impossible, señora« anbieten. Ich hatte mir – o Schreck – genau die Woche des ganzen Jahres ausgesucht, in der der Präsidentschaftskandidat in diesem Teil des Landes seine Wahlreise veranstaltete. Jedes Hotelzimmer war entweder reserviert oder für die Begleiter sowie die Familie des Präsidentschaftskandidaten und die Presse vorgesehen. Ich wohnte dann in einem Zimmer direkt neben einer heruntergekommenen Bar im Marktviertel, in dem der Müll auf dem Boden lag und das Bett, das ich nicht genauer untersuchte, von einer einzigen nackten Glühbirne angestrahlt wurde. Diese Geschichte klang Monate später sehr lustig, aber wirklich erst dann. Obwohl ich heute jedem raten würde, einfach länger zu suchen, war diese Erfahrung eine Lektion in Überlebenstechnik, und ich übertreibe nicht, wenn ich sage, daß ich auch heute noch in der Lage bin, jederzeit ein Zimmer in Oaxaca zu organisieren.

Die sicherste und konventionellste Art, allein in einem fremden Land zu reisen, ist eine organisierte Gruppenreise. Suchen Sie sich ein Reisebüro aus, das bezüglich des Landes und der Reiseleitung über Erfahrungen aus erster Hand verfügt. Der Vorteil einer solchen Reise besteht darin, daß sich andere um die reibungslose Abwicklung kümmern und immer jemand da ist, der sich Ihrer Bedürfnisse und Wünsche annimmt. Der Nachteil ist, daß man sich oft den Begehren der anderen Teilnehmer fügen muß, d.h., man muß warten, einkaufen und die üblichen Touristenattraktionen besichtigen. Ich möchte noch darauf hinweisen, daß Alleinreisende für Einzelunterkunft in der Regel immer mehr bezahlen, daß man jedoch manchmal noch mehr bezahlt, wenn man sich mit einer bis dahin unbekannten Person zusammentut.

Eine unglückliche Frau erzählte über ihre Reise nach Griechenland: »Die verheirateten Paare klebten zusammen, und genauso war es mit den alleinstehenden Frauen. Die einzige alleinreisende Frau mittleren Alters war die Frau, mit der ich von der Reiseleitung aus praktischen Gründen zusammengelegt wurde. Nachts hielt sie mich durch ihr Schnarchen wach, tagsüber war sie stumm wie ein Fisch. Sie trug farbig abgestimmte Schleifen im Haar. Die anderen mieden uns zwei. Trotz allem habe ich Griechenland sehr genossen.«

Ich könnte mir vorstellen, daß eine Gruppenreise zu Land oder zur See, deren Teilnehmer ähnliche Interessen haben wie Sie, das Beste wäre. Es gibt Reisegruppen für Ornithologen, Musikliebhaber, Geschichtsinteressierte, Stickbegeisterte, Liebhaber guten Essens, Camper, Radfahrer und Menschen mit philosophischen Neigungen. Es gibt Wander-, Ski- und Bergsteigertouren; Sie können eine Woche lang golfen, fischen, tennisspielen und praktisch alles andere machen, was sich aus sitzender oder stehender Position bewältigen läßt. Anzeigen für diese Art von Freizeitbeschäftigung finden Sie in den jeweiligen Zeitschriften zu diesen Themen. Diese Reisen sind möglicherweise gar nicht furchtbar teuer und bieten Ihnen Gelegenheit, Menschen zu treffen, mit denen Sie zumindest eines gemeinsam haben. Wenn das zweite Märchen also nicht wahr wird, haben Sie wenigstens Spaß gehabt und interessante Menschen kennengelernt.

Sie können auch mit dem Auto durch das Land fahren, obwohl sich viele Witwen lange Strecken alleine nicht zutrauen. Allein oder mit Freunden – jedes Land bietet abseits der großen Autobahnen reizvolle und interessante Landschaften und Sehenswürdigkeiten. Ich fahre am liebsten durch den Westen der Vereinigten Staaten in die großen Nationalparks (hier spricht eine, die es früher nicht einmal ertragen konnte, daß das Radio lief, wenn sie einen Lastwagen überholen mußte, weil sie sich sonst nicht konzentrieren konnte). Mit guten Straßenkarten und einem gewarteten Auto stellen viele von uns fest, daß sich ihr Erfahrungshorizont erweitert und ihre Angst schrumpft. Wenn Sie auf den Hauptstraßen bleiben, werden Sie immer Hilfe finden, sollten Sie welche benötigen; Sie brauchen nur die Motorhaube zu öffnen, und schon wird jemand anhalten und Ihnen helfen oder mindestens Hilfe herbeiholen. Trotz all der Horrorgeschichten, die man immer wieder zu hören bekommt, gibt es noch viele hilfsbereite Menschen, und ein Fahrer mit einer Panne wird gar nicht lange warten müssen, bis eine mitfühlende Seele ihn rettet. Wenn Sie immer noch ein wenig ängstlich sind, sollten Sie die Warnungen der Polizei und des ADAC befolgen und im verschlossenen Wagen ein Schild hochhalten, mit dem Sie die vorbeifahrenden Autofahrer auffordern, Hilfe zu schicken.

Weil die meisten von uns sich nicht getrauen, allein in ein fremdes Land zu reisen, ist ihre erste – und oftmals, wie sie glauben, einzig mögliche –, Reaktion, eine Reisebegleitung zu suchen. Das kann eine sehr gute Lösung sein, aber seien Sie vorsichtig, daß Sie nicht mit jemandem zusammengeraten, dessen Interessen und Geschmack – Essen, Schlafgewohnheiten, Wißbegierigkeit usw. – Sie sich ständig anpassen müssen. Das hätte Ihnen gerade noch gefehlt! Hüten Sie sich auch davor, zusammen mit einem Ehepaar zu reisen, wenn Sie beide nicht seit langem kennen und schätzen. Es ist mit Wahrscheinlichkeit anzunehmen, daß Sie sich einsam und fehl am Platz vorkommen, Zeuge ihrer gelegentlichen Auseinandersetzungen werden und sich zudem noch verpflichtet fühlen, ihren Wünschen zu entsprechen, anstatt das zu tun, was Sie tun wollen.

Verreisen Sie lieber alleine, wenn Sie voraussehen können, daß die Nachteile die Vorteile überwiegen. Sie treffen auf jeden Fall mehr Menschen und finden mehr Freunde, als wenn Sie zu zweit reisen. Das trifft ebenso auf die abenteuerlustige Reisende zu, die auf eigene Faust verreist. Junge alleinstehende Frauen haben den Weg gebahnt für die ältere Witwe; alleine zu verreisen ist heutzutage akzeptabel und möglich. Diejenigen, die den Versuch wagen, kehren mit gestärktem Selbstvertrauen nach Hause zurück und berichten, daß die Gefahren in der großen weiten Welt die Gefahren zu Hause keineswegs übersteigen. Im folgenden gebe ich einige Tips für die Reise allein:

Wenn Sie ins Ausland reisen, wählen Sie nach Möglichkeit Länder aus, deren Sprache Sie beherrschen, damit Sie mit vielen Leuten kommunizieren können.

Tragen Sie möglichst keine Handtasche mit sich herum. Stecken Sie Ihren Paß und Ihr Geld in eine kleine Tasche, die Sie am Gürtel befestigen, und tragen Sie sonstige Dinge in einem Beutel. Das ist so ungefähr die beste Vorsichtsmaßnahme, die Sie treffen können.

Nehmen Sie so wenig Gepäck wie möglich mit und auf jeden Fall nur so viel, wie Sie selbst tragen können. Sie werden überrascht sein, wie weit Sie mit einem Rock, einer Hose und einem Kleid kommen, ganz besonders dann, wenn Sie Anschlußzüge oder ähnliches erreichen wollen.

Zögern Sie nicht, auch neue und unbekannte Orte aufzusuchen, vorausgesetzt, Sie interessieren sich für die Sehenswürdigkeiten und die Geschichte; es ist hilfreich, wenn Sie sich bereits vor Antritt der Reise einen Besichtigungsplan zurechtgelegt haben. Gute Reiseführer sind absolut unerläßlich und am Ort gebuchte Stadtrundfahrten oftmals eine große Hilfe.

Wenn Sie ungern allein am Abend in ein erstklassiges Restaurant gehen, dürften Sie keine Probleme mit ausgezeichneten Mittagessen haben. In den meisten Fällen werden Sie auch am Abend zuvorkommend bedient, sofern Sie im voraus reservieren und darauf hinweisen, daß Sie alleine kommen werden.

Halten Sie sich die späten Abende frei, um die Ereignisse des vergangenen Tages Revue passieren zu lassen und Pläne für den kommenden Tag zu schmieden. Sie sind auf diese Weise spät abends an einem sicheren Ort, und wenn Sie einen ausgefüllten Tag gehabt haben, brauchen Sie die Ruhe sowieso.

Wenn Sie sich an einem fremden Ort befinden, wäre es das Dümmste, den ganzen Tag in der Hotelhalle oder auf Ihrem Zimmer zu verbringen. Gehen Sie aus, reden Sie mit Menschen, setzen Sie sich im Café zu anderen, fahren Sie mit dem Bus – wenn Sie Angst haben, nicht wieder zurückzufinden, fahren Sie bis zur Endstation und wieder zurück –, kaufen Sie sich Stadtpläne, und erkunden Sie die Stadt zu Fuß. Die Wahrscheinlichkeit ist groß, daß Sie auf einer der Stadtrundfahrten eine andere Alleinreisende finden, die sich gerne mit Ihnen zum Abendessen trifft. Versuchen Sie ins Gespräch zu kommen. Bezahlen Sie immer für sich selbst.

Nehmen Sie einen Fotoapparat mit. Sie werden sich selten fehl am Platz oder schüchtern fühlen, wenn Sie ein Bild machen oder wenigstens so tun, als machten Sie ein Bild.

Verfallen Sie nicht in Selbstmitleid, wenn Sie ein glückliches Paar sehen. Setzen Sie sich in ein Straßencafé, trinken Sie etwas, beobachten Sie die anderen, und denken Sie: »Schaut mich an, bin ich nicht gut!«

Versuchen Sie flexibel zu sein. Wenn Sie gezwungen sind, Ihre Pläne zu ändern, weil beispielsweise die Züge streiken, betrachten Sie dies als Herausforderung an Ihre Kreativität. Wenn es an dem Tag, an dem Sie spazierengehen wollten, regnet, sehen Sie sich einen Film in der Landessprache an, besichtigen Sie das Gerichtsgebäude, wo Sie nach Möglichkeit einer öffentlichen Verhandlung beiwohnen können, oder kaufen Sie sich einen Regenmantel.

Meiden Sie nach Möglichkeit Orte, die von Paaren bevorzugt werden, wie Strandhotels und dergleichen. Sie werden nicht nur von Paaren und Familien bewohnt, die sich selbst die Zeit vertreiben, sondern bieten auch wenig mehr als Blick aufs Meer und frische Luft. Solche Orte werden meist im Reiseführer nicht erwähnt.

Ein letzter Rat: fangen Sie klein an, und lernen Sie Ihre Interessen und Bedürfnisse kennen, die Sie dann ständig erweitern. Legen Sie sich einen Ordner mit interessanten Reiseberichten an, und lesen Sie über ferne Länder. Informieren Sie sich über die verschiedensten Arten, dorthin zu reisen, erkundigen Sie sich im Reisebüro, und sprechen Sie mit Leuten, die schon dort gewesen sind, und vergessen Sie auf keinen Fall die Bücher in Ihrer Bücherei. Erkundigen Sie sich nach verbilligten Reisen, von denen jeder Gebrauch machen kann, der keine vorgeschriebenen Reisezeiten einhalten muß und kurzfristig aufbrechen kann. Denken Sie: »Abenteuer!« Nicht Ihr Geldbeutel, sondern Ihr Mut entscheidet über das nächste Reiseziel.

Es war nicht immer alles eitel Sonnenschein

Witwen gibt es in jeder Größe, und das gleiche gilt für ihre Tränen. Nicht jede Ehe wird im Himmel geschlossen, und in jeder Ehe, die hier auf Erden besteht, gibt es gute und weniger gute Tage. Aber nur ganz wenige Witwen erinnern sich an die Streitigkeiten und die unglücklichen Zeiten, wenige frohlokken über ihr Freisein.

Unter all den Witwen, mit denen ich gesprochen habe, gab es nur zwei, die keine Tränen vergossen haben und dies ganz ehrlich zugaben. Die eine davon beklagte sich, weil sie die ständigen Tränenausbrüche der anderen Witwen, mit denen sie zu Mittag aß, nervten: »Ist denn nicht eine von euch froh darüber, endlich frei zu sein? Mein Mann wollte nie irgend etwas unternehmen; endlich hab' ich Gelegenheit zu leben – endlich.«

Die andere erklärte, nachdem sie zwei Treffen der Selbsthilfegruppen für Witwen besucht hatte: »Ich bin hier am falschen Ort. Ich hab' es weniger gut gehabt als Sie, und ich vermisse ihn überhaupt nicht. Wir haben die ganze Zeit nur gestritten, und ich bin froh und erleichtert, daß es endlich ein Ende genommen hat.«

Beide Aussagen erzeugten unbehagliches Schweigen bei den anderen Frauen, obwohl ich sicher bin, daß alle sich bis zu einem gewissen Grad mit dem, was die Frauen gesagt hatten, identifizieren konnten. Keine Ehe besteht nur aus Glorienschein und goldenen Flügeln; jede wußte, wovon die beiden Frauen sprachen. Haben Sie nie mit dem Gedanken gespielt, wie schön es wäre, frei zu sein, um das zu tun, was Sie gerne tun wollten, weniger Verantwortung zu haben, kein Streit, keine Haarspaltereien und keine schlechte Laune? Können Sie sich nicht an einen Tag erinnern, an dem Sie am liebsten einen großen Blumentopf aus dem Fenster geworfen hätten, nur um die Monotonie zu durchbrechen? Und hätten Sie nicht laut geschrien, wenn Sie die gleiche Geschichte noch ein einziges Mal gehört hätten oder noch einmal in dem gleichen langweiligen Restaurant hätten essen müssen, nur weil man sich dort nicht auf Sodbrennen spezialisierte? Haben Sie niemals Ihre Worte oder Taten im Zaum gehalten um des lieben Friedens willen und um eine Auseinandersetzung zu vermeiden? Es war nicht nur eitel Sonnenschein.

Manche Witwen erheben ihre Männer in den Heiligenstand. Ein Mann, der eine Witwe geheiratet hatte, sagte dazu: »Ich habe nie einen perfekten Mann gekannt, bis ich vom ersten Mann meiner Frau gehört habe.« Mit jedem Tag verblassen die Erinnerungen an die nervtötenden Gewohnheiten, handfesten Streitereien und jeglichen Groll, die eine Ehe belasten können – und es auch tun –, mehr und mehr. Durch den Filter der Abwesenheit sieht man die Ehe als »perfekte Ehe« und sich und seinen Mann »als perfektes Paar«. Versuchen Sie sich an einige der ärgerlichen Spitzfindigkeiten zu erinnern. Es wird Ihnen schwerfallen. Nur widerwillig erinnern wir uns an den Mann, der nie seine schmutzigen Socken in den Wäschekorb geworfen hat; angeblich bis eine Stunde vorher nie etwas von Verabredungen gehört hatte; das Badezimmer ungebührlich lang belegte, »mich in Gelddingen immer im unklaren gelassen hat«; der immer am liebsten zu Hause blieb, wenn im Kino ein guter Film gezeigt wurde; unfreundliche Blicke über den Bridgetisch warf; alles, was er vorgesetzt bekam, aß, wenn es nur pünktlich auf den Tisch kam; lieber das Zimmer verließ, als sich auf ein Gespräch einzulassen. Wir vergessen, daß wir mit Männern verheiratet waren, die geschnarcht haben, morgens immer mit einem Wehwehchen aufgewacht sind, zerstreut waren, wenn wir uns geliebt hatten, und, kurz gesagt, menschlich waren.

Das ist kaum verwunderlich. Selbst wenn ein Mensch eine Ehe ertragen hat, die wir als jämmerliche Beziehung – als pathologische Verbindung – bezeichnen würden, wird die überlebende Witwe an ihrem Schmerz fast zerbrechen. (Ich kannte ein Paar, das zweihändig Pinokel spielte; während jeden Spiels lag das Brotmesser zwischen ihnen; sie sprachen nur miteinander, wenn sie stritten. Trotzdem überwand die Witwe den Tod ihres Mannes nie.) Das Spektrum der Freude in verschiedenen Ehen reicht von mittelmäßig bis zu noch mehr mittelmäßig, und trotzdem leidet die zurückgebliebene Ehefrau mehr, als sie sich befreit fühlt. Für die Generationen der dreißiger und vierziger Jahre war es sehr viel schwerer, sich scheiden zu lassen; die meisten blieben deshalb verheiratet, und vielleicht galt und gilt für die Ehe, was für Mutters Essen gilt: man gewöhnt sich daran.

Aber nehmen wir einmal an, Sie schauten zurück auf die lustigen – und weniger lustigen – negativen Zeiten Ihrer Ehe: die Vorlieben, die Sie nicht geteilt haben, Abneigungen, die Sie nicht teilten, die Tyrannei der Zeit und der Pflicht. Finden Sie das unloyal oder sündhaft?

Frauen, die jahrelang einen kranken Mann gepflegt haben, erzählen, wie glücklich sie darüber waren, ihn all die Jahre gehabt zu haben. Nur beiläufig erwähnen sie Dinge, die auf die negativen Aspekte dieser Beziehung hindeuten, wie beispielsweise, daß sie nur ganz wenige Freunde haben, weil sie in den Jahren der Krankheit keine Freundschaften pflegen konnten.

»Ich habe nie Entscheidungen getroffen«, »Er hat nie mit mir über diese Dinge gesprochen« und »Man konnte mit ihm nicht diskutieren« spiegeln das genaue Modell einer Ich-spreche-du-hörst-zu-Ehe wider. Wenn davon die Rede ist, daß »wir so glücklich miteinander waren«, wird meist verschwiegen, daß dieses Glück von der Einhaltung früh festgelegter Regeln und einem starren Rollenverhalten abhing. Alles war wunderbar, solange die willige und unterwürfige Partnerin keine eigenen Ansprüche stellte.

»Ich habe immer geglaubt, ich sei zu dumm, um mit Geld umzugehen« läßt durchblicken, daß *auch er so gedacht hat.*

»Er war ein sturer Mann« heißt, daß er das letzte Wort hatte, und deutet auf eine unterschwellige Unzufriedenheit hin.

Manchmal gesteht eine Witwe unter Tränen, daß sie vor dem Tod ihres Mannes die Scheidung eingereicht hatte, und sie verhält sich so, als hätte sie ein Verbrechen begangen. »Ich hatte eine solche Wut auf ihn, weil er, nachdem er in Rente ging, überhaupt nichts mehr unternehmen, nirgends mehr hingehen wollte und nur noch zu Hause rumsaß; ich wollte ihn wachrütteln.« Jetzt erntet sie die guten Erinnerungen der Vergangenheit und bringt eine Rekordernte ein. Hätte sie dieses kleine Geständnis im Kreise von einem Dutzend anderer Witwen gemacht, hätte sie wahrscheinlich eine andere sanfte und gütige Stimme sagen hören: »Ich auch« – und dann noch eine und noch eine.

Die Zwiespältigkeit, mit der wir der Trauer um einen Verlust begegnen, ist Teil der menschlichen Natur. Es ist nichts Böses daran, wenn wir unsere Erleichterung darüber zum Ausdruck bringen, daß eine lange, isolierende Krankheit endlich ihr Ende gefunden hat, nicht nur »für ihn«, sondern auch

»für mich«. Es tut jedem Mann und jeder Frau gut, wenn sie einen Hoffnungsschimmer am Horizont sehen, wenn sie an die Zukunft denken: ein befriedigenderes Liebesleben, Tage ohne Sorgen und Konflikte, größere Freiheit, Unabhängigkeit. Es ist absolut zulässig, sich die weniger lobenswerten Eigenschaften des Partners aufzuschreiben, und vielleicht fassen Sie sich sogar ein Herz und machen eine Liste mit ungefähr einem Dutzend der Kompromisse, durch die Sie »ein glückliches Paar« geblieben sind. Zugegeben, Sie wären glücklich, wenn Sie alles noch einmal durchleben könnten, aber nachdem Sie nun – ohne eine Wahl gehabt zu haben – ein Mensch geworden sind, können Sie ebensogut die sogenannte perfekte Vergangenheit in Ihrer Vorstellung auf das richtige Maß reduzieren und der Gegenwart eine Chance geben.

Ich finde es oft lustig, wenn ich ein Paar beobachte, das die gleichen Riten durchlebt, die mir einst so vertraut waren. Es ist schwer, nicht zu lachen, wenn ich den Mann im Restaurant zu seiner Frau sagen höre, nachdem er die Karte ausgiebig studiert hat: »Was soll ich nehmen?« Oder die Frage nach dem besten und kürzesten Weg zu den Johnsons: »Soll ich den Broadway oder die Mainstreet nehmen?«, die auf jeden Fall eine viertelstündige hitzige Diskussion auslöst. Als ich einmal die Küstenstraße in Oregon allein entlangfuhr, versuchte ich mir den Dialog mit meinem Mann vorzustellen, hätte er die Schönheit und das Abenteuer dieser Reise mit mir teilen können. Das einzige, was mir einfiel, war: »Schau dir doch mal das an, ist das nicht unglaublich?« Und dann noch das großartige gemeinsame Gespräch: »Hungrig?« »Weiß nicht, und du?«

Vielleicht bin ich nicht frei von Neid, aber in solchen Zeiten fällt es mir leichter, mein unbeschwertes Alleinsein zu genießen. Ich habe festgestellt, daß eine kleine Portion Realität wesentlich dazu beiträgt, das Gleichgewicht zwischen dem armen Ich und dem neuen Ich wiederherzustellen. Ich höre in den Stimmen anderer alleinstehender Frauen die gleichen gespaltenen Gefühle, wenn wir beispielsweise nach einer Sitzung beratschlagen, ob wir noch essen gehen wollen oder nicht: »Warum nicht, auf mich wartet ja niemand.« Sie machen Bemerkungen über Paare in Restaurants, die sich, ohne ein Wort zu sprechen – aus-gesprochen – gegenübersitzen, und die chauvinistischen Bemerkungen mancher Männer, die sie früher überhaupt nicht gehört haben, dringen jetzt an ihre Ohren. Und welche Witwe schmunzelt nicht, wenn sie wieder einmal Zeugin der Haarspaltereien von Mr. und Mrs. Zank wird? »Es war letzten Montag.« »Nein, Schnuckelchen«, sagt der andere mit größter Geduld, »weißt du nicht mehr? Es war Dienstag.« Es klingt fast komisch – wie altertümliche Geschichte.

Natürlich hatten Sie einen wundervollen Mann, gewiß war Ihre Ehe außergewöhnlich, aber es war nicht alles eitel Sonnenschein – nicht so perfekt, daß die Zukunft Ihnen nichts zu bieten hätte. Manchmal erzählen Menschen davon, wie sie sich, seit sie verwitwet sind, verändert haben, und schütteln ungläubig die Köpfe, weil sie nicht für möglich gehalten hatten, daß sich aus ihrem Verlust irgend etwas Positives ergeben könnte. Sie seien jetzt anders, sagen sie. Es sei schwer zu erklären. Sie waren glücklich vorher, und sie wünschten sich von ganzem Herzen, daß es immer noch so wäre, sagen sie. Jede Beziehung hat ihren Preis, und sie waren glücklich darüber, ihn bezahlen zu dürfen. Aber die Aussage einer skeptischen Frau, die seit einem Jahr verwitwet war, beleuchtet die andere Seite: »Wissen Sie, ich habe meinen Mann wirklich geliebt, aber ich könnte ihn heute nicht mehr heiraten – weil ich festgestellt habe, daß ich einen eigenen Verstand besitze.«

Wieviel bin ich wert ohne Mann?

Viele von uns sind mit dem Spruch großgeworden, daß hinter jedem großen Mann eine große Frau steckt – zu beneiden, dieses Mädchen. Unser Ansehen richtete sich nach unseren Männern: die Frau eines Chirurgen genoß schon immer sehr viel mehr Ansehen als die Frau eines Fabrikarbeiters. Wir sahen uns selbst durch die Augen des Mannes und haben uns entsprechend verhalten. Eine Frau, die sich schön, wertvoll und sicher fühlen möchte, braucht einen Mann. Ist es nicht so?

Witwen müssen dieses Glaubensbekenntnis hinterfragen. Wenn die Frauen, die ihre Witwenschaft bewältigt haben, nach dem gefragt werden, wie sie sich verändert haben, antworten sie, sie seien selbstbewußter, fühlten sich leistungsfähiger, herausgeforderter, sie genießen ihre Unabhängigkeit und, um eine Frau wörtlich zu zitieren: »Ich genieße es, zur Abwechslung mal im Recht zu sein.« Sie antworten, sie seien geselliger, hätten einen größeren Bekanntenkreis und seien wißbegieriger. Eine wachsende Zahl von Witwen will nicht wieder heiraten oder »noch einmal einen Mann versorgen«.

In Anbetracht all dieser positiven Aussagen frage ich mich, warum sich Witwen trotzdem noch immer auf der negativen Seite des Lebens sehen, wenn sie ohne Mann sind? Wenn eine Witwe ihre Wiederheirat bekanntgibt, kann sie sich vor Gratulationen kaum noch retten. Die Witwen, die ihr gratulieren, kämpfen jedoch heimlich mit diesem Gefühl aus Neid und Ablehnung. Ich wünschte, es wäre anders, aber wir denken leider immer noch in absoluten Begriffen, und das heißt, daß man entweder einen Partner hat oder keinen Partner hat. In dieser Stimmung fühlen sich Witwen einsam, ausgeschlossen, ungeliebt und nutzlos; sie vergessen aber dabei, daß sie die gleichen traurigen Gedanken ungefähr seit ihrem fünften Lebensjahr kennen – mit und ohne Mann.

Ich bin der Meinung, eine Witwe hat es verdient, daß man ihr gratuliert, wenn sie bekanntgibt, daß sie ihren ersten Scheck ausgestellt hat, ihren ersten Kilometer gefahren ist oder ihre erste Alleinentscheidung getroffen hat. Wir sollten applaudieren, wenn sie ins Kino geht oder ins Restaurant, alleine feiert (wenn ihr danach ist), sich selbst genug ist, den Unterschied wahrnimmt zwischen Einsamkeit und Alleinsein und ihr Alleinsein genießt. Es ist ein durchschlagender Erfolg, wenn sie liebt, gibt und sorgt, so wie sie es immer getan hat, und sie liebt sich selbst dafür, wenn sie feststellt, daß sie einen eigenen Verstand und Überzeugungen hat und über ungeahnte Kräfte verfügt. Ich bin der Meinung, daß sie viel erreicht hat, wenn sie alleine leben kann, ohne ihre Sexualität zu opfern, lieben kann, ohne ihre Unabhängigkeit aufzugeben. Ein Prosit auf sie und ihre Freunde, mit denen sie Dinge unternehmen kann und mit denen sie zusammensein kann!

Nicht um alles in der Welt möchte ich die Ehe als solche abschaffen; sie ist wunderbar und kann sogar noch besser werden, wenn beide Partner eigenständige, glückliche Menschen sind. Aber das trifft leider nicht auf alle zu; das Leben mit einem Mann ist nicht unbedingt besser als das Leben ohne Mann. Wir sind alle Sieger, wenn wir auf uns selbst vertrauen und mit uns zufrieden sind – wenn das *Mensch-Sein* das *Witwen-Sein* ablöst. Wieviel bin ich also wert ohne Mann? Alles.

Der Abschied: Ein Tagebucheintrag

Lieber Martin,

die Menschen und Dinge haben sich in den letzten zehn Jahren sehr verändert. Und ich habe mich ebenfalls verändert. Während Du immer noch jung bist und gut aussiehst, sehe ich schon ganz schön alt aus: mehr Falten und Runzeln und das, was Du immer »Charakterlinien« genannt hast. Ganz schön viel Charakter.

Draußen ist es kälter; drinnen sind die Rechnungen höher, und die Welt um uns herum ist verrückter. Die Armee singt nicht nur das Lied von den Hallen von Montezuma bis an die Strände von Tripolis, sondern sie bezieht jetzt dort Stellung. Wir haben jetzt bereits den zweiten republikanischen Präsidenten, und ich kann mir gut vorstellen, was Du dazu sagen würdest.

Auch in unserem Haus hat sich viel verändert. Du wirst es nicht glauben, aber die Betten werden nur noch einmal in der Woche gemacht, und dieses ganze Papierzeug, das ich Dir immer mit einem lauten und bedeutungsvollen Seufzer auf den Schreibtisch gelegt habe, schafft's gar nicht mehr bis zum Schreibtisch – jede glatte Unterlage muß herhalten. Es würde Dir gefallen, totale Unordnung. Aber die Dusche tropft nicht mehr, die Garageneinfahrt ist geteert, und jeder ausgestellte Scheck wird genau notiert. Die Dusche habe ich selber repariert, für die Garageneinfahrt habe ich fünf Kostenvoranschläge eingeholt (habe zwei Wochen lang deswegen nicht geschlafen), und ich habe zudem ein gutes Ablagesystem für Einnahmen und Ausgaben gefunden. In den vergangenen zwölf Monaten war das Konto zweimal ausgeglichen, und das ist eine zweihundertprozentige Verbesserung. Kaum zu glauben, meinst Du nicht?

Du wirst es auch nicht glauben, wenn ich Dir erzähle, daß ich die steilsten Gebirgsstraßen hinauffahre, aus dem Stegreif vor einem Publikum spreche, Mitglied vieler Gemeindeorganisationen bin und bei einer sogar Vorsitzende. Wir sind immer davon ausgegangen, daß diese Dinge Dir vorbehalten seien. Natürlich fällt es mir immer noch schwer, Süden und Norden auseinanderzuhalten und in Prozenten zu rechnen (siehe oben), schwere Kisten zu tragen und warme Füße zu kriegen – um nur einige Schwierigkeiten zu nennen.

Letzten Silvester habe ich meine jährliche Party für fünfzig Leute gegeben – viele alte Freunde und Ehepaare waren da. Meine Party hat sich zum wirklichen Ereignis gemausert; auf diese Weise bleibe ich mit den Menschen in Verbindung und erfülle meine gesellschaftlichen Verpflichtungen. Ich war so beschäftigt, daß ich nicht wußte, ob Weihnachten oder Neujahr war.

Unser Sohn war ein klein wenig verschnupft, als ich vor ein paar Jahren zum ersten Mal die Einladung für die Feiertage ausgeschlagen habe, weil ich meine eigenen Pläne gemacht hatte. Aber erst vor kurzem hat er mir gesagt, wie stolz er auf mich und das Leben, das ich mir selbst aufgebaut habe, ist. Wir haben beide geweint.

Und genau das ist es. Als Familie sind wir uns sehr viel nähergekommen und sind in der Lage, offen miteinander zu reden. Als Du noch gelebt hast, haben wir uns gegenseitig immer »geschont«, aber jetzt wissen wir, daß es ein gegenseitiges Schonen nicht gibt. Manchmal, wenn wir die Enkelkinder, die Du nie gesehen hast, beobachten, bemerkt Dein Sohn: »Vater hätte bestimmt viel Freude an ihnen.« Manchmal kullert eine Träne über seine Wange, unbemerkt natürlich, und Deiner Schwiegertochter und mir geht es ebenso. Es ist traurig, aber zugleich tröstlich.

Ein neues Jahr bricht an, und der Kalender ist voller Pläne. Auf manche Tage freue ich mich, und andere könnte ich ebensogut überspringen. Ich wünschte, Du wärest da, aber wenn Du zurückkämst, würdest Du mich sehr verändert vorfinden, und ich glaube, ich könnte nicht wieder wie früher sein. Aber ich bin mir sicher, Du würdest mich auch so lieben, wie ich jetzt bin.

In Liebe
ich

Teil 4

Nebenbei bemerkt

Diesen Teil des Buches habe ich im besonderen für junge Witwen, Witwer und die Menschen geschrieben, die Witwen zur Seite stehen wollen. Obwohl ich in den Kapiteln dieses Teils auf ganz spezielle Probleme eingehe, sind sie mit den vorangegangenen durch die gemeinsame Witwenschaft und natürlich die Trauer verbunden. Sie verstärken und erweitern nur das, was junge Witwen, Witwer und Familien bisher gelesen haben.

Junge Witwen, d.h. Witwen, die jünger sind als 45, fühlen sich ausgeschlossen und allein und treffen einander nur selten, obwohl es in den USA etwa 400000, in der BRD über 90000 gibt. Und Witwer, in den USA sind es mehr als drei Millionen, schlagen sich ebenfalls – tapfer – alleine durchs Leben. Für das erwachsene Kind des verwitweten Elternteils ist diese Zeit besonders verwirrend, weil es sich auf eine neue Beziehung zu einem neuen Menschen einstellen muß; Witwenschaft verändert jeden Menschen.

Für all diejenigen habe ich in den folgenden Kapiteln versucht mit alten Vorurteilen aufzuräumen und einen Weg in ein neues Leben aufzuzeigen.

Junge Witwen ...

Jungen Witwen erscheint alles unfair. Die Braut der heutigen Zeit ist viel mehr auf Scheidung vorbereitet als auf Witwenschaft – und allen anderen geht es ebenso. Ihre Position scheint so tragisch und unnatürlich, daß andere, wenn sie von ihr sprechen, nicht nur von »einer Witwe« sprechen, sondern immer eine Erklärung hinzufügen: »... die junge Frau, deren Mann an Krebs starb« oder »... die junge Frau, deren Mann bei einem Autounfall ums Leben kam«.

»Vom Schicksal betrogen«, so formulierte es eine Frau, deren Mann tödlich verunglückte, als er mit dem Fahrrad losfuhr, um seine Dissertation zu fotokopieren. »Alle möglichen Türen standen ihm offen. Warum zum Teufel hat er nur die falsche erwischt?« Hinter einer dieser Türen befanden sich ihre eigene zurückgestellte Karriere sowie die nun nie mehr zu realisierenden gemeinsamen Pläne. Sie war zornig, und obwohl ihre Freunde sich nach dem Unfall rührend um sie kümmerten, fühlte sie sich isoliert und betrogen; sie waren alle verheiratet, und sie kannte keine einzige andere 32jährige Witwe. In ihrem Alter passiert so etwas einfach nicht.

Nicht daß der Tod eines Partners unter irgendwelchen Umständen leicht zu verkraften wäre, aber eine junge Witwe hat einen besonders harten Schicksalsschlag zu verkraften. Es ist schon schlimm genug, daß sie mit sehr viel mehr unerledigten Angelegenheiten und unerfüllten Plänen fertig werden muß als jemand, der länger verheiratet war, aber viel öfter ist sie durch ihr bisheriges Leben in keiner Weise auf einen frühen Tod vorbereitet worden. Während sie also die gleichen Phasen und den gleichen Schmerz durchlebt, über die wir in diesem Buch bereits gesprochen haben, ist sie zusätzlich auf das, was geschehen ist, und für das zu Erwartende weniger vorbereitet. Im Gegensatz zu der älteren Witwe ist ihr nie in den Sinn gekommen, daß es ihr widerfahren könnte. Des weiteren unterscheidet sie sich von der älteren Witwe, weil dies möglicherweise ihre erste Begegnung mit dem Tod ist; vielleicht hat sie noch nie einer Beerdigung beigewohnt, vielleicht leben noch alle Eltern, Geschwister und Freunde. Nichtsdestotrotz wird sie mit den pragmatischen – und beängstigenden – Formalitäten und Entscheidungen der Beerdigung konfrontiert, obwohl sie keine vergangenen Erfahrungen als Schockdämpfer vorzuweisen hat. Unter diesen Umständen möchte sie am liebsten allem entfliehen, wofür sie sich aber schuldig und beschämt fühlt. Wenn in diesem Falle ihre Eltern oder Schwiegereltern die Dinge für sie in die Hand nehmen, wie das so oft der Fall ist, fühlt sie sich doppelt hilflos und hat das Gefühl, ihr Leben noch weniger selbst in der Hand zu haben. Jeder Weg endet in einer Sackgasse.

Man erwartet von der jungen Witwe, daß sie flexibel ist und die Kraft hat, Probleme in viel kürzerer Zeit zu bewältigen als ein älterer Mensch. »Du bist noch jung und wirst wieder heiraten«, sagen die Älteren voraus, was ihr jedoch wie blanker Hohn erscheint: »Großartig!« denkt sie. »Du wirst noch viele Möglichkeiten im Leben haben.« Ihre Freunde sehen es ebenfalls nicht aus ihrer Perspektive. Für sie ist jeder Verlust gleich: »Schau dir Susie an; sie ist seit einem Jahr verwitwet und geht schon wieder in die Schule, hat eine neue

Beziehung und wiegt nur noch 50 Kilo.« Aber Sally (deren Mann mit 37 einem Herzinfarkt erlag), weint sich immer noch die Augen aus und gerät ganz aus dem Häuschen, wenn irgend jemand versucht, ihr – ihren ganzen 72 Kilo – einen Rat zu geben.

Der Unterschied besteht darin, daß Susie viele geschiedene neue Freunde hat, mit denen sie die Vergangenheit aufarbeiten und optimistische Pläne für die Zukunft schmieden kann, während Sallys alte und einzige Freunde ihr einen Blick zuwerfen, wenn sie von der Vergangenheit spricht, der sie auffordert, doch endlich damit aufzuhören; doch für sie gibt es noch keine Zukunft. Der Unterschied besteht auch darin, daß eine Witwe, sei sie nun jung oder alt, ihre Trauer nicht wie eine Schlangenhaut abwirft und sich einfach noch einen akademischen Titel holt; sie reagiert bezüglich ihres Aussehens übersensibel und will das Geschehene gar nicht so schnell wie möglich vergessen. Der Übergang in eine neue Identität geht bei ihr viel langsamer vor sich. Deswegen neigen ungeduldige Freunde dazu, sich von ihr zu distanzieren, sobald die Neuheit der Tragödie nachgelassen hat. Sie lassen sie isoliert und ohne tröstliche Worte zurück. (Der Grund, warum Kriegswitwen sehr viel besser mit ihrem Schicksal fertig werden, besteht darin, daß sie nicht nur von Freunden, sondern einem großen Teil der Bevölkerung und von dem Wissen umeinander getröstet werden.)

Es ist also nicht verwunderlich, daß die junge Witwe sehr viel mehr Zorn in sich ansammelt. Wer könnte es ihr verübeln? Wenn sie sich umschaut, sieht sie ihre Freunde, die zu Konzerten gehen und am Wochenende Ski fahren, so, als wäre nichts gewesen, und empfindet die Realität – ihre Träume von einer Familie, einem Haus und einem neuen Auto – um so grausamer; wenn sie zudem noch kleine Kinder hat, stellt sie zum ersten Mal fest, daß sie in vielen Dingen einen Vater nötig hätten. Die verwitwete Mutter fühlt sich gefangen und betrogen und weiß doch, daß sie ihr Leben weiterleben muß.

Obwohl ihre Wut und ihr Zorn gesund und positiv sein können, ist sie zu Zeiten feindlich und kurz vor einem Ausbruch. Sie wird deswegen von Freunden und Verwandten nur schwer akzeptiert. Ihr Zorn ist, ähnlich dem Wind in einem Sturm, eine Kraft, durch die sie ihre Emotionen entlädt – sie wird deswegen weniger oft von Depressionen heimgesucht, die immer dann entstehen, wenn Zorn und Wut unterdrückt werden –, aber es kommt vor, daß sie ohne gerechtfertigten Grund um sich schlägt und dabei einen Unschuldigen trifft. Ich war einmal zugegen, als eine junge Witwe ihre Freunde eine halbe Stunde lang dafür beschimpft hat, daß sie ihren Sohn während der Schulferien nicht zum Fischen und Campen mitgenommen haben. Obwohl das Kind vorher niemals an solchen Unternehmungen teilgenommen hatte, hielt die Frau es nun für das Natürlichste der Welt, was sie auch immer und immer wieder betonte. »Sie wissen, daß Barry keinen Vater mehr hat.« Vernünftig – nein. Typisch – ja. Es ist verständlich, daß Freunde, die diese Beschimpfungen oder ein passiv-aggressives Schweigen mehrmals über sich ergehen lassen mußten, die Hände über dem Kopf zusammenschlagen und lamentieren: »Ich hab's versucht, aber sie ist unmöglich.« Ich für meinen Teil würde mir wünschen, daß diese Freunde ein bißchen mehr Geduld aufbrächten und die Gefühlsausbrüche über sich ergehen ließen – und Barry zum Campen mitnähmen.

Auf der anderen Seite neigen Mütter und Väter dazu, ihre Fürsorge zu übertreiben. Einem automatischen elterlichen Reflex zufolge fallen sie in frühe Instinkte zurück und wollen auf einmal »alles besser machen«. Eltern sind nicht in der Lage, hilflos daneben zu stehen, und Töchter können nur schwer hilflos werden. Junge Witwen berichten, daß die Liebe und

Fürsorge der Eltern in den ersten Monaten wohltuend ist, sich aber später in eine Bürde verwandelt. Sie stellen plötzlich fest, daß andere ihr Leben bestimmen. Als Georg noch gelebt hat, haben die Eltern davon Abstand genommen, ihre Meinung zu finanziellen Angelegenheiten abzugeben, und haben ihr nicht erklärt, wie ungesund Pizza und Coca-Cola zum Abendessen sind, wie viele Stunden ein Fünfjähriger schlafen sollte und welche Trauerzeit angemessen ist. Jetzt rufen sie ganz selbstverständlich jeden Sonntagvormittag an und geben Ratschläge. Sally ist nicht mehr in der Lage, die Eltern wie früher zu ignorieren, sondern fühlt sich kritisiert und in ihre Jugendzeit zurückversetzt. Wie, so fragt sie sich, kann sie bei allem guten Willen das Geschenk ihrer Hilfe und Anteilnahme annehmen, ohne sich gleichzeitig dadurch verpflichtet und gebunden zu fühlen? Ich schlage vor, daß Mutter und Vater sich daran erinnern, wie ihre Tochter gelernt hat, radzufahren: allein – während die Eltern sie von ferne beobachtet haben.

Für die meisten jungen Witwen sind die Schwiegereltern das nächste große Problem, oft sogar das beherrschende Problem, weil sie meist nur von sich selbst sprechen. Die Schwierigkeiten, die diese besondere Beziehung auslösen kann, sind schon während der Ehe in jedem Teil der Erde die gleichen, und in der Witwenschaft nehmen sie leider noch zu. Die Witwe und die Kinder sind die letzten lebenden Beweise des verstorbenen Sohnes oder Bruders, und die Schwiegereltern sind für die Witwe eines der stärksten Bindeglieder zu ihrem Mann; die Spannungen sind vorprogrammiert und unvermeidbar. Junge Witwen fühlen sich durch eine starke Loyalität gegenüber den Eltern und Geschwistern eingeschränkt und lehnen die daraus oft erwachsenden Verpflichtungen ab: Sonntagsessen, die Vergewisserung, daß die Kinder Großmutter regelmäßig anrufen, verdorbene gemeinsame Ferien und die Diskussion um den Verbleib *seines* Bildes auf dem Schreibtisch. Beide Parteien sind sich darüber im klaren, daß das, was für den einen gut ist, nicht auch für den anderen gut sein muß; Beziehungen, Heirat, Umzug und ganz einfach nur Loslassen sind Dinge, die die Harmonie der Beziehung empfindlich stören können. Nicht zu vergessen, daß es immer der Mann war, der solche Reibereien geklärt hat. Wenn schon vorher nicht offen und ehrlich kommuniziert wurde, wird vielleicht jetzt gar nicht mehr kommuniziert. Eine immer wieder auftauchende Beschwerde dieser Witwen ist: »Ich weiß überhaupt nicht, was sich meine Schwiegermutter vorstellt. Sie sagt, wenn ich sie einlade, ›Laß es gut sein‹ und ›Mach dir keine Umstände‹, aber wenn sie zu Besuch kommt, treibt sie mich zum Wahnsinn, weil sie nur ja nichts tun will, um zu stören – und dabei tut sie gerade das. Wir behandeln uns gegenseitig wie rohe Eier.« Lösung: Könnten nicht alle – Witwe, Eltern und Schwiegereltern – das aussprechen, was sie meinen? Eine befriedigende Beziehung läßt sich nicht auf falsch verstandener Vorsicht aufbauen.

Es gibt jedoch auch eine gute Nachricht: sowohl Eltern wie Schwiegereltern können und wollen in aller Regel eine echte Hilfe sein. Die Witwe muß deshalb eigene Grenzen abstecken und manchmal auf verlockende Angebote verzichten: auf eine Reise nach Hawaii während der Schulzeit, auf ein schönes Essen in einem Restaurant mit einem zweijährigen Kind, auf einen kurzfristigen Waffenstillstand, der mit einer Notlüge bewirkt wird, und eine ehrliche Antwort anstatt »Es ist mir egal« und »Was du willst«. Es muß durchaus nicht sein, daß die Schwiegereltern die Schwiegertochter als unzuverlässige Erbin ihres Sohnes sehen; vielleicht halten sie sie eher für einen Menschen, der noch wachsen muß.

Welche Sorgen belasten die junge Witwe noch? Geld natürlich. Junge Ehepaare, die erst anfangen, sich ihr Leben einzurichten, haben normalerweise nicht viel Geld gespart, und die meisten wollten auch noch kein Geld für eine Lebensversicherung ausgeben. Die Witwe, die sich mit ihren Kindern allein mit der Rente über Wasser zu halten versucht, kann sich so gut wie gar keinen Luxus leisten, wenn sie dieses Einkommen nicht auf irgendeine Art aufbessern kann.

Es bleibt einer Witwe nach dem Tod des Mannes oft gar nichts andres übrig, als sich nach einem Job umzusehen und zu arbeiten, doch darf diese Arbeit nicht zum einzigen Ziel werden. Frauen, die versucht haben, ihre Trauer durch eine anspruchsvolle Arbeit zu vergessen, raten von dieser Methode ab. Ihre Tage seien, so berichten sie, eine Aneinanderreihung von mechanischen Impulsen wie Aufstehen, zur Arbeit gehen, Heimkommen und wieder Aufstehen. Es bleibt ihnen keine Zeit, zu denken, zu fühlen, zu reden, neue Freunde kennenzulernen und eine Veränderung anzustreben. Statt dessen rächt sich dieses Verhalten durch Depressionen, gesundheitliche Schwierigkeiten, Familienzusammenbrüche und alle möglichen anderen schleichenden Probleme. Sie müssen sich im klaren darüber sein, daß Arbeit und Beschäftigung, die nur das Ziel haben, Gefühle auszuschalten, letztendlich gar nichts bewirken und nirgendwohin führen.

Wenn sich schon Arbeit und Trauer nur schlecht vertragen, vertragen sich Sex und Trauer noch schlechter. Eine typische Frage in der ersten Zeit der Witwenschaft lautet: »Was wird bloß aus meinem Sexualleben?« Es ist für eine junge Witwe, die immer noch unter Schock steht und ganz in ihrer Trauer gefangen ist, weder ungewöhnlich noch schockierend, eine leidenschaftliche Liebesnacht zu erleben. Sex kann ebensoviel emotionale Spannung entladen wie Schreien oder Weinen. Zu einem späteren Zeitpunkt dann beschäftigen sich Frauen mit der Frage, ob sie immer noch attraktiv sind, ob sie in der Lage sind, mit einem anderen Mann zu schlafen, und ob sie überhaupt noch sexuell lebendig sind. Manche beschäftigen sich nur theoretisch mit der Frage, andere praktisch. Eine Frau, die bis heute noch nicht erklären kann, welche Motive ihrem Handeln zugrunde lagen, legte sich etwa sechs Monate nach dem Tod ihres Mannes drei Liebhaber zu – und zwar gleichzeitig. Obwohl sie weder echtes Verlangen nach Sex noch wirkliche Befriedigung erlebte, hielt sie diese Beziehungen geraume Zeit aufrecht. Häufiger trifft man jedoch junge Witwen, die ziemlich lange brauchen, bis sie in der Lage sind, eine körperliche Beziehung zu einem anderen Mann aufzunehmen – bei einigen dauert es zwei Jahre. Manche Frauen stellen auch Beruf und Kinder vor Sex. Die Einstellungen und das Verhalten einer jungen Witwe zum Thema Sex hängen unter anderem davon ab, wie sie ihre Körperlichkeit und Sexualität während ihrer Ehe erlebt hat. Ungeachtet dessen kann niemand von ihr erwarten, am wenigsten sie selbst, daß sie, wenn sie eines Morgens mit einem Gefühl der Lebendigkeit und des körperlichen Verlangens sowie der Bereitschaft, emotionale Risiken einzugehen, aufwacht, wohlüberlegt und vernünftig handelt. Sie lebt immer noch in einem ständigen Auf und Ab.

Witwen wissen oft nicht, wie sie mit der Trauer ihrer Kinder umgehen sollen. Sie fühlen sich ihren Kindern gegenüber hilflos. Kinderpsychologen halten es für verkehrt, die Kinder von dem Wissen um den Tod fernzuhalten, und raten ebenfalls davon ab, sie glauben machen zu wollen, Vati sei in den Himmel gegangen, sofern nicht eine starke religiöse Überzeugung hinter dieser Aussage steht. Kein Kind wird in Anbetracht dessen, was im Himmel heutzutage vor sich geht, den Himmel für einen begehrenswerten Platz halten – wenn er dies überhaupt jemals gewesen ist. Ein Kind sollte kindgerecht und zu der richtigen Zeit über den Tod aufgeklärt werden. Seine Fragen und die Abwesenheit des Vaters sollten ehrlich beantwortet und diskutiert werden. Wenn ein Kind weint, weil es seinen Vater vermißt, kann die Mutter ihm sagen, daß es ihr ebenso geht. Wenn ein Kind nicht über seinen Vater spricht, sollte die Mutter das Schweigen nicht mit Schweigen beantworten und ihre Tränen fortwährend verstecken. Wichtig ist immer das Gespräch! Gleichermaßen darf die Mutter nicht zulassen, daß sie ihr Kind zu ihrem Partner und Vertrauten macht, obwohl dies für die einsame junge Witwe eine tröstliche Versuchung darstellt. Auch ein sechsjähriges Kind hat sein eigenes Leben. Soviel ist sicher.

In diesen kleinen Köpfen geht sehr viel vor sich; geduldiges und aufmerksames Zuhören kann nicht genug empfohlen werden. Kinder haben konkrete Vorstellungen und verstehen *verloren*, *Wiederkehr* und *beobachtet dich* sehr wörtlich. Während eines Picknicks für Witwen mit Kindern unter zwölf Jahren lernte ein achtjähriges Mädchen eine andere Achtjährige kennen, die ihren Vater ebenfalls »verloren« hatte. Sie gestand ihrer Mutter im Anschluß an das Picknick mit einem Seufzer der Erleichterung: »In der Schule habe ich immer gesagt, meine Eltern seien geschieden, weil ich geglaubt habe, wir seien die einzigen, die ihren Vater nicht finden können.«

Das vaterlose Kind fühlt sich anfänglich vielleicht mehr beraubt und verlassen oder fürchtet, daß auch seine Mutter sterben könnte. Es muß seinem Kummer Luft machen können. Die beste Therapie ist immer noch das Gespräch mit einem verbliebenen Elternteil, das allerdings Zeit und Geduld voraussetzt. Wenn das Kind spürt, daß seine Mutter und andere Familienangehörige nur ungern über das Thema sprechen, wird es sehr schnell lernen, seine Gedanken für sich zu behalten. Andererseits muß das Kind nicht bemitleidet werden. Mitleid vermittelt den Eindruck von Unfähigkeit und stößt das Kind vor den Kopf. Es gibt genügend Beweise dafür, daß alleinerziehende Eltern gute Erzieher sind und daß das Kind nicht notwendigerweise traumatische Erfahrungen durchmacht, weil es ohne Vater oder ohne Mutter aufwächst.

Es wird immer wieder gefragt, ob nicht jüngere Witwen logischerweise besser mit dem Verlust fertig werden, weil ihr Selbstwertgefühl intakter ist. Wir gehen davon aus, daß Frauen über fünfzig in eine viel schwierigere Identitätskrise geraten, weil ihre Generation bedeutend mehr in die Rolle der Ehefrau und Mutter investiert hat. Trotzdem hängt die Bewältigung der Trauer und die Dauer des Trauerprozesses nicht so sehr vom Alter als von der Bereitschaft und Fähigkeit jedes einzelnen, zu wachsen und sich zu verändern, ab. (Ich kannte eine 85jährige Witwe, die sich fünfzehn Jahre jünger machte, um ohne große Fragen einen Sommerkurs an einer Universität belegen zu können, und eine 22jährige Witwe, die nur den ganzen Tag lang in ihrer Wohnung vor dem Fernsehgerät saß.) Junge Witwen halten ihre Rollenidentität als Ehefrau und Mutter für eine weibliche Eigenschaft, die sich trotz gesellschaftlicher Veränderungen, Berufstätigkeit und finanzieller Unabhängigkeit nicht verändert hat. Und wie um ihre Überzeugung zu beweisen, benutzen sie ähnliche Ausdrücke wie ältere Witwen, um ihr Verhältnis zu der Welt um sie herum zu beschreiben: *allein*, *grotesk* und *ausgeschlossen*.

Durch eigene Erfahrung habe ich festgestellt, daß junge Witwen keine Ebene der Trauer erreichen, die es ihnen, ähnlich den älteren Witwen, ermöglicht, den Status quo zu akzeptieren. Wenn sie einen bestimmten Punkt erreicht haben, fangen sie an, Zukunftspläne zu schmieden. Die Wahrscheinlichkeit der Wiederheirat ist auch bei jungen Witwen relativ gering, aber diejenigen, die nicht wieder heiraten, sitzen keineswegs untätig herum. Die vielen Gespräche, die ich miterlebt habe, drehten sich nur anfänglich um Schwiegereltern, Eltern und Kinder, und sehr bald fingen die Frauen an, über die Rückkehr in den Beruf, eine Geschäftsgründung, Kinderbetreuung zu Hause, Ausbildung zur Sozialarbeiterin oder sogar die Investition in ein Bauunternehmen zu sprechen.

Wenn es überhaupt ein Ende der Trauer gibt, setzt es in diesem Moment ein, indem die Vergangenheit allmählich losgelassen wird und die Gedanken auf die Zukunft ausgerichtet, neue Pläne geschmiedet, neue Freundschaften geschlossen werden – indem Sie offen sind für das Neue. Auf jeden Fall sollten Sie sich durch das Wissen bestätigt fühlen, daß junge Witwen die wunderbare Fähigkeit zur Bewältigung haben, weil sie zwar um das ungerechte Schicksal wissen, aber jetzt zäher und stärker sind.

... und auch Witwer

Wenn Männer und Frauen nach dem Tode des Partners miteinander über sich selbst sprechen, sind sie zunächst verblüfft über die Gleichheit dessen, was sie erleben, und dann – über die Ungleichheit.

Anfänglich machen Witwen und Witwer die gleichen emotionalen Krisen durch: beide fühlen sich gleichermaßen beraubt, verwirrt, verloren und verzweifelt. Beide haben einen Teil ihrer selbst verloren und sind am Boden zerstört. Sowohl Männer als auch Frauen haben dies immer wieder bestätigt.

Nach der Beerdigung lächeln und schütteln beide Geschlechter Hände mit dem gleichen »abwesenden« Blick, sie sind gleichermaßen zornig, weil sie verlassen worden sind, sie überhäufen sich mit Selbstvorwürfen und werden in gleicher Weise von Depressionen heimgesucht, gehen durch all die anderen Trauerphasen, die ich an anderer Stelle bereits aufgezählt habe. Männer führen die gleichen törichten Selbstgespräche wie Frauen: »Meiner Tochter wäre viel mehr geholfen, wenn ihre Mutter an meiner Stelle noch leben würde« oder »Dolly hat überall für gute Stimmung gesorgt; wer will denn schon einen Blindgänger wie mich?«

Im Loslassen werden die gegenseitigen Abhängigkeiten, die die Beziehung vormals aufrechterhalten haben, zu individuellen Makeln. Der starke Hüne von einem Mann fühlt sich vielleicht ganz unerwartet so hilflos wie ein Baby, ebenso wie die vollkommen selbständige Frau feststellt, daß sie Angst hat, nachts allein zu sein. Ein wesentlicher Teil der Trauer besteht aus dem Zusammenbruch des Egos, genannt Halber-Mensch-Syndrom. »Ich bin niemand besonderer mehr.« Und das gehört zur Witwenschaft, nicht zum Geschlecht.

Nichtsdestotrotz gibt es Unterschiede, und obwohl sie nicht dem Y-Chromosom zuzuschreiben sind, sind sie doch so sehr mit unseren sozialen Gepflogenheiten und Bräuchen verflochten, daß sie fast als männliche Attribute angesehen werden können. Stärke und Mut gehören dazu. Aus seiner Sicht hat es der Witwer besonders schwer. Männer scheinen sich besser unter Kontrolle zu haben als Frauen, doch ist ihre trügerische Fassade viel mehr das Resultat generationenlanger unerbittlicher Übung als echte Härte und somit kein Schutz vor Trauer. Sie beneiden Frauen um ihre Tränen. Obwohl die heutige Gesellschaft den Männern ihr Recht auf Tränen zugesteht, fällt es ihnen schwer, davon Gebrauch zu machen. Zu viele Menschen reagieren heute noch so wie in der Vergangenheit: sie winden sich, schauen auf ihre Zehenspitzen und sind sprachlos, wenn ein Mann herzzerreißend weint. Er versucht deshalb seine Tränen zurückzuhalten. Ein Mann beschrieb, wie peinlich es ihm war, als er am ersten Arbeitstag danach die Kontrolle über sich verlor und laut schluchzte, als er die Beileidskarten seiner Kollegen las: »Ich bin sicher, daß sie mich verstehen konnten«, sagte er, »aber niemand hat mich in den Arm genommen, so wie man eine Frau in den Arm genommen hätte, und dabei, ich weiß, wie verrückt das klingt, wollte ich gehalten werden – wie ein kleines Kind.«

Von Witwern erwartet man, daß sie sich schneller als Frauen »erholen«. Seine Familie fängt an, sich Sorgen zu machen, wenn er einen Monat nachdem sie seine Kühltruhe mit

Lebensmitteln gefüllt und ihm erklärt hat, wie die Waschmaschine zu bedienen ist, sein altes Leben noch nicht wieder aufgenommen hat. »Du mußt einfach mehr ausgehen, Vater. Es wird allmählich Zeit«, belehren ihn die Kinder. Bei einem Mann setzen wir unrealistischerweise voraus, daß er, wenn er sich mit der Situation abgefunden hat, den Tod gleichzeitig überwunden hat – und das möglichst ohne Rückfälle. Viel zu früh und lange bevor er seelisch darauf eingestellt ist – wenn seine Gefühle immer noch still und leise überströmen und er das zwingende Bedürfnis verspürt, über seine Frau, ihre Krankheit, ihren Mut zu sprechen und darüber, daß sie besser fahren konnte als jeder Lastwagenfahrer und eine glückliche Hand mit Pflanzen hatte –, versuchen seine Freunde, ihn zu verkuppeln. Seine Kumpels klopfen ihm auf die Schulter und laden ihn auf ein Bier und zum Fußballspiel ein, anstatt ihm Gelegenheit zu geben, zu reflektieren und seine Erinnerungen zu verarbeiten. Alleinstehende Frauen versuchen sich an ihn heranzumachen, was ihn jedoch kaltläßt und ihn nicht selten in Angst und Schrecken versetzt, und er fragt sich, ob das normal ist und ob er selbst normal ist. Dazu kommt, daß er niemanden hat, mit dem er reden könnte, denn sie ist ja nicht mehr da.

Ein weiterer Mythos über Männer und Männlichkeit besagt, daß jeder Mann »eine Frau braucht, die für ihn sorgt«. Worauf jeder Mann antwortet: »Nicht, seit es Fertiggerichte und Waschmaschinen gibt.« Auch wenn es sie nicht sonderlich interessiert, können sie entweder schon kochen, staubsaugen und waschen, oder sie lernen es eben; moderne Haushaltsgeräte haben zumindest zu einer Gleichberechtigung auf dieser Ebene geführt. Es ist tatsächlich so, daß viele Witwer ihre Frauen während ihrer langen Krankheit rührend versorgen; sie kochen, putzen, geben ihr zu essen und lassen sie nur selten allein. Männer bestätigen, daß im schlimmsten Falle Hausarbeit erlernbar ist, auch wenn dabei siebenmal in der Woche Schweinekoteletts und Kartoffelbrei aus der Packung auf den Tisch kommen. Es gibt eine kleine Anzahl alleinstehender Männer, die alle Mahlzeiten außer Haus einnimmt, aber der durchschnittliche Witwer fühlt sich gekränkt, wenn ihm unterstellt wird, er könne nicht einmal Wasser kochen. Was Männer laut ihrer eigenen Aussage am wenigsten vermissen, ist das Essen und saubere Bettwäsche.

Was ihnen jedoch am meisten fehlt, ist die Lebensenergie des Menschen, der das Haus oder die Wohnung zu einem Heim gemacht hat; der Mensch, der auf so viele Arten der ruhende Pol war. »Das Haus war ihr Reich, es gehörte ihr. Ohne sie fühl' ich mich wie ein Fremder hier«, bekannte ein Mann traurig, und er hatte in der Tat seit dem Tod seiner Frau nur ganz wenig im Haus verändert. Es gehörte immer noch ihr, obwohl er sich jetzt seine eigenen Mahlzeiten kochte und einmal wöchentlich jemand kam, der saubermachte.

Wenn man einen Mann fragt, was denn das Schlimmste sei, hört man immer wieder das gleiche: »Einsamkeit.« Männer leiden wahrscheinlich sehr viel mehr unter der Einsamkeit als Frauen, weil sie ihre Trauer und ihre Gefühle zu verstecken suchen und sie manchmal nicht einmal sich selbst eingestehen. Frauen können immer mit anderen Frauen reden. Männer nicht. Frauen haben Freundinnen, Männer haben Kumpels, und Kumpels sind keine Seelentröster. Sie brauchen nur zwei Frauen auf einer einsamen Insel auszusetzen, um festzustellen, daß sie sich in der ersten Stunde ihre Lebensgeschichte erzählen, wogegen zwei Männer in der gleichen Zeit gerade bis zu den Stichworten Wohnort und Beruf kommen.

Witwen haben Netzwerke und andere Frauen, die ihnen in ihrer Trauer hilfreich zur Seite stehen; Witwer haben ihre Vereine, Gewerkschaften und ihr montägliches Bowlingtreffen: »Schulterklopfgruppen«.

Ein weiterer Nachteil, mit dem der durchschnittliche über 50jährige Witwer heutzutage fertig werden muß, sind seine Moralvorstellungen der fünfziger Jahre, die ihm wie Kletten anhaften. Gerade dann, wenn er Freunde (und nicht Sex) und ein verständnisvolles Ohr (keinen Witz) am meisten braucht, findet er niemanden – weder einen anderen Witwer noch einen alleinstehenden Mann –, an den er sich wenden könnte. Die meisten Männer sind sich darin einig, daß kein Mann – auch wenn er noch so einsam ist – einen anderen Mann zum Abendessen oder ins Kino einladen wird. Warum? »Was würde er denken?« lautet die Antwort. Mittagessen vielleicht, Abendessen niemals.

Selbst wenn wir versuchen, den Gedankengang zu analysieren: die Männer sind unfähig, die Logik – oder Unlogik – zu erklären. Eine Selbsthilfegruppe für Witwer hat eine Liste der typischen Verhaltensweisen zweier Männer aufgestellt:

- Fischen ist o.k., Theaterbesuch jedoch nicht. Kein Mann fragt einen anderen Mann, ob er mit ihm ins Theater gehen will.
- Es zeugt von gutem Geschmack, einen Mann zu einem sportlichen Ereignis, Golf, Tennis oder Bowling einzuladen, aber niemals zu einem Treffen der Kirchengemeinde, einem Spaziergang im Park oder Einkaufsbummel.
- Brauchen Sie einen neuen Anzug? Bitten Sie bitte keinen anderen Mann, Ihnen beim Aussuchen zu helfen. »So etwas macht man mit einer Frau.«
- Spielen Sie gerne Poker? Dann rufen Sie die Jungs an. Aber Bridge? »Sie spinnen wohl. Das hab' ich doch zum letzten Mal im Internat gespielt, als wir die Schlafräume nicht verlassen durften.«
- Mit den Jungs kann man Bier oder eine Tasse Kaffee trinken, Dummheiten machen, über Geschäfte und Politik reden,

aber bitteschön nichts Persönliches ins Spiel bringen. Frauen haben für solche Dinge ein besseres Gespür.

Wenn man das Thema Homosexualität anspricht – das diesen Regeln ganz offensichtlich zugrunde liegt –, bekunden Männer immer wieder, daß es ihnen egal sei, für einen Homosexuellen gehalten zu werden, geben aber gleichzeitig zu, daß die Schranken, die sie nicht überschreiten, dadurch bestimmt werden, was andere Menschen über sie denken und was als akzeptables männliches Verhalten in ihren sozialen Kreisen angesehen wird. Sie geben zwar zu, daß es absurd ist, und trotzdem schieben sie schon den Gedanken daran, sie könnten in bestimmten Situationen zu gewissen Tageszeiten mit einem anderen Mann zusammen gesehen werden, weit von sich.

So lauten die Regeln. Und genau aus diesem Grund heiraten Witwer – ob bereit oder nicht bereit, spielt keine Rolle. Ungeachtet der sexuellen Bedürfnisse suchen Männer das Zusammensein mit Frauen, um gesellschaftlich und emotional überleben zu können. Ohne Frauen würden sie zu Einsiedlern werden.

In den meisten Ehen macht die Frau die Pläne für Feste, lädt die Gäste ein, nimmt Einladungen an, bestellt Karten, sorgt überhaupt für gesellschaftlichen Umgang. Sie ist das soziale Wesen; sie denkt rechtzeitig an Geburtstage und notiert sich besondere Ereignisse. Die meisten Männer tragen keine Verantwortung für Parties und Hochzeitsfeste und zollen dem gesellschaftlichen Kalender wenig Beachtung. Folglich greifen auch Männer, die plötzlich alleine sind, nicht mitten in der Woche zum Telefonhörer und machen Pläne für das Wochenende, auch wenn sie genügend Freunde hätten, die sie anrufen könnten. »Was machst du Samstag abend? Wollen wir was zusammen unternehmen?« ist keine Frage von Mann zu Mann. Zieht man sowohl den Verlust seiner »Gesellschaftssekretärin« in Betracht als auch die selbstauferlegten Schranken des konventionellen männlichen Verhaltens, bleiben dem Witwer scheinbar nur zwei Alternativen: entweder eine neue Beziehung einzugehen oder alleine zu Hause zu versauern.

Keine schlechte Wahl, meinen einige, und tatsächlich ist der Mann hier im Vorteil. Und vorausgesetzt, die Zahlen stimmen, ist die Wahl kaum eine Wahl, sondern ein überwältigender Mehrheitsbeschluß. Witwer lernen eine Frau kennen und heiraten wieder. Im Durchschnitt heiraten Witwer innerhalb von ein paar Jahren wieder; Witwen brauchen eher fünf Jahre. Männer stellen fest, daß sie als Minderheit im Vorteil sind. Die neuesten Statistiken besagen, daß in der Bundesrepublik Deutschland 88% aller 55–64jährigen Männer verheiratet sind, verglichen mit 68% der Frauen. Von den 65–74jährigen Männern sind noch 84% verheiratet, verglichen mit nur 42% der gleichaltrigen Frauen. Diese Zahlen beinhalten nicht einmal die große Anzahl der Paare, die ohne Trauschein zusammenleben. Der ältere Mann ist nicht länger ein Ladenhüter; er ist begehrt. Ihm steht eine sehr viel größere Anzahl von Frauen gegenüber.

Aber es ist nicht alles Gold, was glänzt. Ganz offensichtlich gibt es Fallen und Probleme: das erste hat zu tun mit dem Bereitsein. Viele Witwer nehmen sich, weil sie von den vielen unverheirateten, geschiedenen und verwitweten Frauen bedrängt werden, nicht die Zeit, ihre Trauer zu bewältigen. Männer erleiden im Gegensatz zu Frauen keinen Identitätsverlust durch den Tod ihrer Frau. Doch obwohl sie sich nicht in erster Linie als »Marys Mann« oder den »Ehemann der Ärztin« sehen, brauchen auch sie eine Übergangszeit, bevor sie sich mit einer neuen Partnerin einlassen und ein neues Leben aufbauen können. Veränderung, Herausforderung, neue Wege und all die anderen guten Dinge ergeben sich langsam durch die Bewältigung und nicht durch die Verdrängung der Trauer.

Wie lange dauert es? Niemand kann mit Sicherheit sagen, wie lange es genau dauern wird; die Männer »erholen« sich ebensowenig wie Frauen, und trotzdem kehren Männer sehr viel früher als Frauen zu ihrem gewohnten Leben zurück. Dies hängt zum einen mit dem zahlenmäßigen Vorteil der Männer zusammen und zum anderen damit, daß Männer sehr viel früher sexuelle Lust verspüren; manche erfüllt es sogar mit Heiterkeit, wenn sie feststellen, daß sie dem Schicksal, das ihr frühzeitiges Ableben vorausgesagt hat, ein Schnippchen geschlagen haben.

Witwen wissen ganz intuitiv, wann sie bereit sind, sich wieder zu binden oder andere Veränderungen in ihrem Leben vorzunehmen, wogegen Witwer über kein genaues Timing verfügen. Für sie sind neue Beziehungen heikle Angelegenheiten, die unter Umständen zu ihrer psychischen Genesung beitragen können. Weil sie keine anderen Witwer und sonstigen männlichen Freunde als Teil ihrer sozialen Umwelt (Abendessen und Kino) kennen, mit denen sie ihre Trauer und Einsamkeit teilen könnten, suchen Männer aus reiner Notwendigkeit die Gesellschaft des weiblichen Geschlechts. Es ist oft für beide schwierig, zwischen freundschaftlicher und partnerschaftlicher Beziehung zu unterscheiden, wenn beide leicht verletzbar und immer noch verwirrt sind.

Verspätete Einsicht führt bei manchen Witwern zu der Erkenntnis, daß ihre Ehe vorschnell geschlossen wurde. Sie berichten: »Ich weiß heute, daß ich einen Ersatz gesucht habe und keine Ehefrau. Wir haben in meinem Haus gewohnt, und ich habe es ihr übelgenommen, wenn sie auch nur einen Stuhl verrückt hat oder die Spitzenkissen, die meine Frau gehäkelt hat, oder auch nur einen alten Topf wegwerfen wollte. Wir waren beide unglücklich.« Und: »Ich wurde, nachdem wir geheiratet hatten, ganz schnell impotent; sie wollte alles anders machen. Mir ist jetzt klar, daß es einfach zu früh war.«

Diese Männer waren offenbar seelisch noch nicht bereit, eine neue Beziehung einzugehen, und eine Ehe muß schiefgehen, wenn einer der Partner oder sogar beide noch in großem Maße mit der Vergangenheit beschäftigt sind.

Viele Konflikte entstehen durch falsche Annahmen und Vorstellungen, mit denen Partner, die sich erst kurz kennen, in die Ehe gehen. Was Geld anbetrifft, heißt es dann: »Ich bin davon ausgegangen, daß wir alle Kosten gerecht teilen würden; jeder von uns hatte schon vor der Ehe ein Testament gemacht, aber sie gab nicht einen einzigen Pfennig für Essen oder sonst etwas aus; ich wurde also immer ärmer, und sie wurde immer reicher.« Den Lebensstil anbetreffend: »Wir haben uns auf einer Kreuzfahrt kennengelernt, und ich habe natürlich angenommen, daß sie gerne reist. Aber nachdem wir geheiratet hatten, wollte sie nur noch zu Hause sitzen und fernsehen.« Das Traurigste sind die Beziehungen zur eigenen Familie: »Meine Tochter mochte sie nie. Ich glaubte, das würde sich geben, wenn wir verheiratet wären, aber die zwei verstehen sich einfach nicht. Es ist schrecklich.« Jeder Mann – und das gilt für Frauen ebenso –, der in seiner ersten Verliebtheit glaubt, daß seine Kinder und die eigene Familie mit seiner neuen Frau im besten Einvernehmen leben würden, täuscht sich gewaltig. Für die Familie spielt nicht nur die Frau als solche eine Rolle. Vielleicht ist die Familie der Meinung, die Ehe sei voreilig geschlossen worden und zeuge deshalb von Respektlosigkeit gegenüber der Toten, oder sie ist, wie es häufig vorkommt, um ihren eigenen finanziellen Vorteil und die möglicherweise aus dieser Verbindung entstehenden Nachteile besorgt. In solchen Fällen würde ich der ganzen Familie raten, sich in die Hände eines Therapeuten zu begeben oder den Rat eines Pfarrers zu suchen; den Partnern empfehle ich, sich auf jeden Fall vor und nicht erst nach der Heirat kennenzulernen.

Obwohl die Geschichten kein Ende nehmen, daß Männer von Frauen unbarmherzig verfolgt werden, bleibt doch mancher Witwer, ganz besonders der, der nie viele Freunde hatte, nach dem Tod seiner Frau allein und isoliert. Nur wenn er sich anbietet, d.h. verfügbar ist und sich zeigt, wird er Frauen kennenlernen und mit ihnen zusammensein. Es kostet ihn große Mühe, aus sich herauszugehen und sich einer Gruppe anzuschließen, die Männer und Frauen mit ähnlichen Interessen gleichermaßen anzieht. Der Rest ist leichter, als er glaubt, doch der erste Schritt ist für einen Mann, der viele Jahre lang nur eine Frau im Sinne hatte, angstauslösend. Seine Freunde erzählen ihm vielleicht von Bars und Clubs für Singles, von Hobbies, Reisegruppen und weisen ihn darauf hin, daß er außer sauberen Fingernägeln und einem freundlichen Lächeln so gut wie nichts benötigt, und trotzdem ist er ängstlich und sucht nach Ausflüchten. Er wird sich im besonderen um seine sexuelle Leistungsfähigkeit mit einer neuen Partnerin Sorgen machen. Der Mann, dessen sexuelle Aktivitäten durch die Krankheit oder das Desinteresse seiner Frau – möglicherweise auch seines eigenen – brachlagen, riskiert Versagen und Verlegenheit. Manche Männer bekunden auch Abneigung gegen »kecke« Frauen und empfinden deren Avancen als Bedrohung und keineswegs als Stimulation. Ich möchte dazu noch sagen, daß Beziehungen zwischen älteren Paaren mit gegenseitigem Einverständnis auch ohne Sexualität befriedigend sein können.

Die Einstellung zum Sex hat sich seit den fünfziger Jahren drastisch verändert. Männer und Frauen mittleren und fortgeschrittenen Alters sprechen – vielleicht zum ersten Mal – offen darüber, was in ihren Körpern und Seelen vor sich geht. Sex macht ihnen jetzt mehr Spaß. Obwohl die älteren Jahrgänge bei ersten Verabredungen ebenso nervös sind wie als Teenager – feuchte Hände, erhöhter Puls, Selbstzweifel usw. –, fühlen sie sich doch sehr viel freier. Sie leben ohne Heimlichtuerei zusammen, oftmals mehr zum Mißfallen der Kinder als der Gleichaltrigen, doch in den meisten Fällen ist Heirat das Happy-End der Story.

Es läßt sich nur schwer sagen, welches Geschlecht von der Heirat mehr profitiert; jeder behauptet, es sei das andere. Von Männern hört man Sätze wie: »Sie wollte im Grunde nur drei Dinge: den Ring, einen Menschen, der sich um sie kümmert, und einen Begleiter«, wogegen Frauen behaupten, Männer könnten nicht alleine leben und brauchten jemanden, der ihnen den Haushalt führt und das Bett warm hält. Mehr Frauen als Männer äußern, daß sie im Grunde einer neuen Ehe und »der Versorgung eines Mannes« ablehnend gegenüberstehen. Diese Aussage könnte jedoch nur wirklich überprüft werden, wenn das zahlenmäßige Verhältnis zwischen Männern und Frauen ausgeglichen wäre. Zum gegenwärtigen Zeitpunkt besteht kein Zweifel daran, daß prozentual sehr viel mehr Männer als Frauen wieder heiraten und daß die Zeit ihrer Witwenschaft sehr viel kürzer ist. Die Frage, ob Männer alleine leben und sich ihr Leben genauso wie Frauen einrichten könnten, kann nur schwer beantwortet werden; ein Mann meinte dazu: »Gott sei Dank habe ich das nicht nötig.« Und die meisten Männer sind damit einverstanden.

Ein Wort an die Kinder

Erwachsene Kinder wollen wissen, was sie für ihre Mütter – oder Väter – tun können und tun sollen, wenn der Partner stirbt. Ich nehme an, daß der Prototyp eines Sohnes in Alaska, der seit fünf Jahren nicht geschrieben hat, oder einer Tochter, die jeden Tag anruft, weil sie mit ihren eigenen Problemen nicht zurechtkommt, dieses Buch nicht liest und wende mich deshalb lieber an die Kinder, die sich womöglich zuviel um ihre Eltern sorgen.

Die meisten Familien durchleben die ersten Monate der Trauer eher instinktiv und intuitiv als geplant und helfen einander gegenseitig. Erst später, wenn die einzelnen Familienmitglieder ihr gewohntes Leben wiederaufnehmen, fällt das Kartenhaus zusammen, und die Kinder werden sich der Belastung durch ihre neue Rolle bewußt, von der sie noch nicht wissen, wie sie sie ausfüllen sollen. Da den Kindern der Tod fremd ist und sie sich eines Elternteils beraubt sehen, der bis dahin vielleicht ihre größte emotionale Stütze war, verfügen sie weder über die Erfahrung, noch sind sie darauf vorbereitet, den verbliebenen Elternteil zu trösten und zu stützen.

Wenn dieser Elternteil bereits im fortgeschrittenen Alter ist, neigen viele erwachsene Kinder ganz natürlicherweise dazu, das Leben des Vaters oder der Mutter in die Hand zu nehmen, zumal sie bis zu einem gewissen Grad die Rolle des Beraters bereits übernommen haben; wenn die Witwe erst um die Fünfzig ist, hat diese Rollenverteilung jedoch normalerweise noch nicht stattgefunden. Eltern in diesem Alter sehen sich immer noch als der oder die Sorgende und Beschützende, und die Kinder lassen sich durch die äußere Fassade nur allzu leicht täuschen oder wollen diese scheinbare Gelassenheit nicht zerstören. Eine Zeitlang finden alle Trost in der gemeinsamen Trauer, doch schon nach wenigen Monaten lassen sowohl Witwe als auch Kinder keine offene Trauer mehr zu und kehren zu ihren alten emotionalen Interaktionsmustern zurück, oder noch schlimmer: die Mutter fühlt sich verpflichtet, die Rolle des Vaters mit zu übernehmen oder umgekehrt. Immer wieder hören wir Witwen sagen, daß sie, auch wenn es ihnen sechs oder acht Monate später, wenn die Papierflut und die erste Trauer bewältigt sind, sehr viel schlechtergeht, diesen Zustand vor ihren Kindern verheimlichen: »Ich möchte ihnen keine unnötigen Sorgen bereiten«, »Sie können ja doch nichts für mich tun«, »Sie führen ihr eigenes Leben«. Zur gleichen Zeit unterdrücken Kinder ihren verborgenen Schmerz, um die Mutter nicht zum Weinen zu bringen. Dazu kommt, daß sie, wenn sie zu »ihrem eigenen Leben« zurückkehren, sich ein ganz anderes Leben für ihre Mutter vorstellen und wünschen – und nicht wissen, wie sie es ihr beibringen sollen.

Es stimmt natürlich, daß man das, was im allgemeinen unter Kommunikation verstanden wird, auch zu weit treiben kann. Man kann nicht alle Probleme durch Reden lösen, aber genausowenig können die Einsamkeit der Witwe und die emotionalen Konflikte der Kinder durch Schweigen gelindert werden. Fast immer ist es besser, miteinander zu reden, als einander anzuschweigen. Kinder müssen wissen, daß die äußere Fassade täuschen kann, sie dürfen sich trotzdem nicht verpflichtet fühlen, das Spiel nur aus Respekt und Höflichkeit mitzumachen. Eine junge Frau, die meinen Rat suchte, erzählte mir, daß sie ihre Mutter jeden Sonntagmorgen anrief, obwohl sie über 3000 km weit weg wohnte, und daß die Mutter ihr jedesmal mit ausgeglichener, fröhlicher Stimme mitteilte, daß es ihr »den Umständen entsprechend gutginge«. »Wie soll ich wissen, wie es ihr wirklich geht?« wollte die Tochter wissen. »Sie ist meine Mutter, und ich weiß, daß sie mich nicht beunruhigen will.« Ich habe ihr als erstes geraten, ihre Mutter nicht immer zur gleichen Zeit am gleichen Tag anzurufen, denn da ihre Mutter mit ihrem Anruf rechnet, kann sie sich die Worte zurechtlegen. Rufen Sie zu den unterschiedlichsten Zeiten an, sprechen Sie mit ihr über ihren Tag, fragen Sie sie nach kleinen Vorkommnissen, und vermeiden Sie, sie wie ein Untersuchungsrichter zu fragen: »Was hast du gemacht?« und »Gehst du auch aus dem Haus?« Am allerwichtigsten ist jedoch, daß Sie ihr Ihre eigenen Gefühle und Erinnerungen anvertrauen und ihr erzählen, was Sie tun – und ihr dadurch Mut machen, das gleiche zu tun. Sie befinden sich beide an der Schwelle einer neuen, unerprobten und möglicherweise gleichwertigen Beziehung. Begegnen Sie ihr mit offenem Herzen.

Ihr Umgang mit Ihrer eigenen Trauer beeinflußt Ihre bestehende Beziehung zu dem verbliebenen Elternteil ganz erheblich. In manchen Familien wird sehr viel Wert auf emotionale Beherrschung gelegt und auch gelebt. Es ist bis zum heutigen Tag nie darüber gesprochen worden, daß Sie, die Sie immer die beste Schülerin waren, beim Buchstabierwettbewerb versagt haben, und Sie Ihre Uhr, die Sie zum Geburtstag geschenkt bekamen, bereits am nächsten Tag verloren haben – die Erinnerung daran wäre zu schrecklich. Die Auswirkungen dieses Umgangs mit Emotionen auf ein Kind sind alles andere als positiv. Sind Sie in der Lage, Ihren Schmerz mit Ihrer Mutter oder Ihrem Vater zu teilen und mit ihr oder ihm über ihre oder seine Gefühle zu sprechen, oder verschließen Sie Ihre Gefühle und verhindern damit aus unbewußter Angst jede echte Kommunikation? Es ist jedoch nie zu spät, Verhaltensweisen zu ändern; gehen Sie mit gutem Beispiel voran. Vor nicht allzu langer Zeit besuchte ich eine kleine Stadt in Idaho; ich sah einen Mann, der auf einmal all die Tränen weinte, die er sein ganzes Leben lang zurückgehalten hatte, weil ihn sein Sohn zum ersten Mal als Erwachsener umarmte und dadurch die »männliche« Schranke niederriß, die sein Vater errichtet hatte. Die Frau des Mannes war ein Jahr vorher gestorben, doch er hatte bis zur Rückkehr seines Sohnes keine einzige Träne vergossen – er erzählte dies seinen Freunden, die gekommen waren, um seinen Sohn, der lange Zeit im Ausland gewesen war, zu begrüßen. Erst jetzt konnte er weinen.

Auch in Familien, in denen offen und frei miteinander geredet wird, müssen sich Mutter und Kinder der neuen Situation erst anpassen. Selbst wenn Sie in der glücklichen Lage sind, ein durchschnittliches Kind eines durchschnittlichen Elternteils zu sein, und miteinander reden und den Verlust so gut wie irgend möglich bewältigen, fühlen Sie sich hilflos und frustriert, weil Sie nicht mehr tun können. Eines ist gewiß: Sie werden weder das ganze Ausmaß des Verlustes der Beziehung ermessen können, noch werden Sie Ersatzmann oder -frau sein können. Ihrer Macht und Kraft sind eindeutige Grenzen gesetzt. Ihr ganzes Leben lang haben Sie Ihre Eltern als Paar gekannt, das füreinander, miteinander und gegeneinander gearbeitet hat. Der zurückgebliebene Elternteil ist jetzt *ein* Mensch, und weder er selbst noch Sie kennen diesen Menschen. Versuchen Sie deshalb, diesem Menschen mit Mitgefühl, Hilfe, Liebe und Verständnis zu begegnen, aber keinesfalls mit Mitleid. Wenn Sie Ihrer Mutter indirekt zu verstehen geben, daß Sie bezweifeln, ob sie es schaffen wird, wird sie sich um zwei Menschen Sorgen machen – um Sie und sich selbst.

Sie müssen sich auf jeden Fall darüber im klaren sein, daß Mütter, die Hilfe unter dem Vorwand der Unabhängigkeit ablehnen und sich weigern, ihre sowieso schon besorgten Kinder »zu belasten«, möglicherweise etwas vortäuschen. Ihre Mutter zögert vielleicht, darüber zu sprechen, wie traurig und niedergeschlagen sie ist, versichert Ihnen glaubwürdig, daß sie sich langsam an das Alleinsein gewöhnt; trotzdem sind alle Eltern, auch wenn sie noch so unabhängig und selbständig sind, dankbar, wenn ihre Kinder ihnen versichern, daß sie geliebt und gebraucht werden. Es ist keine Seltenheit, daß Mütter dreimal in einem Satz erwähnen, daß alle Kinder an einem einzigen Sonntag angerufen haben. Allzu leicht vergessen Kinder über ihrem eigenen Leben, wie lange sie schon nicht mehr geschrieben oder angerufen haben. Auch wenn eine Mutter noch so selbständig ist, wird sie sich darüber freuen, wenn sie eingeladen wird, selbst wenn sie nur nebenan wohnt. Lassen Sie sich nicht täuschen, wenn sie Ihnen versichert, daß sie weiß, wie beschäftigt Sie sind und daß sie jederzeit willkommen ist.

Ebensowenig dürfen Sie sich durch ihre Bereitschaft täuschen lassen, ihre eigenen Bedürfnisse in den Hintergrund zu stellen, um Ihnen mit Rat und Tat zur Seite zu stehen. Oberflächlich betrachtet könnte es so aussehen, als würden die Kinder, indem sie Mutter mit der Kinderbeaufsichtigung und anderen Pflichten im Haushalt betreuen, ihr einen Gefallen tun. »Mutter hat das Gefühl, sie wird gebraucht«, lautet die Begründung der Kinder – die von der Mutter als Entschuldigung für ihre Inaktivität gerne übernommen wird –, doch diese Arbeiten sind einsame Tätigkeiten und nehmen ihr die Möglichkeit, ein neues Leben aufzubauen und neue Freunde zu gewinnen. Es ist in den seltensten Fällen von Vorteil, wenn Sie Ihre Mutter zum verlängerten Arm Ihres eigenen Lebens machen.

Es ist auch keineswegs fair, sie jetzt mit Ihren eigenen finanziellen Problemen zu belasten. Wenn sie über ein wenig – oder viel – Erspartes verfügt, wird sie sich sehr schwertun, Ihre Bitte um ein Darlehen abzulehnen oder Ihrem Drang, Ihnen das Geld sogar zu schenken, zu widerstehen. Mütter haben einen Horror davor, eines Tages zu einer finanziellen Belastung für ihre Kinder zu werden, und genau aus diesem Grund sind ihre Ersparnisse für sie so wichtig. Respektieren Sie ihr Bedürfnis nach Unabhängigkeit – und Ihr eigenes.

Ich möchte noch einen Schritt weitergehen und anfügen, daß es noch weniger wünschenswert ist, das Leben der Mutter in die eigene Hand zu nehmen. Ich vermute, daß der Sohn oder die Tochter, die die Verantwortung übernehmen, durch ihr geschäftiges Tun ihren eigenen Schmerz und Zorn verdrängen. Als Faustregel gilt: Mischen Sie sich nicht ein, solange Ihre Mutter in der Lage ist, allein zu leben und Entscheidungen zu treffen; begünstigen Sie keinesfalls Hilflosigkeit, indem Sie ihr Dinge abnehmen, die sie selbst erledigen könnte. Im Todesfall ist es nur natürlich, Trauer und Schmerz zu erwarten sowie Hilfsbereitschaft zu geben, doch es ist wichtig, daß Kinder ihre Hilfsbereitschaft nicht übertreiben. Ich möchte an dieser Stelle noch einmal wiederholen, worauf ich in früheren Kapiteln bereits eingegangen bin, nämlich auf den individuellen Zeitplan jeder Witwe: Die frühe Fähigkeit oder Unfähigkeit, sich von den persönlichen Besitztümern des Verstorbenen zu trennen, sich um die finanziellen Angelegenheiten zu kümmern und notwendige Veränderungen des Lebensstils vorzunehmen, sind keineswegs wirkliche Anzeichen, an denen man die Fähigkeit eines Menschen, ein eigenes Leben zu führen, ablesen könnte. Es ist möglich, daß Ihre Mutter in zwei Jahren wie ein Schmetterling durch die Lüfte fliegt.

Für Kinder vergeht die Zeit schneller. Sie erwarten bereits im ersten Jahr eine positive Einstellung und Veränderungen im Leben der Mutter; dies ist ein weiterer Grund, warum Mütter mit ihren heimlichen Ängsten und Gefühlen hinter dem Berg halten. Wenn sie sich unglücklich und weinerlich fühlen – besonders nach einer Phase, die vielversprechend begonnen hat –, wagen sie es nicht, ihr Versagen einzugestehen. Viele Besuche beim Therapeuten könnten vermieden werden, wenn die Kinder davon Abstand nehmen würden, nach allen möglichen Heilmitteln zu suchen. Ihre Mutter muß ihr Leben alleine wiederaufbauen. Sie können ihr zwar hilfreich zur Seite stehen, aber Sie können ihr die Arbeit nicht abnehmen. Sie sollten Ihre Energie darauf verwenden, zu erklären, ermutigen, loben, also einfach dazusein, anstatt etwas *für* sie zu tun.

Es erfordert mehr Geduld und Zeit, ein Elternteil, das scheinbar hilflos geworden ist oder nie die notwendigen Fähigkeiten entwickelt hat, beständig zu ermutigen, als die Dinge selbst in die Hand zu nehmen. Es ist einfacher, einmal im Monat Mutters Rechnungen zu bezahlen, als ihr die Grundlagen der Buchführung beizubringen; einfacher, auf einen Sprung vorbeizuschauen, als sie zu ermutigen, selbst aktiv zu werden. Aber nur dann, wenn Sie ihr beibringen, ihre Ein- und Ausgaben selbst zu kontrollieren, ihre eigenen Fehler zu machen und daraus zu lernen, wird sie genügend Mut entwickeln, auch andere schwierige Aufgaben anzugehen. Wenn Ihre Toleranzschwelle niedrig ist, Sie leicht die Geduld verlieren und Ihnen die ständigen Wiederholungen auf den Geist gehen, sorgen Sie dafür, daß jemand anderer Ihrer Mutter die Dinge, die sie wissen muß, beibringt. Es gibt genügend Berater und Kurse für Geld- und Steuerangelegenheiten, Ernährungsfragen usw. Ermutigen Sie sie, sich einer Selbsthilfegruppe für Witwen anzuschließen. Wenn Sie das einzige Familienmitglied sein sollten, das in der Nähe lebt, fordern Sie alle Geschwister auf, einen »Unabhängigkeitsfond« zu gründen, mit dem Sie Ihrer Mutter helfen, ihr Selbstwertgefühl wieder zu stärken; Sie kann sich damit Taxifahrten leisten oder Tanzstunden, Fahrstunden oder Fortbildungskurse für Erwachsene. Ich kenne eine junge Frau, die ihrer Mutter zu Weihnachten einen Kurs für bildende Kunst schenkte; eine andere besuchte mit ihrem Vater zusammen einen Feinschmeckerkochkurs, weil ihr Vater nicht einmal wußte, wie man ein Ei kocht. Das Wichtigste dabei ist, daß Sie die Unabhängigkeit stärken und sich selbst im Hintergrund halten. Loben Sie jeden Fortschritt, auch wenn er noch so klein ist. Feiern Sie jeden Erfolg, und vermeiden Sie jede Abhängigkeit, indem Sie nichts tun, was Ihre Mutter selbst tun könnte.

Wenn es sich um so empfindliche Dinge wie beispielsweise Jahrestage – bitte vergessen Sie *niemals* ihren Geburtstag –, Feiertage, Familienbesuche und Probleme handelt, die Ihnen auf dem Herzen liegen, *fragen Sie*, und nehmen Sie sich genügend Zeit für die anschließende Diskussion, die die wirkliche Wahrheit zum Vorschein bringen wird. Ich habe erlebt, daß eine Frau in einer Selbsthilfegruppe sehnsüchtig von einem Brauch der Navajo-Indianer gesprochen hat, nach dem es üblich war, der Großmutter nach dem Tode des Großvaters ein Enkelkind zu schicken, das ab diesem Zeitpunkt bei ihr lebte. Eine andere Frau protestierte sofort: »Wenn ich die Wahl hätte, würde ich Sati einem Enkelkind auf jeden Fall vorziehen.« (Sati [Sanskrit]: in Indien übliche Bezeichnung für die gattentreue Ehefrau, insbesondere die Witwe, die sich früher mit dem Leichnam ihres Mannes auf dem Scheiterhaufen verbrennen ließ.) Man weiß also nie.

Ein letzter Gedanke: Möglicherweise hatten Sie angenommen, Ihr Vater oder Ihre Mutter seien über den Berg, und sind deshalb nicht auf das Gegenteil dessen, worüber wir gerade gesprochen haben, vorbereitet. Nach dem Tod des Partners und nach einer individuell angemessenen Witwenzeit verwandeln sich Eltern manchmal in Menschen, die wir bisher nicht gekannt haben. Vielleicht führt sie oder er ein sehr intensives und aktives Leben, vielleicht fallen die Jahre, die Falten und der Himmel weiß was sonst noch alles wie Schuppen von ihr oder ihm ab. Entspannen Sie, vermeiden Sie jede Panik, und verzweifeln Sie nicht. Sie können versuchen, ihr oder ihm mit einem Rat zur Seite zu stehen, aber ich bin davon überzeugt, daß Sie sehr viel mehr erreichen werden, wenn Sie versuchen, die Situation ganz objektiv zu sehen – Sie wissen schon ... das, was Ihre Eltern damals versucht haben, als Sie mit einem dieser Haarschnitte nach Hause gekommen sind.

Teil 5

Hilfen

Hilfe von außen ist absolut notwendig, denn Zeit allein heilt nicht alle Wunden – die Heilung erfordert Menschen. Nach den frühen Phasen der Witwenschaft und wenn die Hilfe von Freunden und Verwandten nachgelassen hat, müssen Witwen ihr soziales Umfeld erweitern und neue soziale Kontakte knüpfen. Selbsthilfegruppen bieten für viele die beste Hilfe, weil sie Gelegenheit bieten, Menschen zu treffen, die in den gleichen Lebenskrisen stecken, und Bekanntschaften und Freundschaften zu knüpfen, die sich auch außerhalb der Gruppe fortsetzen. Das Kapitel »Wie gründe ich eine Selbsthilfegruppe?« behandelt das Thema in aller Ausführlichkeit.

Das Buch endet mit einem Kapitel über verfügbare Bücher und bestehende Organisationen. Auch wenn Sie vielleicht zu Beginn Ihrer Witwenschaft nicht in der Lage sind, sich auf das Lesen zu konzentrieren, reicht es oft aus, einen Blick auf die Themen »Trauer« und »Witwenschaft« zu werfen, um Trost zu finden. Stöbern Sie deshalb die Regale Ihrer Bücherei und Buchhandlung nach *Ihren* Büchern durch. Später werden Sie feststellen, daß Ihnen Bücher über Ihnen am Herzen liegende Themen eine ständige Quelle der Information und Inspiration sind. Einige dieser Bücher habe ich im Anhang des Buches aufgeführt.

Wie gründe ich eine Selbsthilfegruppe?

Das Wesen jeder Selbsthilfegruppe ist gleich: Eine Gruppe von Menschen teilt dasselbe Problem und hilft einander, dieses Problem zu bewältigen; das Endziel ist die Selbsthilfe.

Man empfindet es zunächst als große Erleichterung, wenn man feststellt, daß andere Ähnliches durchmachen wie man selbst, und natürlich ist das die Vorbedingung für die gegenseitige Unterstützung. Kein anderer Mensch kennt die eigene Situation so gut wie eine andere Witwe; obwohl es banal klingt, entspricht es der Wahrheit. Darüber hinaus berichtet die Mehrheit der Witwen, die Mitglied einer Selbsthilfegruppe waren und sind, daß die Unterstützung der Gruppenmitglieder – die man normalerweise noch nie vorher gesehen hat – hilfreicher ist als all die Hilfe, die einem durch Ärzte, Priester, Rechtsanwälte und auch von Verwandten zuteil wurde. Phyllis Silverman, die für das Witwen-für-Witwen-Konzept bahnbrechende Arbeit geleistet hat, hat genau dies knapp und treffend ausgedrückt: »Die angebotenen Erkenntnisse stammen nicht aus klinischen Untersuchungen oder aus einem Buch, sondern aus dem Erfahrungsschatz eines Mitmenschen, der den gleichen Weg beschritten hat.«

Die eigene Trauerzeit wird verständlicher, wenn Witwen und Witwer miteinander sprechen und einander zuhören.

Indem wir beobachten, wie andere ihre Trauer bewältigen oder auch nicht bewältigen, können wir lernen, besser mit unserer eigenen Trauer und unserem Schmerz umzugehen.

Mary fürchtet sich vor jedem neuen Morgen, Bertha macht Aerobicübungen, und Virginia schreibt Gedichte. Helen, die Mary noch letzte Woche aufgemuntert hat, befindet sich diese Woche selbst auf einem Tiefpunkt. »Aber«, fügt sie hinzu, »diese Phasen dauern nicht mehr lange an; soviel habe ich zumindest gelernt.« Mary lächelt ihr erstes Lächeln seit Wochen. Agnes ist fast soweit, ihre Krankenkasse zu einem Duell herauszufordern, und es haben sich bereits mehrere Frauen als Sekundanten angeboten. Adeline beklagt sich über ihre pflichtvergessenen Kinder, was bei den anderen einen eindeutigen Gesichtsausdruck hervorruft, weil sie sich in gewisser Weise selbst reden hören. »Laß es gut sein, Adeline, du mußt dich am Riemen reißen«, sagt jemand. »Wenn du ihre Aufmerksamkeit erregen willst, hör auf zu jammern; das wird sie wachrütteln.« Das Verhältnis von Lachen und Weinen ist ungefähr ausgewogen. Irgend jemand erzählt von den schrecklichen Leiden der letzten Woche und ist am Ende in der Lage, über sich selbst zu lachen. Geteiltes Leid ist halbes Leid, lautet ein Sprichwort, doch versuchen Sie mal, sich selbst einen Witz zu erzählen. Das macht eine Gruppe aus.

Vielleicht ist eine Gruppe nicht Ihre Sache. Sie müssen einfach hingehen und es herausfinden. Nehmen Sie an mindestens zwei oder drei Zusammenkünften teil, auch wenn Sie beim ersten Mal nicht den besten Eindruck haben; das könnte nicht zuletzt mehr mit Ihrem inneren Widerstand als mit der Gruppenzusammensetzung zu tun haben. Dennoch ist es wichtig, daß Sie sich mit den Gruppenmitgliedern im Geiste verbunden fühlen, denn sie kommen als mögliche neue Freunde in Frage; versuchen Sie auch die Verschiedenartigkeit der einzelnen Teilnehmerinnen als etwas Positives zu sehen.

Versuchen Sie herauszufinden, ob es in Ihrer Gemeinde oder Ihrem Stadtteil bereits eine Selbsthilfegruppe gibt. Die Nationale Kontaktstelle für Selbsthilfegruppen kann Ihnen hier möglicherweise behilflich sein; sie verschickt ebenfalls Informationsmaterial über die Gründung von Selbsthilfegruppen.

Wenn Sie nach dem Suchen und Ausprobieren keine Gruppe gefunden haben, die Ihren Vorstellungen entspricht, sollten Sie selbst eine gründen. Die Gründung einer kleinen Gruppe erfordert kaum mehr Anstrengung als die Verabredung einer Bridgerunde. Es genügt, wenn Sie mit drei anderen frisch verwitweten Frauen anfangen und jede noch eine andere Witwe mitbringt. Fragen Sie Ihren Arzt, Ihren Priester, im Seniorenclub und in Altenzentren nach – studieren Sie die Kontaktanzeigen und die Schwarzen Bretter. Wenn Sie eine junge Witwe oder eine berufstätige Mutter sind, können Sie sich in der Schule und im Betrieb erkundigen. Treffen Sie sich regelmäßig einmal pro Woche in der Wohnung einer der Frauen. (Ein Restaurant ist ein ungeeigneter Ort, weil der äußere Rahmen hemmend auf ein Gespräch wirkt.) Legen Sie einfache Regeln fest bezüglich Tag, Zeit und Dauer der Zusammenkunft sowie die vertrauliche Behandlung aller Gespräche. Halten Sie das erste Treffen ab, ohne daß jemand die Leitung übernimmt, und fangen Sie an, indem Sie über Bücher und Artikel über Witwen und Witwenschaft diskutieren; es wird gar nicht lange dauern, bis persönliche Themen und Bedürfnisse den Verlauf der Treffen bestimmen werden. Und das wär's schon. Eine Selbsthilfegruppe füllt eine Lücke in unserer verrückten, kompliziert gewordenen Gesellschaft aus, und ich bin davon überzeugt, daß sie die Anstrengung wert ist.

Ich möchte Sie allerdings darauf hinweisen, daß Sie möglicherweise süchtig werden können und vielleicht über kurz oder lang Ihre Gruppe anderen Witwen, Witwern und noch mehr Witwen zugänglich machen möchten. Wenn das der Fall sein sollte, können Sie folgendermaßen verfahren:

Die besten Gruppen sind frei und unbegrenzt, damit Teilnehmerinnen – die natürlich verwitwet sein müssen – ohne Wartezeit oder anderweitige Einschränkungen festgelegte Themen diskutieren können. Nicht Fachleute sollten Gruppenleiterinnen sein, außer wenn sie selbst verwitwet sind. Ich habe vor meinen Kollegen, die als Psychologen und Therapeuten tätig sind, sehr viel Hochachtung, aber ich weiß, daß sie in vielen Fällen nur über das abstrakte Wissen um Trauer verfügen und sich deshalb durch sie eine Selbsthilfegruppensitzung leicht in eine Therapiesitzung verwandeln kann. (Wenn Sie therapeutische Hilfe in Anspruch nehmen wollen, dürfte es nicht schwer sein, Vorlesungen und Kurse zum Thema Witwenschaft und Trauern oder private Therapeuten ausfindig zu machen.)

Nun zum Thema Selbsthilfeorganisation oder Verein für Witwen. Sie brauchen eine Reihe von Menschen, die bereit sind, mit Ihnen zusammen ein Konzept zu erarbeiten; dies ist von einer Person kaum zu bewältigen. Dieses Komitee, d.h. der Kreis der mitarbeitenden Personen, kann sowohl aus Witwen und Witwern wie auch aus Priestern, Angestellten von Beerdigungsinstituten, Gerontologen, Sozialarbeitern, Ärzten und Rechtsanwälten bestehen. Da die Hauptarbeit des Komitees zu diesem Zeitpunkt darin besteht, ein Konzept zu erarbeiten, muß die Gruppe klein und arbeitswillig sein. Sie sollten sich der Mitarbeit eines Sozialarbeiters oder Psychologen versichern, der oder die in der Lage sind, Gruppenleiter auszubilden – später werden die Mitglieder der Selbsthilfegruppe ihr Selbstvertrauen aus ihrer Erfahrung schöpfen, aber am Anfang ist professionelle Hilfe auf jeden Fall angebracht; sobald Sie das Konzept erarbeitet haben, kann Ihnen u.U. ein

Rechtsanwalt dabei behilflich sein, Ihre Organisation als gemeinnützigen Verein eintragen zu lassen. Möglicherweise finden Sie einen großzügigen Geschäftsmann, der Ihnen Büroräume unentgeltlich zur Verfügung stellt, und eine Person aus dem Medienbereich, die Sie in Ihrer Pressearbeit unterstützt.

Der Ort, an dem Sie sich treffen, sollte so neutral wie möglich sein; Menschen sind leicht irritiert oder sogar peinlich berührt. Kirchen, Synagogen und andere religiöse Versammlungsorte sind keine neutralen Treffpunkte. Mitglieder einer Religions- und Konfessionsgemeinschaft sind in vielen Fällen nicht bereit, Orte der Zusammenkunft anderer Religions- und Konfessionsgemeinschaften zu besuchen, und selbst innerhalb der gleichen Gemeinschaft findet man nicht selten eine Abneigung dagegen, anstatt aktives nun passives Mitglied zu sein. Treffen Sie sich keinesfalls in einer Leichenhalle; auch wenn Sie selbst nie auf den Gedanken gekommen wären, ist es doch immer wieder versucht worden. Streichen Sie Nervenkliniken, Wohlfahrtsheime und Altenheime ebenso wie andere soziale Einrichtungen, die Menschen klassifizieren, von Ihrer Liste. Auch private Häuser und Wohnungen scheinen mit Nachteilen behaftet; die meisten Menschen ziehen eine unpersönlichere Atmosphäre vor. Halten Sie deshalb nach einer Bank, einer Bücherei oder anderen öffentlichen Gebäuden Ausschau, die gemeinnützigen Organisationen Räumlichkeiten zur Verfügung stellen.

Ein Telefon muß unter allen Umständen vorhanden sein, und die Nummer sollte möglichst selten geändert werden (was allerdings häufiger vorkommt, wenn das Telefon über einen Privatanschluß betrieben wird). Wenn Sie, falls Sie dies für notwendig halten, einen Telefonanrufbeantworter installieren lassen, muß es ein Gerät sein, daß über einen Fernabruf verfügt, damit die eingehenden Gespräche am gleichen Tag abgehört und beantwortet werden können.

Sie werden erstaunt sein, wie wenig Ausgaben zusammenkommen, wenn niemand für seine Arbeit bezahlt werden muß. Sie benötigen als Werbematerial für Ihre Organisation lediglich Handzettel oder Broschüren, die Sie durch Spendengelder von Begräbnisinstituten, Banken, Versicherungsgesellschaften, Vermögensverwaltungen und anderen Institutionen, die mit verwitweten Menschen Kontakt pflegen, finanzieren; die Namen der Spender sollten Sie natürlich in der Broschüre abdrucken. Staatliche Subventionen sind mit sehr viel bürokratischem und steuerlichem Aufwand verbunden, der der jungen gemeinnützigen Organisation nur Schwierigkeiten bereitet. Selbsthilfegruppen benötigen keine großen Etats; die freiwilligen Beiträge der Mitglieder für Porto und die kostenlosen Dienstleistungen der örtlichen Banken und Geschäftsleute Ihrer Gemeinde sind völlig ausreichend.

Versuchen Sie mit Witwen Kontakt aufzunehmen, indem Sie bei Ärzten, Krankenschwestern, Psychologen, Krankenhäusern, Kirchen und Sozialdienststellen sowie in den Medien dafür mündlich und durch Ihre Broschüren werben; viele Radio- und Fernsehsender strahlen regelmäßig eine Sendung aus, in der auf gemeinnützige gute Zwecke hingewiesen wird.

Manche Selbsthilfegruppen verschicken Briefe an Witwen, deren Namen sie den Sterbeanzeigen entnommen haben, in denen sie von ihrer Organisation berichten und einen unverbindlichen Besuch anbieten. Andere Gruppen halten diese Vorgehensweisen für aufdringlich und lehnen sie ab. (Aus meiner eigenen Erfahrungen kann ich sagen, daß ich eine Witwe, die mich kurz nach dem Tode meines Mannes besucht hätte, für Frau Naseweis persönlich gehalten hätte.) In unserer Selbsthilfegruppe halten wir es so, daß Menschen, die mit uns sprechen wollen, einfach anrufen oder vor der Tür stehen müssen; wir wissen jedoch, daß diese Handlung manchen Menschen sehr schwerfällt, aber daß sie bereits der erste Schritt zu einem neuen Selbstvertrauen ist. Beide Ansätze haben selbstverständlich ihre Vorteile und sind bewährt: beim ersten geht es darum, neue Gruppenteilnehmer zu gewinnen, während beim anderen die Energie darauf verwandt wird, Menschen wissen zu lassen, daß es sie gibt.

Jede Selbsthilfegruppe neigt dazu, sich an den Vorstellungen Ihres Leiters oder Ihrer Leiterin zu orientieren; aus diesem Grund dürfen die Menschen, die für die Richtung verantwortlich sind, nie den Sinn und Zweck der Gruppe aus den Augen verlieren. Primadonnen und Menschen auf dem Egotrip haben hier nichts zu suchen. Meiden Sie Cliquen und heikle Themen ebenso wie Religion und Politik. Ziehen Sie neue Mitglieder regelmäßig zu eingeführten Arbeiten heran; die Selbsthilfegruppe für Witwen ist insofern »selbstzerstörend«, als die Mitglieder, die die Gruppe verlassen, ein »Reifezeugnis« erhalten. Die Vorstandsmitglieder der Organisation bleiben der Gruppe oftmals bis zu zwei, drei Jahren erhalten, aber die Stärke der Organisation liegt allein in der Bereitschaft der vielen einzelnen Mitglieder, das, was sie erhalten haben, an andere weiterzugeben.

Das gegenseitige Geben und Nehmen ist das, was eine Selbsthilfegruppe ausmacht. Wenn verwitweten Menschen, die aktiv in Selbsthilfegruppen mitwirken, immer wieder vorgeworfen wird, sie arbeiteten nur zu ihrem eigenen Vorteil, möchte ich dem nicht widersprechen. Ich hoffe, daß auch Sie dies eines Tages erfahren werden.

Danksagung

Die nachfolgenden Seiten zeigen ganz deutlich, wie sehr ich in der Schuld all der Frauen stehe, die ihren Schmerz, ihre Tränen, ihr Lachen und ihren Kampf mit mir geteilt haben. Ohne sie wäre dieses Buch nie entstanden. Ich bin all denen ganz besonders dankbar, die ihre Zeit anderen zur Verfügung gestellt haben, denn ohne sie hätte es die Witwen-für-Witwen-Gruppen nie gegeben.

Meine tiefe Dankbarkeit gehört auch all den wundervollen Frauen in Tucson, die, ob jung oder weniger jung, verheiratet oder alleinstehend, mir mit Rat und Freundschaft zur Seite standen – das, was jede Witwe braucht, um wieder auf die Beine zu kommen. Ich schätze mich glücklich, Teil einer Gemeinschaft zu sein, in der Frauen, wenn sie von »Netzwerk« sprechen, einander wirklich helfen.

Mein Dank gilt Gary Baker für seine Ermutigung und Ionia Widman für all die Kommata. Meiner Lektorin Laurie Held schulde ich größte Dankbarkeit, denn sie hat mich auf meinem Weg mit Vorschlägen, Vertrauen und sicherer Anleitung begleitet. Sie ist jung und weise und hat mich mit ausreichenden Randbemerkungen und Verständnis für die Psyche einer Autorin immer auf den richtigen Pfad zurückgebracht.

Zuletzt möchte ich meine Wertschätzung meinem MacIntosh aussprechen, ohne dessen Zauberkräfte mein Buch nie verwirklicht worden wäre. Ich werde nie aus dem Staunen herauskommen, daß diese Zweifingertypistin in der Lage war, dieses Manuskript zu tippen. Es ist ein Wunder, an dem Sie sich hoffentlich erfreuen werden.

Literatur und Organisationen

Witwenschaft und Trauer

Beer, Ulrich: Ein lieber Mensch hat uns verlassen.
Ariston, Genf/München 1986

Bojanovsky, Jörg J.: Verwitwete: Ihre gesundheitlichen und sozialen Probleme.
Beltz, Weinheim/München 1986

Dießenbacker, Helmut (Hrsg.): Vom Leben nach dem Tod des Mannes.
Extrabuch, Frankfurt a./M. 1985

Guidice, Liliane: Ohne meinen Mann.
Kreuz-Verlag, Stuttgart/Zürich 1982

Hark, Helmut: Träume vom Tod.
Kreuz-Verlag, Stuttgart/Zürich 1987

Herrmann, Nina: Mit Trauernden reden.
Kreuz-Verlag, Stuttgart/Zürich 1988

Kast, Verena: Trauern. Phasen und Chancen des psychischen Prozesses.
Kreuz-Verlag, Stuttgart/Zürich 1982

Parkes C. M.: Vereinsamung. Die Lebenskrise bei Partnerverlust.
Rowohlt TB, Hamburg 1978

Pincus Lily: Bis dass der Tod euch scheidet. Zur Psychologie des Trauerns.
DVA, Stuttgart 1977

BRD

Deutscher Gewerkschaftsbund DGB
Bundesvorstand Abt. Frauen
Postfach 2601
4000 Düsseldorf 1

Deutscher Volkshochschul-Verband e. V.
Rheinallee 1
5300 Bonn 2

Deutsches Zentrum für Altersfragen e. V.
Manfred-von-Richthofen-Straße 2
1000 Berlin 42

Kommunikationszentrum für Frauen zur Arbeitssituation
KOFRA
Baldestr. 88
8000 München 5

CH

Balance Netz
Sekretariat
Militärstraße 83a
8004 Zürich
Berufliche Ausbildungs- und Laufbahngestaltung, Kurse, Studiengruppen, Beratung, Vermittlung, Begleitung für berufstätige Frauen und Wiedereinsteigerinnen

Informations- und Beratungsstelle für wiedereinsteigende Frauen
Neuengaße 21
3011 Bern

Pro Senectute
Aktion P: Stellenvermittlung für Pensionierte
Aktion S: Vermittlung ehrenamtlicher Aufgaben
Forchstr. 145
8032 Zürich

Schweizerische Vereinigung für Erwachsenenbildung
SVEB
Oerlikonerstraße 38
8057 Zürich

Seniorenuniversität
Rämistraße 71
8001 Zürich

Schweizerischer Gewerkschaftsbund SGB
Frauenkommission
Monbijoustraße 61
3007 Bern

Selbsthilfe-Genossenschaft Pro Fünfzig Plus
Ankerstraße 3
8004 Zürich

Verband Schweizerischer Volkshochschulen
Geschäftsstelle
Seehofstr. 4
8008 Zürich

Verein Neuanfang im Beruf
Hegarstr. 16
8032 Zürich

A Österreichischer Gewerkschaftsbund ÖGB
Frauenausschuß
Postfach 155
1011 Wien

Verband der österreichischen Volkshochschulen
Rudolfsplatz 8
1010 Wien

Verein zur Durchsetzung der Interessen berufstätiger Frauen
Postfach
1014 Wien

Weitere Informationen und Anregungen finden Sie in:

Goddenthow, Diether Wolf von : Das Märchen vom Ruhestand. Falsche Vorstellungen verabschieden – Neue Aufgaben entdecken – Älter werden mit Gewinn.
Herder, Freiburg/Basel/Wien 1985
Casparek-Türkkan, Erika: 100 Nebenjobs für Hausfrauen.

Heyne, München 1987
Köbl, Ursula: Meine Rechte und Pflichten als berufstätige Frau. dtv, München 1983
Kunz, E.: Seniorenarbeit alternativ. Verlag Quelle und Meyer, Heidelberg 1979
Nimmergut, Jörg: Die Schule der erfolgreichen Bewerbung. Heyne, München 1981
Stück, Hans-Hermann: 99 Ideen für Nebenverdienst. Heyne, München 1987

Selbsthilfegruppen

BRD

Bundesverband Graue Panther e. V.
Seniorenschutzbund
Rathenaustraße 2
5600 Wuppertal

Bundeszentrale der Alten- und Selbsthilfegruppen
Mühlheimerstraße 210
5060 Bergisch-Gladbach 2

Dachverband Psychosozialer Hilfsvereinigungen e. V.
Thomas-Mann-Str. 49a, 5300 Bonn 1

Deutsche Arbeitsgemeinschaft Selbsthilfegruppen e. V.
Nationale Kontakt- und Informationsstelle zur Anregung und Unterstützung von Selbsthilfegruppen
Albrecht-Achilles-Straße 65
1000 Berlin 31

Deutscher Paritätischer Wohlfahrtsverband (DPWV)
Gesamtverband e. V.
Heinrich-Hoffmann-Straße 3
6000 Frankfurt a./M. 1
Parteipolitisch und konfessionell ungebundener Dachverband von mehr als 16000 Selbsthilfegruppen

Gesellschaft für Sterbebegleitung und Lebenshilfe
Diezer Str. 17–19, 6250 Limburg/Lahn 1

Menschen und Tod e. V.
Corlisstr. 7, 4300 Essen 1

Omega – Mit dem Sterben leben e. V.
Kasseler Schlagd 19, 3510 Hann.-Münden 1

Tabu e. V.
Camillo-Sitte-Platz 3, 4300 Essen 1

CH	Team Selbsthilfe Sekretariat Wilfriedstraße 8032 Zürich Kontakt- und Informationsstelle für Selbsthilfegruppen
	Redaktion Beobachter »Selbsthilfe« 8152 Glattbrugg Kostenlose Informationsbroschüre über bestehende Selbsthilfegruppen und Kontaktadressen

Literatur zum Thema

Albrecht, Norbert: Senioren-Ratgeber.
Kiepenheuer & Witsch, Köln 1987
Kempfler, Herbert: Wie gründe ich einen Verein?
Goldmann, München 1987
Trojan Alf: Wissen ist Macht. Eigenständig durch Selbsthilfe in Gruppen.
Fischer tb, Frankfurt a./M. 1986

Recht und Finanzen

BRD	Bundesministerium für Jugend, Familie und Gesundheit Postfach 20 04 90 5300 Bonn 2
CH	AHV Ausgleichskassen Adressen siehe Telefonbuch des Kantonshauptortes unter »Ausgleichskassen«
	AVIVO Vereinigung der Alten Invaliden, Witwen und Waisen Rotachstraße 68 8003 Zürich

INFRA Information und Beratung für Frauen
Mattengasse 27
8005 Zürich
Filialen in verschiedenen Schweizer Städten

Kantonale Frauenzentralen
Adressen siehe Telefonbuch des Kantonshauptortes
Budget- und Rechtsberatung für Frauen

Literatur zum Thema

Beuthner, Johannes: Alterssicherung.
Falken-Verlag, Niedernhausen 1980
Bilitza, Karl Hein: Geld verdienen an der Börse.
Heyne, München 1986
Massow, Martin: Neu anfangen. Ein Ratgeber für ein aktives Leben nach dem Beruf.
Kösel, München 1986.
Ein praktischer Ratgeber, der zahlreiche Anregungen und wichtige Basisinformationen zu Wohnungsfragen, Rentenproblemen, versicherungstechnischen und gesundheitlichen Fragen enthält.
Ruf, Thomas: Alterssicherung: heute und morgen.
Verlag Informationen für die Wirtschaft, Bonn 1980
Stück, Hans-Hermann: Buchführungstraining
Heyne, München 1986
Seniorenlexikon: Älterwerden in Deutschland.
HEWO-Verlag, Ober-Olm 1986

Wohnen

BRD Deutscher Mieterbund e. V.
Spichernstraße 61
5000 Köln 1

CH Schweizerischer Mieterverband
Stampfenbachstraße 104
8006 Zürich

BRD	Deutsche Gesellschaft für Ernährung DGE e.V. Feldbergstr. 28 6000 Frankfurt a./M. 1
CH	Schweizerische Vereinigung für Ernährung SVE Postfach 3000 Bern 9

Eichborn, Enita von: Reizvolle Rezepte für 1 Person.
Gräfe und Unzer, München 1987
Görgens, Alfred: Vollwertküche für Singles.
Falken, Niedernhausen 1988
Grube, Elisabeth: Jung bleiben durch richtige Ernährung.
Econ-Verlag, Düsseldorf 1983
Nicolin, Marianne: Kochen für 1 Person.
Falken, Niedernhausen 1988
Uecker, Wolf: Dinner for One.
Droemer Knaur, München 1988

Lebenshilfe und persönliches Wachstum

Bloom, Lynn Z., Coburn, Karen und Pearlman, Joan: Die selbstsichere Frau. Das Training zur Selbstbehauptung.
Ehrenwirth, München 1977
Russianoff, Penelope: Bin ich ohne Mann nichts wert?
Kösel, München 1987
Smith, Manuel J.: Sage nein ohne Skrupel. Die neue Methode zur Steuerung der Selbstsicherheit.
MVG, München 1977

Weitere nützliche Ratgeber

Angstmann, Gustl: Schreib Dich gesund!
Herder, Freiburg 1989
Diem, Walter: Das mach ich selbst. Reparaturen zu Hause – leichtgemacht.
Mosaik, München 1987
Backes, Ingrid: Das FrauenReiseBuch.
Rowohlt, Reinbek 1986

Ockenfuß, Solweig (Hrsg.): Frauen unterwegs.
Rowohlt, Reinbek 1983

Weitere Ratgeber für positive Lebensgestaltung aus dem Oesch-Verlag

Einige Zahlen

Zusammengestellt nach Angaben des Statistischen Bundesamtes Wiesbaden vom August 1989

Zahl der Witwen in der Bundesrepublik	Ende 1986	4 584 317
	Ende 1987	4 627 460
	Zunahme	43 143
Zahl der Witwer in der Bundesrepublik	Ende 1986	782 468
	Ende 1987	785 973
	Zunahme	3 505

Prozentualer Anteil der Frauen an der über 70jährigen Bevölkerung

Weibliche Bevölkerung insgesamt	31 754 119
Frauen zwischen 70 und 75 Jahren	1 489 468
über 75 Jahre	3 016 484
Frauen über 70 Jahre insgesamt	4 505 952
Bevölkerung über 70 Jahre insgesamt	6 698 357
Prozentualer Anteil der Frauen	67,269 %

Prozentualer Anteil der Verheirateten bei den über 65jährigen Männern

Männer zwischen 65 und 70 Jahren	956 574
zwischen 70 und 75 Jahren	862 792
über 75 Jahre	1 360 218
Männer über 65 Jahre insgesamt	3 179 584
Verheiratete Männer zwischen 65 und 70 Jahren	830 400
zwischen 70 und 75 Jahren	705 000
über 75 Jahre	858 700
Verheiratete Männer über 65 Jahre insgesamt	2 394 100
Anteil der Verheirateten	75,296 %

Prozentualer Anteil der Verheirateten bei den über 65jährigen Frauen

Frauen zwischen 65 und 70 Jahren	1 567 940
zwischen 70 und 75 Jahren	1 558 251
über 75 Jahre	3 016 484
Frauen über 65 Jahre insgesamt	6 142 675
Verheiratete Frauen zwischen 65 und 70 Jahren	776 000
zwischen 70 und 75 Jahren	528 600
über 75 Jahre	477 300
Verheiratete Frauen über 65 Jahre insgesamt	1 781 900
Anteil der Verheirateten	29,009 %

Zahlenvehältnis zwischen Männern und Frauen über 50 Jahre
Ende 1987

	Männer	Frauen
50–55 Jahre	2 069 905	1 994 338
55–60 Jahre	1 795 124	1 820 901
60–63 Jahre	887 932	1 150 117
63–65 Jahre	508 262	775 066
65–70 Jahre	1 010 314	1 639 066
70–75 Jahre	832 187	1 489 468
über 75 Jahre	1 360 218	3 016 484
	8 463 942	11 885 440

Zahlenverhältnis Männer : Frauen = 1 : 1,404244

Prozentualer Anteil der Witwen bei den Frauen über 60 Jahre
Ende 1986

Witwen zwischen 65 und 70 Jahren	597 300
zwischen 70 und 75 Jahren	834 900
über 75 Jahre	2 127 000
Witwen über 65 Jahre insgesamt	3 559 200
Weibliche Bevölkerung über 65 Jahre insgesamt	6 110 800
Prozentualer Anteil der Witwen	58,244 %

Lebenserwartung bei Männern und Frauen

Lebenserwartung	bei männlichen Säuglingen	71,8 Jahre
	bei weiblichen Säuglingen	78,4 Jahre
Frauen überleben ihre Männer durchschnittlich		7,4 Jahre

Witwen unter 45 Jahren in der Bundesrepublik
Ende 1986

Witwen zwischen 15 und 20 Jahren	99
zwischen 20 und 25 Jahren	1 307
zwischen 25 und 30 Jahren	5 734
zwischen 30 und 35 Jahren	13 221
zwischen 35 und 40 Jahren	27 260
zwischen 40 und 45 Jahren	43 942
Witwen unter 45 Jahren insgesamt	91 563

Wahrscheinlichkeit der Wiederverheiratung bei unter 45jährigen Witwen (laut Heiratstafel 1979–1982)

Bei 20jährigen Witwen beträgt die Wahrscheinlichkeit	80 %
Bei 35jährigen Witwen beträgt die Wahrscheinlichkeit	31 %
Bei 40jährigen Witwen beträgt die Wahrscheinlichkeit	18 %
Bei 35jährigen Witwern beträgt die Wahrscheinlichkeit	76 %
Bei 40jährigen Witwern beträgt die Wahrscheinlichkeit	64 %

Prozentualer Anteil der Verheirateten bei Männern und Frauen zwischen 55 und 65 bzw. zwischen 65 und 75 Jahren

Männer zwischen 55 und 60 Jahren insgesamt	1 769 068
zwischen 60 und 65 Jahren insgesamt	1 363 194
	3 132 262
Verheiratete Männer zwischen 55 und 60 Jahren	1 553 996
zwischen 60 und 65 Jahren	1 202 870
	2 756 866
Prozentualer Anteil der verheirateten Männer	88,015 %
Frauen zwischen 55 und 60 Jahren insgesamt	1 835 177
zwischen 60 und 65 Jahren insgesamt	1 947 248
	3 782 425
Verheiratete Frauen zwischen 55 und 60 Jahren	1 361 745
zwischen 60 und 65 Jahren	1 230 713
	2 592 458
Prozentualer Anteil der verheirateten Frauen	68,539 %
Männer zwischen 65 und 70 Jahren insgesamt	956 574
zwischen 70 und 75 Jahren insgesamt	862 792
	1 819 366
Verheiratete Männer zwischen 65 und 70 Jahren	830 434
zwischen 70 und 75 Jahren	705 002
insgesamt	1 535 436
Prozentualer Anteil der verheirateten Männer	84,394 %
Frauen zwischen 65 und 70 Jahren insgesamt	1 567 940
zwischen 70 und 75 Jahren insgesamt	1 558 251
	3 126 191
Verheiratete Frauen zwischen 65 und 70 Jahren	776 041
zwischen 70 und 75 Jahren	528 591
	1 304 632
Prozentualer Anteil der verheirateten Frauen	41,732 %